LE VOYAGEUR FRANÇOIS.

LE VOYAGEUR FRANÇOIS,

OU

LA CONNOISSANCE

DE L'ANCIEN

ET DU NOUVEAU MONDE,

Mis au jour par M. l'Abbé DELAPORTE.

TOME XLII.

A PARIS,

Chez MOUTARD, Imprimeur-Libraire, rue des Mathurins, vis-à-vis la rue de Sorbonne, à l'hôtel de Cluny.

M. DCC. XCV.

LE VOYAGEUR FRANÇOIS.

LETTRE DCXCIX.

SUITE DE L'ISLE-DE-FRANCE.

LES deux faubourgs de la partie méridionale de Paris, qu'il me reste, madame, à vous faire connoître, portent le nom de *quartiers*. Ce sont le faubourg *Saint-Michel*, ou quartier *du Luxembourg*, & le faubourg ou quartier *Saint-Germain*.

Le faubourg *Saint-Michel*, ou quartier du *Luxembourg*, situé entre le faubourg Saint-Jacques & le quartier Saint-Germain, dont il est séparé par la rue de Vaugirard, ne tient à la partie de la ville, que l'on nomme l'*Université*, que par une pointe qui aboutit à la place ou ancienne porte Saint-Michel. Il est très-peu étendu, & n'a d'autre rue bien remarquable, que la rue d'E-

fer, au nom de laquelle on donne différentes origines. La tradition populaire est qu'on voyoit des spectres & des diables dans le château de *Vauvert*, où cette rue conduisoit, & que Saint Louis abandonna aux chartreux, qui s'y établirent. Mais l'étymologie qui paroît la plus raisonnable, est que cette rue d'Enfer fut ainsi nommée, parce qu'elle étoit plus basse que la partie de la ville qu'elle limitoit, & inférieure à la rue *Saint-Hiacinthe*, qui aboutissoit à l'ancienne porte Saint-Michel. Par de-là cette porte étoit le *parloir aux bourgeois*, qui fut le premier hôtel-de-ville, ou lieu de conférence des bourgeois de Paris, pour leurs affaires communes.

Le premier établissement que l'on voit dans cette rue d'Enfer, en y entrant par la barrière qui porte le même nom, est le *noviciat de la Congrégation de l'Oratoire*, appelé communément l'*Institution*. Cette maison fut achetée, en 1650, pour les Pères de l'Oratoire, par un ancien trésorier de la maison de Gaston, duc d'Orléans, frère de Louis XIII. La première pierre de l'église fut posée en 1655, & l'église fut finie & bénite deux ans après. Elle est assez jolie. On y voit un monument élevé au cardinal de *Berulle*, instituteur de cette congrégation. J'ai dit ailleurs qu'il y en a un autre dans l'église des carmelites. Je ne sais dans lequel de ces deux monumens on a renfermé le cœur de ce prélat. Mais son corps est dans l'église des Pères de l'Oratoire, rue Saint-Honoré.

Vis-à-vis l'Institution, est l'abbaye de *Port-royal de Paris*, dont la porte d'entrée se trouve dans la rue de *la Bourbe*. J'ai eu occasion d'en faire l'histoire abrégée dans ma lettre sur le Mantois, en parlant du lieu où étoit située l'abbaye de Port-royal des Champs, & j'ai dit que la mère Jacqueline, *Marie-Angelique Arnaud*, ayant été élue abbesse de Port-royal des Champs, en 1609, pensa, après avoir réformé sa communauté, à la transférer à Paris. *Catherine Marion*, veuve d'Arnaud d'Andilly, & mère de l'abbesse, acheta une grande maison, qu'on appeloit l'*hôtel de Clagny*, pour y loger sa fille & ses religieuses, ainsi que plusieurs parens de cette dame. D'autres personnes riches s'étant empressées de fournir les fonds nécessaires pour faire de cette maison un monastère habitable, & pour y élever une chapelle convenable, les religieuses en prirent pleine possession en 1625, avec l'agrément du roi & celui de l'archevêque de Paris. En 1646, on commença l'église telle qu'on la voit aujourd'hui : elle fut finie & bénite en 1648. La même année l'abbesse Arnaud y établit l'adoration perpétuelle du saint sacrement.

Tout ce qui est arrivé ensuite à l'abbaye de Port-royal-des-Champ, que l'on fit revivre indépendante de celle de Paris, & dans laquelle le janfenifme obftiné s'établit enfin fi bien, qu'il caufa la perte de cette maifon; tout cela est étranger à ce que je pourrois dire de l'abbaye de Port-royal de Paris, qui fubfifte. L'abbeffe eft perpétuelle & à la nomination du roi. Elle tire le revenu des anciennes terres qui appartenoient à l'abbaye de Port-royal-des-Champs. L'églife ne contient rien de curieux que quelques tableaux, & dans le tréfor une fainte épine de la couronne de notre Seigneur. On prétend qu'on y montre auffi une cruche du nombre de celles qui fervirent aux nôces de Cana.

Dans cette même rue d'Enfer, on trouve le couvent des *chartreux*, qui tirent leur nom de *Chartreufe* en Dauphiné, où *faint Bruno* jetta les fondemens de cet ordre, en 1086. Le roi faint Louis protégea ces religieux, & en attira à Paris, en 1257, fix qu'il établit d'abord à Gentilly. En 1259, il leur donna fon hôtel de *Vauvert*, où, comme je l'ai dit un peu plus haut, on croyoit voir des fpectres & des revenans. Les chartreux ne furent parfaitement établis dans cette maifon, qu'au commence-

SUITE DE L'ISLE-DE-FRANCE.

ment du quatorzième siècle. Alors les bâtimens, entrepris sérieusement, en 1276, furent achevés, & l'église fut bénite en 1324. Ces religieux n'avoient eu d'abord que huit cellules : ils en eurent ensuite dix, quelque temps après seize & vingt-quatre : enfin aujourd'hui ils en ont jusqu'à quarante. *Jeanne de Châtillon*, femme de Pierre, comte d'Alençon, fils de saint Louis, en fonda quatorze ; & l'on fit alors le grand cloître, autour duquel toutes ces cellules sont rangées. Elles méritent l'attention & la curiosité des voyageurs ; & il leur est bien aisé de les satisfaire.

Indépendamment du grand cloître, il y en a un petit, orné, depuis le dix-septième siècle, de peintures d'Eustache *le Sueur*, qui méritent d'être vues. Elles sont à fresque, & représentent les principaux traits de l'histoire de saint Bruno. Le réfectoire où ces religieux mangent seulement tous les dimanches, est assez beau. On remarque que Jeanne d'Evreux, veuve du roi Charles *le Bel*, avoit pris les chartreux en si grande affection, qu'elle venoit souvent les servir elle-même à table. Elle ne mourut qu'en 1370, quarante-deux ans après son époux.

Les femmes, excepté les reines, n'entrent point dans cette maison, où on leur a ménagé une chapelle & un parloir au dehors, lorſqu'elles y ont des affaires indiſpenſables : les procureurs de la maiſon viennent les y trouver. La chapelle eſt dédiée à ſaint Blaiſe, & l'on y dit quelquefois la meſſe. La grande égliſe eſt ſombre, d'une architecture gothique & fort ſimple. Mais la menuiſerie du grand autel & des ſtalles eſt fort belle, même celle du petit chœur des frères convers. Il y a d'ailleurs quelques beaux tableaux dans cette égliſe. Les vitraux en ſont aſſez curieux, ainſi que ceux du cloître : on voit auſſi différentes peintures dans le chapitre.

Le clos de cette maiſon eſt très-grand & très-étendu; ce qui eſt d'autant plus néceſſaire aux chartreux, qu'ils ne ſortent point, & ne peuvent ſe promener que dans cet enclos. La reine Marie de Médicis en prit quelques portions pour former le jardin du palais du Luxembourg : mais elle les leur rendit d'un autre côté.

Vis-à-vis les chartreux, on trouve un petit couvent de *feuillans*, dédié aux *Anges gardiens*. Il étoit deſtiné pour ſervir de noviciat à ces religieux. Mais il n'en peut contenir qu'un petit nombre. La chapelle eſt très-petite, & n'exiſte que depuis 1660.

Preſqu'à l'ancienne porte ſaint-Michel, on voyoit, il n'y a pas long-temps, le collége *du Mans*, qui y avoit été tranſporté de la rue ſaint-Jacques, parce qu'on en avoit donné aux jésuites le premier bâtiment au siècle dernier. Mais les boursiers de ce collége sont rentrés en possession de l'ancien domicile de leurs prédécesseurs, puisqu'ils ont été transportés en 1764, comme bien d'autres, dans le collége de Louis *le Grand*, sous la direction d l'université.

Attenant le bâtiment de ce collége, est celui d'un petit séminaire, fondé, en 1696, par le cardinal de *Noailles*, avec une chapelle, dédiée à *saint Louis*.

Au-dessus de la place Saint-Michel, entre la rue d'Enfer & celle du faubourg Saint-Jacques, on trouve des rues qui ont été prises sur un clos de vigne appartenant aux jacobins. Le roi Henri II leur permit, en 1550, de vendre ce clos, d'y faire bâtir des maisons, & d'y former des rues. Ces religieux exigèrent de ceux qui l'achetèrent, de donner aux rues les noms des principaux saints de leur ordre. En conséquence l'une de ces rues prit le nom de *saint Hiacinthe*, fameux dominicain polonais, mort à Cracovie en 1257 : une autre porte le nom de *saint Thomas* (*d'Aquin*), docteur angélique : la troisième est appelée rue *saint Dominique*, & la quatrième rue *sainte Catherine* (sous-entendu *de Sienne*),

A 4

fameuse sainte à révélations, qui étoit dominicaine, & mourut en 1380.

Le palais du *Luxembourg*, le monument le plus remarquable du faubourg St. Michel, le sépare, pour ainsi dire, de celui de Saint-Germain. La reine Marie de Médicis le fit commencer, en 1615, sur les ruines d'un ancien hôtel de Luxembourg, dont le peuple de Paris lui a conservé le nom. Quoiqu'on y voie encore écrit sur la grande porte, en lettres d'or, *palais d'Orléans*, c'étoit cependant d'abord pour elle-même que Marie de Médicis l'avoit fait bâtir. Elle avoit acheté, dès 1611, pour la somme de trente mille livres, l'hôtel du duc Piney-Luxembourg; & pendant quelques années elle avoit rassemblé de tous les côtés les matériaux & sur-tout les marbres nécessaires pour ce superbe édifice. Après avoir examiné grand nombre de dessins, elle adopta enfin le plan de Jacques *de Brosse*, d'après lequel on travailla. Les connoisseurs y trouvent de grands défauts: mais aussi ils y admirent des beautés.

Ce qui attiroit dans ce palais, il n'y a que quelques années, beaucoup de curieux & de voyageurs, c'étoit le nombre de beaux tableaux qui y étoient rassemblés, particulièrement ceux de la galerie dite de *Rubens*, commencés par ce grand peintre flamand en 1621, & finis en 1623. Ces tableaux sont au nombre de vingt-un, chacun d'une grande composition. On auroit peine à comprendre comment *Rubens* a pu suffire à faire de si grands ouvrages en si peu de temps, si l'on ne savoit qu'il ne faisoit qu'esquisser ses tableaux ; qu'il les faisoit ensuite fort avancer par ses élèves, & qu'enfin il y mettoit la dernière main. Ces peintures représentent les principaux événemens de la vie de Marie de Médicis, jusqu'au temps où elles ont été faites, c'est-à-dire, près de vingt ans avant sa mort. La triste fin de cette reine, qui mourut hors de sa patrie, & du royaume qu'elle avoit gouverné pendant la minorité de son fils, est un fait historique meilleur à laisser oublier, qu'à transmettre à la postérité, à l'aide d'un pinceau tel que celui de *Rubens*.

Après la mort de Marie de Médicis, son second fils, Jean Gaston, duc d'Orléans, occupa le palais du Luxembourg. La veuve de ce prince, ses filles, & principalement mademoiselle de Montpensier, y demeurèrent. Ce palais étant revenu au roi, fut occupé, pendant le règne de Louis XV, d'abord par la duchesse de Berri, ensuite par la reine d'Espagne, douairière du roi Louis I. Sous le présent règne, il a été donné à *Monsieur*, frère du roi, & fait partie de son appanage.

Attenant le grand palais du Luxembourg, on en voit un autre, auquel on a donné le nom de *petit Luxembourg* seulement, à cause de la proximité du premier; quoiqu'il n'ait point appartenu jusqu'à nos jours aux mêmes maîtres. Il fut bâti par les ordres du cardinal de *Richelieu*, qui l'habita jusqu'à ce que *le palais cardinal*, aujourdhui *le palais royal*, eut été fini. C'est par héritage de la princesse de Condé, nièce du cardinal, qu'il a passé entre les mains des princes de cette maison. Il a été successivement habité par des princesses de ce nom, & par quelques autres personnes, auxquelles il a été prêté ou loué. Il appartient aujourdhui, comme le grand, à *Monsieur*, frère du roi.

Le faubourg *Saint-Germain* passe aujourd'hui pour être le plus beau quartier de Paris. Mais il ne s'est formé que depuis deux cents ans. Il est aisé de s'en convaincre, en jettant les yeux sur le plan de cette capitale, telle qu'elle étoit, lorsque Henri IV en fit la conquête, & en lisant les descriptions que nous en ont laissées nos auteurs de ce temps-là. Il n'y avoit alors que deux églises, l'abbaye de Saint-Germain & la paroisse de Saint-Sulpice, avec un hôpital au milieu des champs; aucune collégiale, aucun séminaire, aucune communauté de filles. Aucun des quais ni des ponts qui l'avoisinent n'étoient faits. On n'y voyoit nul édifice public remarquable, ni palais, ni grands hôtels, ni théâtres où l'on représentât habituellement. Il se tenoit seulement une foire qui ne duroit que quinze jours, & qui ressembloit aux foires de campagne. Pour vous donner, madame, une idée générale de ce que ce quartier renferme de plus intéressant, je vais vous en décrire d'abord le contour, & ensuite l'intérieur.

La partie qui touche aux anciennes limites de l'université, s'étend depuis un des bouts de la rue de Vaugirard, près du Luxembourg, jusqu'au collège des quatre nations, près de la rivière. Tout auprès du Luxembourg, on voit le lieu où a été *l'hôtel de Condé*, & où se trouve aujourd'hui le *théâtre de la comédie françoise*, lieu qui faisoit autrefois partie du clos appelé *Bruneau*. Au quinzième siècle, Arnaud de Corbie, premier président, y avoit un hôtel, qui, à la fin du seizième, fut acheté par le maréchal de Retz, de la maison de Gondi. En 1612, Henri de Bourbon, prince de Condé, en fit l'acquisition, & l'on remarque qu'il coûta quarante mille écus, somme bien considérable pour ce temps-là. Ce prince & ses enfans le ...rent embellir, & donnèrent leur nom aux deux rues voisines, celle de *Condé* & celle des *fossés de M. le Prince*. Cette dernière étoit effectivement bâtie sur les fossés de la ville, par de-là lesquels l'hôtel étoit situé. Les princes de Condé & de Bourbon continuèrent de l'habiter jusqu'à la fin du dernier règne, qu'ils quittèrent cet hôtel, pour occuper le palais Bourbon, situé à l'extrémité du faubourg Saint-Germain.

Depuis 1773, il a été fait de grands changemens dans cet ancien quartier de l'hôtel de Condé; & le *théâtre français* y a été placé. Il étoit autrefois dans la rue des fossés Saint-Germain, que le peuple s'est accoutumé, à cause de cela, à appeller *rue de la Comédie-Française*. C'étoit en 1688, que ce théâtre avoit été élevé sur les desseins d'un assez habile architecte, nommé d'*Orbay*. Cependant la façade extérieure n'étoit pas bien magnifique. Mais il y avoit dans l'intérieur des beautés, entr'autres, le plafond, peint par *Bon Boullongne*. La propriété de ce théâtre étoit aux comédiens; & pour leur donner la facilité de payer chacun leur part de ce que leur hôtel leur avoit coûté, on leur permit d'augmenter le prix des places, qui étoit auparavant très-modique.

Il y avoit eu, au milieu du dix-septième siècle, trois & même jusqu'à quatre troupes de comédiens dans Paris. En 1680, elles étoient réduites à deux, qui furent réunies & placées dans la rue aujourd'hui *Mazarine*, auprès de celle de Guénégaud. Le collége des quatre nations ayant à-peu-près dans ce temps-là, commencé ses exercices, se plaignit du voisinage des comédiens, qui ne s'accommodant pas non plus eux-mêmes trop bien de cet emplacement, obtinrent le jeu de paume *de l'Etoile*, rue des fossés S. Germain, & y établirent le théâtre dont je viens de parler. Ils l'occupèrent pendant quatre-vingt-deux ans, c'est-à-dire, jusqu'en 1770, que ce bâtiment menaçant ruine, on leur prêta une des salles du château des Tuileries. Ils y sont restés jusqu'au 9 avril 1782, jour où s'est faite l'ouverture du nouveau théâtre français. La rue qui conduit à la façade de ce beau monument s'appelle rue du Théâtre Français. Six autres rues pratiquées sur les côtés, portent les noms des principaux auteurs de ce théâtre, c'est-à-dire, de *Corneille*, de *Molière*, de *Racine*, de *Regnard*, de *Crébillon* & de *Voltaire*.

En sortant de la rue des fossés Saint-Germain, on entre dans la rue *Mazarine*, dont je parlerai tout-à-l'heure, & à laquelle touche par un bout la rue *Guénégaud*. L'histoire de celle-ci est assez intéressante, pour que j'en dise quelque chose. Sur le terrain qu'elle occupe aujourd'hui, étoient anciennement placés les deux *hôtels de Nesle*, dont l'un s'appeloit *le Grand Hôtel* & l'autre *le Petit*. Le grand, qui étoit au-dedans de la ville, avoit été bâti par les anciens seigneurs de Nesle, & avoit donné son nom à la porte & à la tour qui faisoient la séparation du quartier de l'université d'avec les faubourgs. Il paroît même que la tour faisoit partie du grand hôtel. Le roi Philippe *le Bel* l'acheta d'Amauri de Nesle, en 1308. Ses trois enfans qui régnèrent successivement, y demeurèrent, & Jeanne de Bourgogne, veuve du second d'entr'eux, Philippe *le Long*, y résida jusqu'à sa mort, arrivée en 1329. On fait des contes fort étranges & très-scandaleux sur la conduite que cette reine y tenoit : elle fut enterrée aux Cordeliers.

Le grand hôtel de Nesle se trouvant triste & serré en-dedans des murailles de la ville, on pratiqua de l'autre côté des fossés, un petit hôtel, qu'on appella *séjour de Nesle*, & où il y avoit des jardins & des terrasses très-agréables, qui donnoient sur la rivière : on y passoit sur un pont levis. Ce fut le duc de Berri, oncle du roi Charles VI, qui fit arranger ce petit hôtel, placé où est aujourd'hui le collége Mazarin. Au seizième siècle, on détruisit entièrement le grand hôtel ; & en 1571, le roi vendit le petit à Louis de Gonzague, duc de Nevers, qui y fit bâtir un nouvel hôtel. En 1641, sa fille, Marie de Gonzague, obtint la permission de vendre le terrain & les matériaux de cet hôtel, pour faire différentes maisons particulières. On y bâtit donc une rue qu'on appela *rue des fossés de Nesle*; & c'est actuellement la rue Mazarine.

Il ne reste de traces de l'ancien hôtel de Nevers, qu'une petite rue parallèle à la rue Guénégaud, entre la rue Mazarine & cette dernière. En 1650, Henri Duplessis Guénégaud, secrétaire d'état, fit bâtir sur ce terrain un hôtel, qui, en 1670, fut vendu à la princesse de Conti, douairière, nièce du cardinal de Mazarin. Les princes, ses descendans, l'augmentèrent successivement jusqu'en 1750, que feu le prince de Conti le vendit à la ville de Paris. La destination projettée ayant été changée, on a bâti, à la place de cet hôtel de Conti, l'hôtel de la monnoie, qui, comme je l'ai dit ailleurs, est vaste & magnifique. Le quai qui est vis-à-vis, s'est appelé, suivant les temps, *quai de Nesle*, *quai de Nevers*, *quai Guénégaud* & enfin *quai de Conti*.

L'établissement du *collége Mazarin* peut être fixé à l'année 1661, puisqu'il fut décidé en vertu du testament du cardinal de ce nom, mort cette même année. Cependant il ne fut véritablement construit & ouvert que quelque temps après. Il fut appelé *collége des quatre nations*, parce que l'intention du testateur étoit d'y fonder soixante bourses pour des enfans de quatre pays différens. Les exécuteurs testamentaires du cardinal, furent le président de *Lamoignon*, *Fouquet*, *le Tellier* secrétaire d'état, depuis chancelier, *Ondedei*, évêque de Fréjus & *Colbert*. Le roi déclara, en 1665, ce collége de fondation royale. Il fut entièrement achevé en 1674; & l'université consentit à l'admettre dans son corps, à condition que le principal & les autres supérieurs seroient choisis parmi ses membres; qu'on n'y enseigneroit ni la théologie, ni la jurisprudence, ni la médecine, & que les boursiers n'apprendroient ni à monter à cheval, ni à faire des armes. Tous ces réglemens furent approuvés en entier en 1688. On y a établi depuis un professeur de mathématiques, & la direction du spirituel a été confiée aux docteurs de la maison de Sorbonne.

Les restes de la tour & de l'hôtel de Nesle furent tout-à-fait détruits & abbattus, pour faciliter la construction de ce collége, placé vis-à-vis d'un très-beau quai, entre ceux de Conti & Malaquais. Au milieu des bâtimens extérieurs, est la chapelle, élevée de plusieurs degrés, avec un portail très-orné & surmonté d'un dôme. Des deux côtés, partent deux aîles, dirigées sur un plan circulaire, décorées de pilastres ioniques & de corinthiens, & terminées par deux gros pavillons d'une architecture analogue aux autres bâtimens: le tout est couvert d'ardoise avec des bandes de plomb doré. L'intérieur de l'église est embelli par des pilastres d'ordre corinthien, des bas-reliefs & des médaillons, & offre quelques beaux tableaux: le tombeau du cardinal de Mazarin en fait le plus bel ornement. Les deux cours du collége, les écoles, les salles, les logemens, tout est magnifique, mais sur-tout la bibliothèque, qui est publique à certains jours. C'est la seconde que le cardinal de Mazarin a formée. Il en avoit déjà une très-belle, lorsque dans les troubles de la fronde, elle fut pillée, ou du moins vendue fort à la hâte. Après avoir triomphé de ses ennemis, il rassembla celle-ci; & comme il n'y épargnoit rien, elle est nombreuse & précieuse.

Ce collége a donné son nom à la rue *Mazarine*, qui aboutit précisément derrière. Elle étoit autrefois bâtie sur les bords des fossés qui séparoient le quartier de l'université du faubourg Saint-Germain. On l'appeloit la *rue des Buttes*; & elle aboutissoit au petit hôtel de Nelle, près la tour de ce nom: elle ne fut pavée qu'en 1545. Actuellement cette rue Mazarine fait un crochet, pour se joindre à l'extrémité de la *rue de Seine*.

Celle-ci fut pavée en 1544, & n'étoit à cette époque qu'un chemin, qui conduisoit du bourg de Saint-Germain à la rivière, le long d'un canal qui servoit de déchrge aux fossés de l'abbaye, alors pleins d'eau, & qu'on appeloit *la petite Seine*. Le premier hôtel remarquable qui fut bâti dans cette rue, fut pour Louis de Bourbon, comte de Montpensier, & dauphin d'Auvergne; ce qui fit qu'on l'appela l'*hôtel Dauphin*. Il passa ensuite à Henri de la Tour, duc de Bouillon & maréchal de France, mort en 1623. Enfin, le duc de Liancourt l'acheta, & le fit rebâtir tel qu'il est aujourd'hui. Les la Rochefoucault ayant hérité des Liancourt, possèdent cet hôtel, qui est beau, sans être du goût le plus moderne : il y a un grand & beau jardin.

Dans cette même rue de Seine, on voyoit autrefois la porte d'entrée du palais de la reine Marguerite, épouse de Henri IV, & dont le mariage, comme vous le savez, madame, fut cassé. Elle l'avoit fait bâtir en 1606, & s'y étoit établie l'année suivante. Les jardins en étoient assez vastes, & s'étendoient d'un côté jusqu'au pré aux clercs, dont je ne tarderai pas à parler, & de l'autre jusques sur le bord de la rivière ; terrain aujourd'hui occupé par un pavillon du collége des quatre nations, & par quelques maisons du quai Malaquais. Enfin les différens corps de logis ont formé autant de maisons particulières, dont l'une a long-temps appartenu à Gilbert de Voisins, conseiller d'état. Elle étoit encore, il y a quelques années, à l'extérieur & dans l'intérieur, telle que l'avoit fait bâtir & arranger la reine Marguerite.

Tout près des jardins de ce palais, cette princesse fonda le couvent des *petits Augustins*, dont le nom est resté à cette rue, qui s'étend depuis les murs de l'abbaye jusqu'au quai. Ils s'y établirent en 1613, deux ans avant la mort de leur fondatrice. Leur église qui n'étoit pas encore achevée, le fut peu de temps après, par la protection de la reine Anne d'Autriche. Elle est assez jolie, & le grand-autel orné & assez bien décoré. C'est dans ce couvent qu'il y avoit, au milieu du dix-septième siècle, un religieux, qu'on appeloit *le petit père André*, qui attiroit tout Paris à ses sermons; non qu'ils fussent touchans, ni bien édifians, mais parce qu'ils étoient plaisans & satyriques. Les livres de bons mots, imprimés sous le règne de Louis XIV, sont remplis de traits tirés des sermons de cet augustin; & il y en a de tout-à-fait singuliers.

En suivant le quai Malaquais, on trouve l'église & la maison des *Théatins*, qui ont donné leur nom à cette partie de ce même quai. En 1642, le cardinal Mazarin fit venir ces religieux d'Italie, & les établit en cet endroit, dans une maison qu'il acheta pour eux. Mais ce ne fut qu'en 1648 qu'ils en prirent pleine possession, en présence du jeune roi Louis XIV, encore mineur, de la reine sa mere, & du cardinal, premier ministre. Il fut déclaré alors que l'eglise seroit regardée comme de fondation royale & dédiée à Sainte Anne.

Cependant les troubles de la fronde retardèrent la construction de cette église jusqu'après la mort du cardinal Mazarin, qui laissa, par son testament, cent mille écus, pour être employés à cette bonne œuvre. On fit venir d'Italie un architecte fameux, qui étoit de cet ordre, nommé le P. Guarini. Ce religieux d'un goût plus bisarre que véritablement bon, donna un plan fort magnifique mais très-cher, d'après lequel les cent mille écus furent dépensés. Mais l'ouvrage fut peu avancé jusqu'en 1714, que les théatins trouvèrent des protecteurs, qui leur procurèrent de nouveaux secours. On reprit l'édifice sur un plan plus modeste, & en 1720, l'eglise fut achevée, bénite & consacrée. Il n'y manquoit plus qu'un portail. On en a élevé un avec autant de magnificence que le local resserré a pu le permettre, & l'on a mis la derniere main aux bâtimens de la maison, à l'aide des libéralités d'un prélat, qui avoit été théatin, & assez fameux prédicateur. Il parvint ensuite à être précepteur du dauphin, & fut chargé par le roi Louis

XV, de la feuille des bénéfices : il se nommoit *Boyer*, évêque de Mirepoix.

Au reste, il n'y a que cette maison de théatins en France, & le collège qu'occupent ces religieux à Tulles dans le Limosin. Cet ordre commença en Italie, en 1524, & eut pour fondateur *Jean Pierre Caraffe*, archevêque de *Théate*, dans le royaume de Naples, & qui devint pape, sous le nom de *Paul IV*. Ce sont des clers réguliers, dont l'habillement ressemble tout-à-fait à celui que portoient les jésuites. D'ailleurs ils font vœu d'une grande pauvreté; car il ne leur est permis ni de posséder ni de quêter.

Au bout du quai des Théatins, est le *Pont-Royal*, qui n'est pas fort ancien. En 1550, on avoit établi dans cet endroit, un bacq, qui donna le nom à la rue qui y aboutissoit, & qui subsista jusqu'en 1632. A cette époque, on y construisit un pont de bois, que l'on appela le *Pont-Rouge*, ou le *Pont des Tuileries*, parce qu'il communiquoit de l'extrémité du faubourg Saint-Germain au château des Tuileries. Ce pont ayant été emporté par les grosses eaux, en 1684, Louis XIV or donna qu'on en construisît un de pierre, & c'est le Pont-Royal d'aujourd'hui. On observe cependant, que le pont de bois étoit, non pas précisément au même endroit où est ce beau pont de pierre, mais un peu plus bas, vis-à-vis la rue de Beaune : celle du Bacq faisoit alors un coude pour y aboutir. Ce pont royal fut commencé en 1685 sous la direction d'un frère dominicain, nommé le frère *François Romain*. C'est sous lui que *Jules-Hardouin Marsard* & *Gabriel* y travaillèrent. On prétend que la dépense n'en monta qu'à sept cent vingt mille livres.

Le terrain qui s'étend le long de la rivière, depuis le Pont-Royal, jusqu'à l'extrémité de la terrasse du Palais-Bourbon, s'appeloit autrefois la *Grenouillère*. En 1707, *Boucher d'Orsay*, prevôt des marchands, commença auprès du Pont-Royal, un quai, nommé aujourd'hui *quai d'Orsay* : mais il n'a pas été poussé bien loin. Le comte de Belle-isle, depuis maréchal de France, & ministre, fut le premier qui fit bâtir sur ce quai une belle maison, avec vue sur les Tuileries, la rivière entre deux : c'est aujourd'hui l'hôtel de Choiseul Praslin. Dans la partie du quai de la Grenouillère, près de la terrasse du palais Bourbon, & vis-à-vis la statue équestre de Louis XV, qui est de l'autre côté de la rivière, on construit actuellement un beau pont, qui doit être nommé le *pont de Louis XVI*.

A quelque distance de ce nouveau pont, sur le bord de la rivière, est un grand terrain, couvert de gazon dans le milieu, &

planté d'arbres sur les côtés. C'est de là qu'on voit la façade de l'*hôtel royal des Invalides*, fondé, en 1671, par Louis XIV, pour la subsistance & le logement des officiers & soldats blessés au service de leur patrie, ou trop avancés en âge, pour pouvoir continuer à porter les armes. C'est assurément un des établissemens les plus magnifiques, les plus utiles & les mieux entendus du règne de ce grand monarque. Il le sentoit lui-même ; & voici, madame, les paroles bien remarquables, consignées à ce sujet dans son testament : « outre les différens établis-
» semens que nous avons faits pendant le
» cours de notre règne, il n'y en a point
» qui soit plus utile à l'état, que celui de
» l'*hôtel royal des Invalides*. Il est bien
» juste que les soldats, qui, par les bles-
» sures qu'ils ont reçues à la guerre, ou
» par leurs longs services & leur âge, sont
» hors d'état de travailler & de gagner
» leur vie, aient une subsistance assurée
» pour le reste de leurs jours. Plusieurs
» officiers qui sont dénués des biens de la
» fortune, y trouvent aussi une retraite
» honorable. Toutes sortes de motifs doi-
» vent engager le dauphin & tous nos
» successeurs à soutenir cet établissement,
» & à lui accorder une protection parti-
» culière. Nous les y exhortons autant
» qu'il est en notre pouvoir ».

Je ne m'étendrai pas, madame, sur ce que contient cet établissement, sur les beautés de son église & de ses bâtimens, & sur son administration. Il me suffira de vous dire que le dôme, chef-d'œuvre du fameux *Jules-Hardouin Mansard*, est un des plus beaux monumens de l'Europe, & attire journellement la curiosité des étrangers & des voyageurs. L'église, desservie par des prêtres missionnaires, dits *Lazaristes*, est paroisse, mais seulement pour l'intérieur de l'hôtel.

Tout auprès de cet hôtel des Invalides, on voit le *Gros-Caillou*, quartier ainsi nommé, dit-on, d'un caillou d'une grosseur énorme, qui servoit d'enseigne à un cabaret, & qu'on ne parvint à détruire qu'avec de la poudre. Il est partagé par trois rues, qui sont les prolongations de celles de Grenelle, de Saint-Dominique & de l'Université, & qui sont coupées par quelques rues de traverse. L'église de ce lieu, dédiée à *Saint-Pierre*, & érigée depuis peu en paroisse, étoit auparavant succursale de celle de Saint-Sulpice. Elle existoit comme chapelle dès 1652, & elle resta petite & en mauvais ordre jusqu'en 1735, que l'on s'occupa sérieusement d'en bâtir une plus grande, qui fut finie en 1738. Celle-ci ne se trouvant pas aujourd'hui assez considérable pour la grande popula-

tion

tion de ce quartier, on en a commencé une nouvelle qui n'est pas encore achevée. On dit qu'elle occupe la place où étoit le caillou prodigieux dont je viens de parler.

En face d'une partie de ce quartier, est une isle que l'on appelle aujourd'hui l'*isle des Cignes*, mais qui a porté autrefois bien des noms différens. Elle s'est appelée *isle des Treilles*, *isle aux Vaches*, *isle de Grenelle*, parce qu'elle étoit près de la plaine & de la ferme de ce nom. Enfin on voit, que dès 1464, elle s'appeloit *isle Maquerelle* ou *Mallequerelle*, parce que les écoliers qui venoient se promener au Pré au Clercs, en faisoient souvent le champ de bataille de leurs combats.

La métairie de *Grenelle* est située dans la plaine au-dessous des villages de Vaugirard & d'Issy. Les anciens titres l'appellent *Garanella*, & nos vieux traducteurs *Garenelle*, *Garnelle* & enfin *Grenelle*. Elle appartenoit à l'abbaye de Sainte-Geneviève, & avoit donné son nom au chemin qui y conduisoit, & qui devint rue à la fin du seizième siècle. Il y a un château, agréable par sa position. Il a haute, moyenne & basse justice, relevante de l'abbaye de Sainte-Geneviève ; & ce petit endroit, ainsi que les maisons qui en dépendent, sont de la paroisse de Saint-Etienne du Mont.

Le *Champ de Mars*, vaste terrain, entouré d'un fossé revêtu de pierres, & qui s'étend depuis la grande façade de l'école Royale Militaire, jusqu'à la rivière, fait partie de la plaine de Grenelle. Quatre rangées d'arbres plantés sur les côtés, tant en dedans qu'en dehors des fossés, y forment de magnifiques allées. Ce champ destiné pour les évolutions des élèves de cette école, sert aussi au régiment des gardes françaises, pour faire l'exercice à feu. Il peut contenir dix mille hommes rangés en bataille.

L'école Royale Militaire fut fondée, en 1751, pour le logement, subsistance & éducation gratuite de jeunes gentils-hommes français, sur-tout de ceux dont les pères, peu favorisés de la fortune, seroient morts au service du roi, ou le serviroient encore dans ses armées. Cet établissement si utile sous tous les rapports, honore certainement la mémoire de Louis XV, autant que la fondation des invalides honore celle de Louis XIV. On a trouvé que c'étoit une idée heureuse & imposante d'avoir placé cette école presque à côté de l'asile ouvert aux vieux guerriers. Il est beau en effet, il est touchant de voir sous un même coup d'œil le berceau & le tombeau des militaires. Les élèves de cette maison y sont instruits de tout ce qui est le plus propre à les faire marcher sûrement dans le chemin de l'honneur, de la vertu, des sciences & des arts. Les bâtimens sont très-curieux à voir. La chapelle sur-tout passe pour un joli chef-d'œuvre d'architecture.

Plusieurs belles avenues aboutissent à cette maison. Celle qui est en face de la grille royale, va couper l'avenue dite de *Breteuil*, derrière le dôme des invalides, & se termine au chemin ou à la continuation de la rue de Sèves, un peu en dehors du boulevard. Là tout auprès est l'*hospice de saint-Sulpice*, hôpital institué par ordre du roi, sur la fin de l'année 1778, dans la vue de soulager les malades indigens de la plus forte paroisse de Paris. On y en reçoit annuellement environ dix-neuf cents. Cet établissement a été formé dans l'ancien couvent de *notre-dame de Liesse*, dont voici l'histoire en peu de mots. En 1636, des religieuses *bénédictines* de Rhétel en Champagne, dont le couvent avoit été ruiné pendant les guerres, se réfugièrent à Paris. Deux princesses, la comtesse de *Soissons* & la duchesse de *Longueville*, leur donnèrent quelques rentes pour leur subsistance, & les logèrent rue du vieux Colombier. Elles y restèrent jusqu'en 1655, qu'on leur donna tout à l'extrémité de la rue de Sèves, une maison & une chapelle, qui s'étoit appellée autrefois le *jardin d'Olivet*, & où s'étoient établies des filles dévotes, auxquelles elles furent substituées. En 1663, on rebâtit & l'on augmenta leur petite église, qui resta toujours dédiée à *notre-dame de Liesse*, & qui continue d'être connue sous ce nom.

A côté de cet hospice, est la maison de *l'Enfant-Jésus*, fondée, en 1751, par la feue reine, épouse de Louis XV, à l'occasion de la naissance du duc de Bourgogne, pour trente jeunes demoiselles pauvres, qui doivent prouver deux cents ans de noblesse, avec la qualité de chevalier dans le premier père dont elles descendent. On préfère celles dont les parens ont été au service du roi, & on leur donne un entretien & une éducation dignes de leur naissance. C'est encore un des plus beaux établissemens faits pendant le dernier règne, à l'imitation & à l'envi de ceux du siècle de Louis XIV. Les bâtimens en sont actuellement très-vastes, placés entre les deux grandes rues de Sèves & de Vaugirard.

Cette dernière rue s'appeloit autrefois *la rue des Vaches*. Mais depuis la fin du seizième siècle, elle porte le nom de *Vaugirard*, parce qu'elle aboutit effectivement au village de ce nom. Je crois avoir dit ailleurs que l'ancien nom de ce village étoit *Vauboitrou*, & qu'il prit, en 1256, celui de *Girard*, abbé de saint-Germain-des-Prés, qui le fit rebâtir.

Lorsqu'on est entré dans cette rue par le boulevard, la première que l'on trouve à droite est la rue notre-dame-des-Champs autrefois appellée *rue du chemin Herbu* & très-ignorée, mais aujourdhui très-peuplée. C'est là que sont placés, seulement depuis 1722, les *frères des écoles chrétiennes*, que le peuple de Paris appelle *frères ignorantins*, & quelquefois *frères de saint-Yon*, du nom d'une de leurs maisons située dans le diocèse de Rouen, & qui est un lieu de correction pour les enfans de mauvaise conduite. Ils sont vêtus de grandes robes noires, & portent de grands chapeaux à larges bords. Un chanoine de Reims, nommé *la Salle*, les institua dans cette ville en 1679. Ils vinrent à Paris en 1688, & habitèrent différentes maisons, jusqu'à ce qu'enfin ils furent placés dans celle qu'ils occupent aujourd'hui & où ils ont la permission de faire dire la messe.

En suivant la rue de Vaugirard, on trouve à gauche le couvent des *carmes déchaussés* ou réformés à l'imitation des religieuses carmelites de sainte Thérèse, par le P. *Jean de la Croix*, espagnol. Ils furent appellés en France en 1610, les carmelites déchauffées y étant déjà venues

B 3

quelques années auparavant. Dès 1611, un conseiller au parlement, nommé *Vivier*, leur acheta dans cette rue une belle maison où ils s'établirent. Ils n'y eurent alors qu'une petite chapelle : mais peu de temps après, on forma le projet de leur bâtir une plus grande église, dont Marie de Médicis posa la première pierre en 1613. Elle fut achevée en 1620, & bénite sous l'invocation de saint Joseph en 1625.

Depuis cette époque, cette église, dont l'architecture est assez jolie, a été fort ornée en-dedans. Le chancelier *Seguier*, un de ses principaux protecteurs, fit bâtir le grand autel en 1636. Il y a d'assez beaux tableaux. Mais ce qui est le plus remarquable, est une statue de la sainte Vierge en marbre blanc, du fameux statuaire *Algarde*. Le dedans de l'église, aussi bien que celui du monastère, est enduit d'une espèce de blanc très-éclatant, que l'on a long-temps nommé *blanc des carmes*, parce qu'on croyoit que ces pères en avoient seuls le secret.

Le jardin de ces religieux a été fort étendu jusqu'au commencement de ce siècle, qu'ils en ont, très-utilement pour eux, retranché une partie, pour construire de belles & grandes maisons, dont les entrées sont dans la rue du Regard, & entre lesquelles on doit remarquer l'hôtel de Croy & celui de la Guiche. Les promenades restent cependant assez belles. Les carmes cultivent encore dans leur jardin la plante de mélisse, dont leurs frères apothicaires font une eau spiritueuse, très-connue sous le nom *d'eau des carmes*.

Dans cette même rue de Vaugirard, est le couvent des religieuses *bernardines*, que l'on appelle *du précieux sang*. Elles furent attirées de Grenoble à Paris en 1635; & leur monastère fut d'abord rue du Pot-de-Fer, où elles avoient acheté une maison. Mais n'ayant pas pu la payer, elles furent obligées d'en sortir. Après avoir demeuré environ deux ans dans la rue du Bacq, elles reçurent des marques sensibles de l'affection de la duchesse d'Aiguillon, nièce du cardinal de Richelieu, qui leur acheta la maison qu'elles occupent aujourd'hui depuis 1658. Elles firent ensuite l'acquisition de deux autres, qu'elles arrangèrent le mieux qu'il leur fut possible, & y élevèrent une petite chapelle qui n'a rien de remarquable. Le nom qu'elles portent, vient de ce qu'elles font vœu d'honorer particulièrement le *précieux sang de Jésus-Christ*, dont elles récitent un office particulier.

En 1621, Marie de Médicis prit en affection une nouvelle congrégation de religieuses de l'ordre de saint Benoît, établies à Poitiers en 1615, sous le nom de *filles de notre-dame du Calvaire*, par Antoinette d'Orléans-Longueville, veuve d'un Condy, marquis de Belle-isle, sous la direction du fameux P. Joseph du Tremblay, capucin. Cette reine vouloit recevoir ces religieuses dans son palais même du Luxembourg. Mais la chose ne s'étant pas trouvée possible, elle les établit, en 1625, dans la rue de Vaugirard, très-près de ce palais, & posa la première pierre de leur église, qui fut achevée en 1631. Leurs bâtimens tiennent à la partie du palais que l'on appelle *le petit Luxembourg*. Cette congrégation s'est étendue dans le royaume ; & indépendamment d'une seconde maison qui en existe dans Paris, elle en a environ une vingtaine dans le reste de la France.

Tel est, madame, le contour ou l'enceinte du faubourg & quartier Saint-Germain. Voici ce que l'on trouve de plus remarquable dans son intérieur.

En face de la principale porte d'entrée du palais du Luxembourg, est la rue de *Tournon*, large & belle rue, sans être bien longue, autrefois nommée *rue du champ de la foire*. Elle donnoit effectivement sur un petit champ que l'on appelloit *le pré crotté*, où l'on vendoit des bestiaux & des animaux. Le cardinal de *Tournon*, abbé de saint-Germain-des-Prés, fut le premier qui y fit bâtir en 1541, & qui lui donna son nom : elle fut tout-à-fait formée en 1560. Le maréchal d'Ancre y fit bâtir, en 1612, un grand & magnifique hôtel, qui fut pillé par la populace de Paris, en 1617, lors de la fin tragique de ce maréchal. C'est ce même hôtel qui a été depuis l'hôtel des ambassadeurs extraordinaires, & qui est à présent l'hôtel de Nivernois.

Au bout de cette rue à gauche, on entre dans la rue du petit Bourbon, qui conduit à la paroisse de *saint-Sulpice*, la seule du quartier saint-Germain, si l'on ne compte point celle du gros Caillou, qui, comme je l'ai dit, en étoit succursale il n'y a pas long-temps. Cette paroisse-ci, la plus étendue de tout Paris, est ancienne. Mais on ne peut pas fixer précisément l'époque de sa fondation, qu'on croit être du onzième siècle. Cependant le premier curé de cette église dont on entende parler, vivoit en 1210. Il est certain qu'elle a toujours dépendu de l'abbaye, n'en étant pas bien éloignée, & étant située même sur son territoire. Mais il y avoit à l'autre extrémité du bourg ou faubourg saint-Germain, une autre chapelle dédiée à saint Pierre, qui dispute d'ancienneté avec celle de saint Sulpice.

C'est sur les ruines de cette chapelle que sont établis, depuis le commencement du dix-septième siècle, les frères de la charité, dont je parlerai.

Enfin l'église de saint-Sulpice l'emporta pour être paroisse, & elle l'étoit certainement au milieu du treizième siècle. Mais comme le faubourg ne se trouvoit pas bien peuplé, elle étoit petite. Sous le règne de François I, elle parut déjà insuffisante pour le nombre des paroissiens. On y ajouta, en 1548, une nef en prolongation, le vieux bâtiment restant pour le chœur. En 1614, on ajouta des chapelles à cette nef, &, en 1646, on arrêta un plan de nouvelle construction. Gaston, duc d'Orléans, frère de Louis XIII, y mit la première pierre : mais ce premier projet n'eut point lieu. On en forma un autre en 1655 ; & la première pierre en fut posée par la reine Anne d'Autriche.

La partie du chœur, qui étoit la plus ancienne, fut abbattue, rebâtie, & achevée en 1675. Celle de la nef, qui n'étoit que du seizième siècle, subsista jusqu'en 1701. Mais quoiqu'on eût imposé des taxes assez fortes sur toutes les maisons du faubourg, les constructions furent lentes, parce que les deniers furent, dit-on, mal administrés. Enfin, en 1701, on abbattit la nef, & l'on travailla encore assez lentement à en faire une autre, jusqu'en 1715, & même en 1718. Alors M. *Languet de Gergi*, curé de saint-Sulpice, vint à bout, par son zèle & son intelligence, de mettre fin à ce grand édifice, à l'aide d'une loterie, dont les profits étoient considérables pour la fabrique de saint-Sulpice. La nef fut entièrement achevée en 1736 ; le portail commença à s'élever sur les desſins de *Servandoni*, &, en 1745, l'église fut bénite avec beaucoup de cérémonie & d'éclat.

Depuis cette époque on a achevé entièrement le portail, & bâti deux tours servant de clocher. L'autel, à la romaine, placé au milieu de l'église, entre le chœur & la nef, est d'une magnificence noble & vraiment imposante. La chapelle qui est au fond de l'église, derrière le chœur est superbement décorée. La voûte en a été peinte par *Lemoine*. La sculpture, les bas-reliefs & la dorure y ont été employés avec profusion. Le statue de la sainte Vierge est dans une niche au-dessus de l'autel. M. *Languet* l'avoit fait faire d'argent massif, & de grandeur naturelle.

Il y a dans l'église plusieurs tombeaux magnifiques & remarquables, tous du dix-septième siècle, à l'exception de celui de *Claude Dupuy*, conseiller au parlement, magistrat d'un rare mérite & d'une profonde érudition, qui avoit été difciple de Cujas & de Turnèbe. Il mourut, en 1594, peu de jours avant que Paris rentrât fous l'obéiflance de Henri IV. Le premier préfident de Harlay fit fon éloge, & le parlement affifta en corps à fes funérailles. Il eut trois enfans, dont deux au moins furent célèbres, & occupèrent dignement la place de bibliothécaire du roi.

Le *féminaire*, qui eft, pour ainfi dire, joint à l'églife de Saint-Sulpice, forme la plus grande partie du clergé de cette paroiffe. Cet établiffement fut commencé, en 1641, par M. *Olier*, curé de Saint-Sulpice, qui en jetta les fondemens à Vaugirard. Peu de temps après, il l'établit à Paris, dans cette rue du vieux Colombier, où l'on bâtit, avec la permiffion de l'abbé de Saint-Germain, une maifon, avec un jardin, & une chapelle qui fut bénite en 1650. On y ajouta, en 1686, le petit féminaire, où l'on entre par la rue Férou. Ces deux communautés tantôt réunies, tantôt féparées, mais toujours fous la même direction, ont été augmentées & enrichies jufqu'à nos jours. Infenfiblement les prêtres de Saint-Sulpice ont formé une congrégation fous le nom de *Sulpiciens*. Plufieurs évêques les ont chargés du foin de leurs féminaires, & quelques-uns de ces prêtres ont même paffé jufques dans nos colonies en Amérique. La chapelle actuelle du grand séminaire est belle, ornée de beaux tableaux & d'un plafond de *le Brun*.

Vis-à-vis de ce séminaire, il s'établit, en 1651, une communauté sous le nom de *filles de la Miséricorde*. Les premières de ces religieuses furent des augustines provençales, qui avoient formé une espèce d'institut à Aix en Provence, en 1633. La reine Anne d'Autriche fit venir à Paris leur première supérieure, nommée la *Mère Magdeleine*, & quelques-unes de ses filles, dans l'intention de les y établir. Mais les troubles de la fronde retardèrent l'exécution de ce projet. La pauvre mère Magdeleine se retira chez la marquise de Boutteville, dont le fils a été depuis si fameux sous le nom de *maréchal de Luxembourg*. Là elle attendit patiemment que les troubles fussent cessés. Enfin, ayant trouvé une maison qui lui convenoit, elle l'acheta cinquante mille francs, sans avoir le plus petit moyen de la payer & d'entretenir ses religieuses; d'autant plus que son institut particulier étoit d'en recevoir sans dot & sans pension. La mère Magdeleine avoit toujours ces mots à la bouche : *Dieu y pourvoira*. Il y pourvut, en effet ; car la duchesse d'*Aiguillon* fournit la moitié du prix de la maison, & d'autres dames pieuses se chargèrent du refte. Enfin ce couvent s'eft ou-tenu jufqu'à préfent.

Dans la rue du *Pot-de-Fer*, qui touche par un bout à celle du Vieux-Colombier, & par une autre à celle de Vaugirard, étoit le *noviciat des jéfuites*, établi au commencement du dix-feptième fiècle. En 1610, année de la mort de Henri IV, ils obtinrent de ce monarque une troifième maifon dans Paris, pour y placer leurs novices. Madame de *Sainte-Beuve*, riche veuve, connue par d'autres pieux établiffemens, & *du Tillet*, fon neveu, acquirent pour cet effet une maifon, que l'on appeloit l'*hôtel de Mezières*. Le noviciat de ces religieux s'y établit, mais feulement avec une petite chapelle, qui, vingt ans après, fut convertie en une jolie églife, dédiée à Saint François-Xavier. Elle eft très-ornée en-dedans & en-dehors. L'autel fut refait en 1709, aux dépens du roi, en marbre & en bronze doré, de très-bon goût. Il y avoit quelques beaux tableaux, entr'autres un du *Pouſſin*, & la facriftie étoit riche. *Sublet des Noyers*, fecrétaire d'état de la guerre, fous le cardinal de Richelieu, & dont les defcendans portent le nom d'*Heudicourt* & de *Lenoncourt*, étoit regardé comme un des principaux bienfaiteurs de cette maifon, & y fut enterré en 1645. Depuis la cataftrophe générale de cette société, la masse du bâtiment de l'église subsiste encore.

En 1662, on établit dans la rue du Gindre, des *filles de l'instruction chrétienne*, qui étoient de simples sœurs, dont la supérieure s'appeloit *sœur aînée* ou *première*. Elles se chargent de l'instruction des petites-filles. Depuis environ cinquante ans, cet établissement a été transféré rue du Pot-de-Fer, vis-à-vis l'ancien noviciat des jésuites.

Dans la rue du Vieux-Colombier, il y en a un autre en faveur des *orphelins* des deux sexes de la paroisse Saint-Sulpice. Il est dirigé par quelques sœurs; & l'on y élève dix-huit à vingt enfans : il remonte environ à l'année 1678 ou 1680.

A quelques pas de cet établissement on trouve à gauche la rue appelée *Cassette*, dont le vrai nom est *Cassel*, de celui d'un hôtel sur les ruines duquel elle a été bâtie. Il y a dans cette rue des religieuses du *saint Sacrement*, qui datent de 1654. Elles sont bénédictines, & les premières de leur institut, qui avoit commencé environ dix ans auparavant, à Rambervilliers, en Lorraine. La reine Anne d'Autriche les attira à Paris, pour accomplir un vœu qu'elle avoit fait de fonder un couvent, où l'on adoreroit perpétuellement le Saint-Sacrement, si les troubles qui avoient agité sa régence, se dissipoient heureusement. Ses

désirs ayant été satisfaits, elle acomplit son vœu par l'établissement de ce couvent, qui en produisit ensuite un autre dans Paris, rue Saint-Louis au marais. Indépendamment des vœux ordinaires de l'ordre de Saint Benoît, ces religieuses en font un particulier, de tenir toujours le Saint-Sacrement exposé dans leur chœur; & il y en a au moins une continuellement prosternée devant l'autel. Les libéralités de la reine Anne d'Autriche, & celles d'une infinité de dames qui favorisèrent l'établissement de ce monastère, l'ont rendu riche, & ont mis les religieuses en état de bâtir une assez jolie église, dont le plafond est peint à fresque.

L'abbaye *Saint-Germain* est à une petite distance de l'église paroissiale de Saint-Sulpice; & c'est ici, madame, le lieu de vous la faire connoître. L'histoire en est vraiment intéressante, puisqu'elle est liée à celles de plusieurs de nos rois, & de la capitale du royaume. En voici un très-court abrégé.

Childebert, fils de Clovis, & roi de Paris, étant allé assiéger Saragosse, en Espagne, regarda comme une dépouille précieuse, qu'il rapporta de ce pays, la tunique de *saint Vincent*, martyr, qu'il obligea les habitans de lui céder. Saint Germain, évêque de Paris, engagea ce monarque à faire bâtir une église pour y déposer cette relique respectable : telle est l'origine de l'abbaye que l'on nomme aujourd'hui *Saint-Germain-des-Prés*. Saint Vincent fut martyrisé en Espagne, au commencement du quatrième siècle, n'étant que diacre. Quant à Saint Germain, il étoit d'Autun, & avoit été abbé du monastère de Saint-Symphorien de cette ville. Il y mena une vie si régulière & si édifiante, que l'on est persuadé qu'il faisoit des miracles même de son vivant. Le roi Childebert en ayant entendu parler, le choisit pour évêque de Paris ; & il eut lieu de s'applaudir de son choix ; car Saint Germain fit un bien infini dans cette ville. Il y répandoit d'abondantes aumônes, & fit construire plusieurs églises. Enfin l'abbaye peut le regarder comme son fondateur, aussi bien que son patron, puisque sans lui elle n'eût jamais existé.

En 555 ou 56, on jetta les fondemens de cette abbaye sur les ruines d'un temple d'*Isis*, situé au milieu des prés, à peu de distance de la rivière de Seine. L'église ne fut achevée qu'en 558, & dédiée à Sainte Croix & à Saint Vincent, parce qu'indépendamment de la tunique de ce dernier saint, le roi donna un reliquaire magnifique, qui renfermoit du bois de la vraie croix. Cette église fut bâtie en forme de croix, & ornée en-dedans de beaucoup de peintures & de dorures. Le toit même étoit doré ; & elle étoit pavée en mosaïque ou pierres de rapport. Childebert avoit donné pour la subsistance des religieux le village & le territoire d'Issy, que l'on croit avoir appartenu aux prêtres du temple d'Isis, qui avoit été autrefois au lieu où est l'abbaye. Ce monarque déclara qu'il choisissoit sa sépulture dans cette église. On lui assigna comme de raison, la place principale au fond ou rond-point. Saint Germain y choisit la sienne : mais ce fut dans une petite chapelle qu'il avoit fait dédier à Saint Symphorien, en mémoire de son ancienne abbaye.

Lorsque l'on fit la dédicace de cette église, Childebert étoit déjà bien malade : on prétend même qu'il mourut la nuit suivante. Cependant il y eut un grand nombre de spectateurs à cette cérémonie ; car elle se fit aux fêtes de noël, lorsque le roi tenoit sa cour plénière. Childebert y fut enterré peu de jours après. Son tombeau s'y voit encore, aussi bien que celui de la reine Ultrogote, sa femme. On est assuré que deux princesses leurs filles y sont aussi ; mais on ne sait pas précisément où.

Saint Germain continua à faire de grands biens à l'abbaye, & l'exempta de la juridiction des évêques, ses successeurs. Clotaire ayant succédé à Childebert, son frère, & ayant réuni tout l'empire de Clovis, Saint Germain conserva sa considération sous ce nouveau règne, d'autant mieux qu'il guérit Clotaire d'une maladie, comme il avoit guéri le roi, son prédécesseur. Le roi Chilperic vit encore Saint Germain, qui donna à l'abbaye une portion de la couronne d'épines de notre seigneur, un bras de Saint Georges, martyr, & une jambe d'un des saints innocens. Enfin ce saint mourut en 576, & fut enterré dans le lieu, où il avoit désiré de l'être.

Le saint prélat avoit établi pour premier abbé de Saint-Vincent, *saint Doctrovée*, dont les reliques sont conservées avec celles de son maître, Saint Germain. Chilperic mourut en 584, après avoir perdu ses deux fils, Merovée & Clovis, qu'il avoit eus de la reine Audovère. Ils avoient été les victimes de la perfidie & de la cruauté de la reine Frédégonde. Cela n'empêcha pas que cette méchante princesse ne régnât sous le nom de son fils Clotaire II, & ne fût enterrée avec honneur, en 597, dans cette abbaye, qui prit insensiblement le nom de Saint Germain. Le tombeau de Frédégonde est un des plus beaux que l'on y voie, ainsi que celui de Clotaire II, & de Bertrude, sa seconde femme. Childeric II & sa femme Blitilde, assassinés dans la forêt de Bondi, en 574, y furent aussi enterrés. Cette église contient d'ailleurs les sépultures de quelques princesses de la première race de nos rois. Mais on ne sait pas précisément où elles sont placées.

Sous les rois de la seconde race, l'abbaye continua d'être regardée comme basilique très-respectable; & l'an 754, le roi Pepin fit faire, avec beaucoup d'éclat & de magnificence, la translation du corps de Saint Germain, de la petite chapelle de Saint-Symphorien, où il avoit été enterré, dans la grande église. Il se fit, dit-on, à cette occasion, des miracles si éclatans, que le roi en étant enthousiasmé, donna à ces religieux la terre de Palaiseau, à quelques lieues de Paris. Les abbés de Saint-Germain furent alors si considérés, qu'ils étoient mis au nombre des grands prélats du royaume. On voit la signature d'*Irminon*, abbé de Saint-Germain, avec celles des archevêques & évêques, qui souscrivirent le testament de Charlemagne. Cet abbé & son successeur *Hilduin*, eurent une grande part aux affaires sous le règne de Louis-*le-Débonnaire*.

L'abbaye Saint-Germain posséda de grands biens, d'un côté jusques dans l'Aquitaine, & de l'autre dans la Saxe. Il se fit entre les grandes abbayes du royaume, une espèce de ligue, dans laquelle celle de Saint-Germain entra, & qui rendit les abbés très-puissans. Mais en 845, la première irruption des Normands commença à en troubler la paix. Ces barbares ayant remonté la Seine & suivi la rive méridionale jusques vis-à-vis Paris, commencèrent par brûler & ravager les terres de l'abbaye. Les religieux effrayés transportèrent les reliques dans une terre de la Brie, qui leur appartenoit & qui s'appeloit *Coulaville*. Apparemment qu'ils mirent en même temps à l'abri leurs effets les plus précieux : mais ils ne purent éviter que l'église & le monastère ne fussent en plus grande partie détruits. *Aymoin*, auteur contemporain, prétend cependant que Saint Germain fit de grands miracles, pour punir ceux qui manquèrent de respect à son église.

Quoi qu'il en soit, l'empereur Charles *le Chauve* fut forcé de capituler avec les Normands, qui consentirent à retourner dans leur patrie, en emportant non seulement le produit de leurs pillages, mais encore de nouvelles sommes. Ils avoient promis solemnellement de ne revenir qu'autant que l'empereur Charles *le Chauve* les appeleroit à son secours ; & il n'y avoit pas lieu de croire, que ce monarque voulût s'adresser à de si terribles alliés. Mais ils n'eurent besoin, pour manquer à leur parole, que du succès de leur première expédition. Le corps de Saint Germain fut rapporté à Paris ; & l'on donna de nouvelles terres aux religieux, pour les dédommager des pertes qu'ils avoient faites.

Cependant, douze ans après la première irruption, c'eſt-à-dire, en 857, les Normands reparurent en France. Ils reprirent Rouen, s'établirent dans une iſle au-deſſus de cette ville, dont ils firent leur place d'armes, & de-là s'étant portés juſqu'à Paris, ils brûlèrent l'égliſe de Sainte-Geneviève, rançonnèrent la cathédrale & les abbayes de Saint-Denis & de Saint-Germain. Comme elles étoient riches, elles payèrent & ſe crurent en ſûreté. Mais le propre jour de pâques, ils revinrent encore, tuèrent quelques moines, chaſſèrent tous les autres, profanèrent l'égliſe, & tirèrent ſans doute quelques nouvelles ſommes.

L'année ſuivante, nouvelle courſe : ces barbares prirent l'abbé *Goſſelin* priſonnier. Charles *le Chauve* ſe mit enfin à la tête de ſon armée, & les repouſſa juſques dans l'iſle de la Seine, qui leur ſervoit de forte-reſſe : mais il ne put les y forcer. On élut un autre abbé, à la place de celui qui étoit leur eſclave. En 861, ils ſe rapprochèrent de Paris, brûlèrent les maiſons des environs, & ruinèrent une partie des bâtimens de l'abbaye même. En 862, s'étant avancés imprudemment juſqu'à Meaux, ils furent coupés, & essuyèrent des pertes : mais ils ne furent pas tout-à-fait détruits. Ce ne fut qu'en 867, qu'on crut la tranquillité tout-à-fait rétablie. L'abbé Gosselin revint après dix ans de captivité; & l'on rapporta les reliques de Saint Germain, accompagnées même de beaucoup d'autres qui avoient été cachées, & que l'abbaye Saint-Germain possède encore.

En 884, l'abbé Gosselin se démit de son abbaye en faveur de son neveu *Eble*; & la même année, les Normands vinrent assiéger Paris dans toutes les formes; c'étoit sous le règne de l'empereur Charles *le Gros*. Ce prince étoit foible, & d'ailleurs très-éloigné. Mais la ville fut défendue courageusement par l'évêque Gosselin, & par *Eudes*, comte de Paris, qui osa s'emparer de la couronne, après Charles *le Gros*. Henri, comte de Saxe, dont la famille porta la couronne impériale, après l'extinction de la race de Charlemagne, accourut avec de la cavalerie pour secourir la ville. Enfin les barbares furent obligés de lever le siége. Mais l'abbaye de Saint-Germain avoit été ruinée. La peste se mit dans Paris, & l'évêque Gosselin en mourut. Les Normands revinrent encore, dans l'espérance de profiter de ces nouveaux malheurs. Ils donnèrent deux assauts, & furent repoussés. Enfin l'empereur Charles *le Gros* se debarrassa d'eux par un traité honteux qui le fit méprifer de ses peuples. Aussi mourut-il misérable; & *Eudes* porta la couronne. Ce dernier fut obligé de repousser encore les Normands.

Toutes les fois que l'abbaye Saint-Germain essuyoit de nouvelles pertes, on lui faisoit de nouveaux dons, pour consoler l'abbé & les religieux. L'abbé Eble joignit à cette abbaye, celle de Saint-Denis, & l'éminente place de chancelier de France. Après sa mort, on sentit si bien que ces deux abbayes étoient des morceaux considérables, que le roi Eudes jugea à propos de les assurer à sa famille. Robert II, son frère, fils comme lui de Robert *le Fort*, posséda ces deux bénéfices en commende : il étoit d'ailleurs comte de Paris. Il fut père de Hugues *le Grand*, & celui-ci de Hugues Capet.

Ces seigneurs établirent dans l'abbaye des prieurs pour gouverner le spirituel, & veiller sur la partie vraiment monastique. Mais les grands biens temporels leur furent très-utiles pour les faire monter sur le trône de France. Les possessions de l'abbaye leur étant devenues propres, ils cherchèrent à les étendre, sous prétexte de recouvrer les anciennes terres de Saint-Germain. Le foible roi Charles *le Simple* leur

remit,

remit, à ce titre, Surène, Puteaux & beaucoup d'autres lieux. Enfin le duc Rollon s'étant fait baptiser, les moines de Neustrie, qui s'étoient réfugiés dans l'abbaye Saint-Germain, eurent la liberté de retourner chez eux, & emportèrent seulement une partie des reliques qu'ils y avoient déposées. Quelques châsses y restèrent, & y sont encore, entr'autres, celle de Saint Leufroy & celle de Saint Turiaf.

Il nous reste entr'autres ouvrages du dixième siècle, un poëme latin, composé par un moine de l'abbaye Saint-Germain, nommé *Abbon*. Il avoit été témoin oculaire du dernier siége de Paris par les Normands, & de plusieurs autres événemens qu'il raconte avec des détails, qui font connoître les mœurs de ce temps-là. Ce poëme est imprimé, & traduit avec des notes & un commentaire très-curieux & très-instructif.

Hugues Capet étant monté sur le trône, n'eut plus besoin de se dire abbé de Saint-Germain. Mais il conserva, à titre de souverain, les plus grands revenus de cette maison, & se rendit aux prières des moines, qui élurent un abbé régulier. Les religieux étoient déjà alors bénédictins. On ne sait pas précisément en quel temps ils avoient embrassé cette discipline. Mais dans les commencemens, ils fuivoient une règle approchante de celle de Saint Bafile.

Le troifième abbé qui vécut fous le règne de Hugues Capet, s'appeloit *Morard*. Ce fut lui qui rebâtit l'églife de l'abbaye, brûlée à tant de reprifes différentes par les Normands. Il n'y avoit d'autre parti à prendre que de démolir ce qui en fubfiftoit encore. C'eft ce que l'on fit, & à l'aide des libéralités du roi Robert, fils de Hugues Capet, on éleva de nouveaux édifices très-magnifiques pour leur temps. Une partie fubfifte encore depuis près de huit cents ans : ainfi l'on eft à portée d'en juger. On prétend même qu'il y a deux morceaux d'architecture de conftruction plus ancienne, & qui remontent jufqu'aux premières époques de l'abbaye. L'un eft une des deux groffes tours qui fervent de clochers, & l'autre l'ancien portail chargé de figures des rois & reines de la première race. On voit encore dans le chœur de l'églife le tombeau de l'abbé Morard, mort en 1014.

Son fucceffeur, nommé *Ingon*, gouverna l'abbaye onze ans, & fut remplacé par *Guillaume*, grand réformateur de monaftères, qui avoit déjà mis en ordre l'abbaye de Saint-Bénigne de Dijon, celle de Fécamp, & d'autres, même jufqu'en Italie. Il mourut en 1031. Pendant le refte de ce onzième siècle, l'abbaye s'enrichit encore par le don de plusieurs terres, entr'autres, de celles d'Antony, de Villeneuve-Saint-Georges & de Nogent-sur-Marne.

En 1129, on tint un concile dans cette abbaye. Un légat du pape y présida, & il s'y trouva plusieurs archevêques & évêques. Hugues, abbé de Saint-Germain, & le fameux Suger, abbé de Saint-Denis, y assistèrent. L'année suivante le pape Innocent II étant venu en France, confirma les privilèges de l'abbaye. Trente ans après, Alexandre III ayant fait le même voyage, bénit l'église de l'abbaye, qui ne fut achevée que dans ce temps, quoiqu'elle eût été, comme je l'ai dit, commencée plus de cent ans auparavant, par l'abbé Morard. En 1165, l'abbé Hugues eut l'honneur d'être parrain d'un fils de Louis *le Jeune*, qui fut nommé Philippe, alors surnommé *Dieu-Donné*, parce que son père avoit été long-temps sans avoir d'enfans mâles. Ce prince fut par la suite le roi Philippe Auguste.

Vers 1176, il paroît que la foire Saint-Germain avoit déjà lieu au profit de l'abbaye. Elle duroit quinze jours après pâques: l'abbé Hugues la partagea alors avec le roi Louis *le Jeune*. Cet abbé assista, en 1179, au second concile général de Latran, qui se tint à Rome, & dans lequel on fut obligé de réprimer le luxe & la magnificence des évêques, qui faisoient leurs visites dans leurs diocèses avec un train considérable, & très-incommode aux abbayes, prieurés & paroisses, obligés de les défrayer. Ce fut à cette occasion, que tant de couvens obtinrent l'exemption de la jurisdiction des évêques, ou furent confirmés dans ce privilège. L'abbaye Saint-Germain fut du nombre, tant pour l'évêque de Paris, que pour l'archevêque de Sens.

A la fin de ce siècle, le roi Philippe Auguste fit enclore de murs le quartier de l'université, & forma ainsi la partie méridionale de la ville de Paris. L'abbaye Saint-Germain resta en dehors, avec une partie des maisons qui formoient son bourg & qui étoient dans sa censive. Le reste fit partie de la nouvelle ville ; & il ne pouvoit manquer d'arriver que cette coupure du territoire de Saint-Germain n'occasionnât bien des embarras & des difficultés ; ce qui eut lieu. Mais enfin, tout s'accommoda dans le cours du treizième siècle, au moyen de différentes transactions entre l'abbaye, les évêques de Paris, le roi & l'université.

J'ai parlé ailleurs de l'érection des paroisses de Saint-André-des-Arts & de Saint-Côme, qui furent soustraites à celle de Saint-Sulpice, dépendante de l'abbaye, &

la seule de tout le bourg de Saint-Germain. J'ai dit aussi un peu plus haut que l'abbaye possédoit, depuis le sixième siècle, la tunique de Saint Vincent. Mais elle n'avoit point de reliques du corps de ce saint, son patron. Le prince Louis, fils de Philippe-Auguste, & qui régna ensuite sous le nom de Louis VIII, lui en donna, qu'il tira de Valence en Espagne; & cette donation occasionna de grandes fêtes & de grandes cérémonies.

Ce fut pendant ce même siècle, c'est-à-dire, le treizième, que commença une querelle qui se renouvella souvent dans la suite entre les écoliers de l'université & les habitans du faubourg Saint-Germain, soutenus, à juste titre, par l'abbé & les religieux. Les étudians étoient en grand nombre; & il y en avoit beaucoup de grands, vigoureux, libertins, & ce que l'on appelle vulgairement *tapageurs*. Ils alloient passer leurs heures de récréation & les jours de congé à l'extrémité du faubourg Saint-Germain, dans un lieu appelé *le Pré-aux-Clercs*; & sous prétexte de se dédommager de la peine & de l'ennui des études, ils y commettoient toutes sortes de désordres, probablement après s'être enivrés. L'université prenoit la plûpart du temps le parti de ses suppôts. Les querelles occasionnèrent souvent des scènes sanglantes,

& des procès embarrassans à juger par le roi & ses officiers. On les voit renaître à tout moment dans l'histoire de l'université de Paris, & dans celle de l'abbaye Saint-Germain. Il me suffit d'en avoir indiqué ici la première époque & la cause.

En 1227, on bâtit dans cette abbaye un nouveau cloître, à la place de l'ancien qui tomboit en ruine : c'est celui qui subsiste aujourd'hui. En 1239, on construisit, à l'aide des libéralités de la reine Blanche, le réfectoire, que l'on admire encore. En 1244, on éleva la grande chapelle de la vierge, le plus beau morceau de l'église actuelle. Depuis 1247 jusqu'en 1250, l'abbaye affranchit presque tous ses vassaux, tant de Paris que de ses autres terres. Le roi Saint Louis engagea les religieux à leur accorder cette liberté. L'an 1273 est l'époque de la construction des beaux dortoirs de cette maison ; & l'année suivante furent établies au profit de l'abbaye, mais non pour son usage, les boucheries qui ont donné le nom à une rue de ce quartier.

Le pape ayant résolu, en 1337, de réformer l'ordre de Saint Benoît, & de le rappeller à sa première institution, on convoqua un chapitre général dans l'abbaye Saint-Germain. Il s'y trouva cent quatre abbés & un grand nombre de prieurs ; &

SUITE DE L'ISLE-DE-FRANCE. 55
l'on y fit les réglemens les plus sages & les plus édifians. Deux ans après, Edouard III ayant déclaré la guerre au roi Philippe de Valois, & ce dernier monarque ayant imposé une grosse taxe sur ses sujets, & exhorté ses grands vassaux à en faire autant sur les leurs, l'abbé de Saint-Germain taxa les siens, qui étoient en grand nombre, tant dans les faubourgs de Paris qu'aux environs, & même dans des provinces assez éloignées. Aussi le parlement de Paris maintint-il l'abbé dans la possession de la haute justice, sur-tout dans le faubourg Saint-Germain, & lui adjugea-t-il la confiscation des biens d'un faux-monnoyeur & d'une empoisonneuse condamnés à mort.

Un autre chapitre général, tenu, en 1361, dans l'abbaye Saint-Germain, fit éclore de nouveaux réglemens, parmi lesquels on peut remarquer celui qui défend aux moines de jouer aux jeux de dés & de bazard, sous peine d'être privés de vin pendant une semaine, & de jouer de l'argent à quelque jeu que ce soit, sous peine d'être réduits à la demi-portion.

En 1368, le roi Charles V se trouvant pressé par les Anglois au-dehors, & voyant son royaume tourmenté par des troubles intestins, engagea l'abbé *Richard* à faire fortifier l'abbaye. On creusa tout à l'entour un grand fossé, derrière lequel on éleva

C 4

des murailles crénelées, & des tourelles de distance en distance. Par-delà étoit une espèce de chemin couvert, qui tournoit autour de la contrescarpe du fossé. On n'entroit dans l'enceinte que par une porte qui fermoit avec un pont-levis, & qui se trouvoit à-peu-près où est aujourd'hui la prison de l'abbaye. A l'extrémité opposée étoit une autre porte, qui ne s'ouvroit que dans les grandes occasions : aussi l'appeloit-on *papale*, & l'on prétendoit que le pape seul pouvoit y entrer : c'est à-peu-près là qu'est aujourd'hui la porte Saint-Benoît, qui donne dans la rue de ce nom. Cette fortification, qui faisoit de l'abbaye une espèce de citadelle, n'empêcha pas qu'elle ne fût pillée, lors de la révolte des Maillotins, sous le règne de Charles VI.

Lorsqu'en 1408, la France étoit le plus agitée par les querelles des Bourguignons, & des Orléanois que l'on appeloit *Armagnacs*, l'abbé *Guillaume* ne laissa pas de faire travailler la superbe châsse de Saint Germain, que l'on voit encore au haut du grand autel de l'abbaye. Elle est en forme d'église, d'une architecture gothique, toute d'argent, couverte de lames d'or, & ornée de pierres précieuses. On y voit des figures représentant des saints de l'ancien & du nouveau testament, les rois fondateurs & bienfaiteurs de l'abbaye, enfin l'abbé Guillaume même. Cet abbé fit faire de plus un rétable d'autel aussi riche & aussi chargé d'ornemens. Ces deux magnifiques ouvrages subsistent encore ; & quoiqu'ils aient été respectés, l'abbaye souffrit beaucoup sous les règnes de Charles VI & de Charles VII.

Le successeur de ce dernier monarque étoit sur le trône, lorsque cette abbaye représenta qu'elle étoit ruinée, sur-tout par la mauvaise administration de l'abbé *Robert*, que l'on engagea à se démettre. Pour la dédommager un peu, on lui accorda une seconde foire, qui devoit se tenir en été, à-peu-près concurremment avec celle de Saint-Denis. Mais l'exécution de cette faveur ayant souffert bien des difficultés, on se contenta de changer le temps où se tenoit l'ancienne foire ; & au lieu qu'elle duroit quinze jours après pâques, on la plaça avant le carême.

A la fin du siècle, en 1499, le cardinal d'Amboise, premier ministre & légat en France, forma le projet de réformer l'abbaye S. Germain, ainsi que bien d'autres ; il y réussit, lorsqu'après avoir laissé quelque temps la place d'abbé vacante, il la fit passer au cardinal *Briçonnet*. Celui-ci, qui étoit ministre de Louis XII, & qui avoit été marié, transmit, en 1507, cette abbaye à son fils ; & ce nouvel abbé commendataire y intro-

C 5

duisit les religieux de la congrégation de *Chezal-Benoît*, qui avoit commencé, en 1488, dans la province ecclésiastique de Bourges. Cette réforme eut toute sa perfection en 1513. L'année suivante, l'abbé Briçonnet s'imaginant que les bonnes femmes du faubourg Saint-Germain prioient Dieu & offroient des cierges à une vieille statue, qu'elles croyoient être la Sainte-Vierge, & qui, au contraire représentoit la déesse Isis, dont le temple avoit été anciennement dans ce lieu, fit enlever cette statue & mettre à sa place une croix. On a beaucoup disserté, pour savoir qui s'étoit trompé de l'abbé Briçonnet ou des bonnes femmes. La question n'est point encore décidée; & depuis ce temps, on n'a plus retrouvé la vieille statue.

Ce même abbé étant à Rome, étoit venu à bout de faire décider par le pape, qu'après lui les abbés de Saint-Germain seroient réguliers. Mais cet article ne fut point exécuté, & en 1533, cette vacance étant arrivée, le cardinal de *Tournon*, déjà possesseur de tant d'autres bénéfices, obtint cette abbaye en commende. Ce fut avec sa permission qu'on fit d'assez grands changemens dans l'intérieur de l'abbaye, & d'autres dans la ville, qui rendirent plus aifée la communication du faubourg Saint-Germain avec le quartier de l'université.

Les huguenots commencèrent à-peu-près, à cette époque, à commettre des défordres dans le royaume. *Charles*, cardinal de *Bourbon*, prince du sang, avoit fuccédé dans la place d'abbé commendataire de Saint-Germain, au cardinal de Tournon. Il retira dans fa maifon abbatiale la princeffe Renée de Bourbon, fa fœur, abbeffe de Chelles, & fes religieufes, que les hérétiques avoient forcées à fe retirer dans Paris, où elles avoient apporté leurs plus précieufes reliques. Les édits de pacification leur permirent enfin de retourner dans leur couvent. Les religieux de Saint-Germain évitèrent heureufement les plus grands pillages. Ce qui les en préferva principalement, ce fut l'efpèce de fortification qui entouroit l'abbaye, ainfi que la précaution qu'ils avoient prife de cacher ce qu'ils avoient de plus précieux.

Pendant ces temps de difcorde, il fe tint dans l'abbaye deux affemblées générales du clergé. Le cardinal de Bourbon fe fit bâtir un palais abbatial. Henri III ayant ordonné des proceffions générales, tant pour demander à Dieu la fin de cette guerre inteftine, que pour prouver de plus en plus fa catholicité, on porta proceffionellement la châsse de Saint-Germain. Mais les troubles n'ayant point cessé, elle fut de nouveau cachée & dérobée à l'avidité des hérétiques.

Après la mort de Henri III, son successeur Henri IV, ayant assiégé Paris, somma l'abbaye Saint-Germain de se rendre; ce qu'elle fit. Ce monarque y entra, monta au haut du clocher pour voir Paris, se retira avec ses troupes sans y faire aucun désordre, & ne fit que rire de ce que le cardinal, son oncle, qui en étoit abbé, avoit pris à son préjudice, le titre de roi de France. L'année suivante, c'est-à-dire, en 1590, le roi revint, & s'empara encore de l'abbaye: mais ce ne fut qu'après l'avoir assiégée, & après la capitulation de la garnison. Vous savez, madame, que Paris ne se rendit à ce monarque qu'en 1594.

Cette même année, Henri IV assista aux funérailles du second cardinal de *Bourbon*, qui avoit été coadjuteur du premier dans la dignité d'abbé de Saint-Germain. L'abbaye resta quelque temps en économat: le prince de Conti, frère du défunt cardinal, en jouissoit, quoiqu'il fût marié. Enfin, *Henri de Bourbon*, fils naturel de Henri IV, & que l'on appella depuis le duc de Verneuil, eut cette abbaye, toujours en commende, en 1623, neuf ans après la mort du prince de Conti.

En 1630, la réforme de la congrégation de saint Maur fut introduite dans cette abbaye, qui eut à fa tête un prieur jouiffant de toute l'autorité fpirituelle dont jouiffoient autrefois les abbés réguliers. En 1669, Henri de Bourbon, duc de Verneuil, ayant jugé à propos de fe marier, renonça à cette abbaye, dont la commende fut abandonnée à *Jean Casimir*, roi titulaire de Pologne & de Suède, qui n'avoit jamais poffédé cette dernière couronne, & avoit abdiqué l'autre. Il mourut à Paris en 1672.

Deux ans après, la juftice de l'abbaye fut fupprimée & réunie au Châtelet. L'abbaye refta vacante jufqu'après la mort d'un prince légitimé de France, que l'on appelloit *Louis Céfar de Bourbon*, comte du Vexin, frère du duc du Maine. Louis XIV lui avoit deftiné, dit-on, les abbayes de faint-Denis & de faint-Germain : mais il mourut en 1683, âgé feulement de dix ans. La preuve de cette deftination, c'eft qu'il fut enterré à faint-Germain même. Le duc de Verneuil étoit mort l'année précédente, & fon cœur y avoit été auffi dépofé.

Ce ne fut qu'en 1690 qu'on retira l'abbaye des économats, pour la donner au cardinal de *Furstemberg*, évêque de Strafbourg. Le cardinal *d'Eftrées* lui fuccéda en 1704, & à celui-ci le cardinal de *Bissy* en 1715. Le succeffeur de ce dernier fut le comte de *Clermont*, prince du fang de la maifon de Bourbon-Condé, qui en jouit long-temps, quoiqu'il ne fût jamais entré dans les ordres facrés. Enfin le dernier de ces abbés commendataires a été le cardinal de la *Roche-Aimon*, archevêque de Reims, & grand aumônier de France.

Après cette notice hiftorique de l'abbaye de faint-Germain, je dois bien, madame, vous faire connoître en détail l'état préfent de ce monument de la piété de nos rois de la première race. Le portail de l'églife eft ce qu'il y a de la conftruction la plus ancienne, &, à ce que l'on croit, même de la première fondation. On y remarque huit grandes figures en pied, dont on ne doute pas que l'une ne repréfente faint Germain en habits pontificaux, tels que les évêques les portoient de fon temps. Les autres repréfentent le roi Clovis tenant un fceptre à la main, mais revêtu de l'habit de patrice romain, qu'il fe faifoit honneur de porter par conceffion des empereurs; la reine Clotilde fa femme, & le roi Clodomir leur fils. Du côté oppofé, font les rois Chilpéric, Childebert, la reine Ultrogote fon époufe, & le roi Clotaire.

SUITE DE L'ISLE-DE-FRANCE. 63

L'églife, dans laquelle on entre par ce portail, eſt d'une conſtruction plus moderne. Elle ne remonte pas même tout entière au onzième ſiècle, temps auquel on réſolut de faire rebâtir celle qui avoit été ruinée par les Normands, ni au douzième, époque de ſa conſécration par le pape Alexandre III, à l'exception de quelques chapelles. Il n'y a que la groſſe tour occidentale qui eſt de la première antiquité, ainſi que les cryptes ou chapelles ſouterraines. Le chœur fut réparé & entièrement décoré à neuf en 1704. Le grand autel eſt orné d'un baldaquin, porté par des colonnes de marbre, entre leſquelles on a placé des figures d'anges qui ſoutiennent la châſſe de S. Germain, dont j'ai déjà fait la deſcription, & qui ſe trouve ainſi à préſent plus en honneur qu'elle n'a jamais été.

Ce n'eſt qu'au dix-ſeptième ſiècle, & depuis que les pères de la congrégation de ſaint Maur ſont poſſeſſeurs de cette églife, qu'elle a été voûtée ; car juſqu'à cette époque, elle n'étoit couverte que d'une charpente revêtue en-dedans d'un lambris, & en-deſſus d'un toit partie de plomb, partie d'ardoiſe : le plomb avoit été doré. Tous les tableaux que l'on voit dans le chœur & dans la nef, & dont pluſieurs ſont très-beaux, n'y ont été placés qu'au commencement de ce ſiècle. Le cœur du duc de Verneuil & le tombeau du petit comte du Vexin, sont dans le chœur avec ceux des rois & reines de la première race, que j'ai nommés. Ce chœur est entièrement entouré de chapelles, dont les plus remarquables sont celles de sainte Marguerite & de saint Casimir.

La première est ornée d'une assez belle statue de la sainte, qui est sur l'autel même dans une niche. Elle n'y a été placée qu'au commencement de ce siècle. Mais avant qu'elle y fut, cette chapelle étoit déjà ornée de deux beaux tombeaux, qui sont ceux des *Castelan*, gentils-hommes & militaires. Un abbé de Castelan, fils de l'un & frère de l'autre, fit élever ce tombeau à sa famille. Il mourut en 1677, & y fut lui-même enterré. Dans la même chapelle, sont les mausolées du cardinal de *Furstemberg*, & du comte son neveu. Il y a dans cette chapelle une ancienne dévotion relative à sainte Marguerite, & à sa ceinture, à laquelle on attache la vertu de soulager les femmes enceintes & en couche : celles du faubourg saint Germain y ont recours. Cependant la véritable ceinture de sainte Marguerite fut volée en 1556. Mais on en a heureusement recouvré un petit morceau, qui a été enchâssé dans un reliquaire que l'on fait baiser aux femmes grosses. On prétend que la reine Marie-

Thérèfe d'Autriche, femme de Louis XIV, eut recours à cette relique, lorfqu'elle étoit enceinte & près d'accoucher du dauphin, grand-père de Louis XV.

Ce que l'on remarque actuellement de plus beau dans la chapelle de faint Cafimir, eft le tombeau de *Jean Casimir*, roi de Pologne, dont j'ai déjà parlé. Quoiqu'il n'y ait que fon cœur dans ce tombeau, & que fon corps ait été tranfporté à Cracovie, le maufolée eft fuperbe. On y voit fculptées en bas-relief plufieurs batailles que ce roi livra aux Turcs, aux Tartares & aux Mofcovites qui ravagèrent la Pologne fous fon règne. Il femble, à en juger par fon épitaphe, qu'il y fut toujours heureux, puifqu'il y eft traité de *semper invictus*. Cela n'eft pas tout-à-fait exact. Mais il eft sûr qu'il fe trouva à dix-fept batailles rangées, dont quelques-unes contre les Suédois qui auroient dû être fes fujets, mais qui étoient fes ennemis. Il étoit par fon père, arrière petit-fils de *Gustave Vasa*, &, par les femmes, héritier des *Jagellons*. Il fut vingt ans roi, ayant fuccédé à fon frère en 1648, & n'ayant abdiqué qu'en 1668. Avant de parvenir à la couronne, il avoit été cardinal & même jéfuite. Mais en quittant le trône, & venant en France, il ne reprit ni l'état ni l'habit eccléfiaftique, quoiqu'il fût abbé commendataire de Saint-Germain. On prétend même qu'il se remaria, mais secrètement, à la veuve du maréchal de l'Hopital-Vitry.

Cette dame, dont les aventures ont été assurément fort extraordinaires, étoit fille d'une blanchisseuse de Grenoble. Sa beauté & sa sagesse engagèrent un conseiller du parlement de cette ville à l'épouser, & elle crut alors avoir fait la plus grande fortune. Cependant étant devenue veuve, le maréchal de l'Hopital, gouverneur de la province, se prit d'amour pour elle & l'épousa. Il étoit vieux & riche, & lui laissa de quoi soutenir dignement le nom & le titre qu'elle portoit. Mais persuadée de la vérité de son horoscope, qui lui prédisoit une couronne, elle se laissa entraîner à partager la fortune de Jean Casimir, & elle ruina si complètement la sienne, qu'à la mort de ce prince, elle fut réduite à une très-grande misère. Un auteur moderne dit qu'il se souvient d'avoir connu, il y a long-temps, une dame âgée, qui avoit vu dans sa jeunesse cette veuve de roi. Elle l'avoit trouvée retirée dans une petite maison au village d'Issy, n'ayant pour tous domestiques qu'un laquais, une cuisinière, & une demoiselle de compagnie qui lui faisoit la lecture. *Je me fais lire*, disoit-elle, *toutes sortes* d'histoires : mais je n'en trouve point de plus singulière que la mienne.

Avant que le roi de Pologne fut enterré dans la chapelle de saint Casimir, elle renfermoit déjà les cendres de deux hommes illustres du seizième siècle. Le premier est *Pierre Danés*, qui, après avoir été professeur de langue grecque au collége royal, sous le roi François I, fut, sous les règnes suivans, évêque de Lavaur & ambassadeur au concile de Trente, où il se distingua par sa science, son éloquence & sa fermeté. Il mourut en 1577. Le second est *Jean Groslier*, trésorier des armées françaises en Italie, sous François I, ami de tous les savans & gens de lettres de son temps. Il les aida de sa bourse & de ses conseils, & forma une belle bibliothèque : il mourut en 1565.

Près de ces chapelles sont les deux grandes sacristies, dans l'une desquelles est le trésor des reliques de l'abbaye, dont je ne citerai que quelques-unes des plus remarquables. Il y en a 1°. de saint Casimir, qui étoit de la famille des Piastes, & avoit été tiré du monastère de Cluni, au onzième siècle, pour monter sur le trône de Pologne : c'étoit par conséquent un patron fort convenable pour le roi Jean Casimir. 2°. De saint Placide, un des disciples les plus chéris de saint Benoît, &

compagnon de saint Maur. 3°. De saint Vincent, martyr en Espagne, premier patron de l'abbaye. Mais il faut remarquer que la tunique de ce saint, apportée de Saragosse par le roi Childebert, ne se retrouve plus depuis long-temps : on ne sait ce qu'elle est devenue. Les reliques de saint Vincent, que l'on y voit actuellement, ont été données par le roi Louis VIII, père de saint-Louis. 4°. Huit fameux reliquaires ou châsses que l'on portoit autrefois dans toutes les grandes processions à la suite de la châsse de saint Germain. Elles renferment les reliques de saint Doctrovée, premier abbé de saint Vincent, de saint Venant, abbé de saint-Martin-de-Tours, mort au cinquième siècle ; de saint Leufroy, abbé dans le diocèse d'Evreux ; de saint Turiaf, évêque de Dol en Bretagne ; de saint Georges, moine de Bethléem ; de saint Aurelle & de sa femme sainte Natalie, que le peuple appelle *sainte Noëlle*, martyrisée en Espagne par les Maures ; de saint Amand évêque de Maestrick, mort au septième siècle ; enfin différentes autres reliques des plus précieuses, relatives à l'humanité & à la passion de Jésus-Christ. 5°. La châsse de saint Maur, premier disciple de saint Benoît, qui n'a été portée dans l'abbaye que de nos jours ; en 1750, lorsqu'on a entièrement détruit l'ancienne & respectable abbaye de saint-Maur-les-Fossés près Paris. 6°. Une quantité de reliquaires plus modernes, mais aussi plus magnifiques & de meilleur goût que les anciens ; des ornemens superbes ; des mitres précieuses, & la crosse qui servoit aux anciens abbés ; enfin la couronne, le globe, le sceptre & le bâton de commandement du roi Jean Casimir.

Du côté opposé à la sacristie, attenant la grande église, est la chapelle de saint Symphorien, qui sert de paroisse pour tout l'enclos de l'abbaye, depuis l'accommodement fait en 1668, entre l'archevêque de Paris, l'abbé & les religieux ; accommodement qui borne à cette seule enceinte les droits curiaux que cet ancien monastère prétendoit exercer surtout le fauboug. Saint Germain a été enterré dans une chapelle de ce nom. Mais celle d'aujourd'hui est postérieure à son siècle. Elle fut même reconstruite pendant le cours du dernier, & consacrée par saint François-de-Sales, évêque de Genève.

Dans l'enceinte de l'abbaye, il y a une grande chapelle, dédiée à la sainte Vierge, & tout-à-fait détachée de la grande église. Elle fut bâtie du temps de saint Louis par un architecte, nommé *Pierre de Montreau*, qui mourut en 1266, & y fut enterré. Le bâtiment en est regardé comme un chef-d'œuvre de construction gothique. Cette chapelle paroît avoir été principalement destinée pour la sépulture des abbés & prieurs de cette maison. Depuis l'établissement de la congrégation de saint Maur, on y enterre les supérieurs généraux ; & l'on a fait l'honneur à quelques-uns des plus fameux d'entre les religieux, tels que *dom Mabillon*, d'y déposer leurs corps. C'est dans cette chapelle que les religieuses de Chelles faisoient leurs offices, lorsqu'à l'occasion des troubles du calvinisme au seizième siècle, elles s'étoient réfugiées dans l'abbaye saint-Germain.

En entrant dans la maison des religieux, il faut voir le réfectoire, qui est grand, vaste, & entièrement voûté. C'est encore un chef-d'œuvre d'architecture gothique, fait par le même architecte, l'an 1239. Cette construction, qui est très-hardie, ne s'est point démentie depuis cinq cent cinquante ans. Le grand cloître est de l'an 1227, & le dortoir à-peu-près du même temps.

L'infirmerie, qui étoit ancienne, a été entièrement rebâtie, ainsi que la bibliothèque. C'est, après celle du roi, la plus nombreuse & la plus précieuse de Paris. Dans ce siècle-ci, elle a été augmentée de celle de l'abbé d'Estrées, mort en 1718 ; de celle de l'abbé Renaudet, mort en

1720, & des manuscrits qui avoient appartenu au chancelier Seguier, & qui ont été donnés par M. de Coaslin, évêque de Metz, héritier de ce chancelier. Ce qui fait sur-tout la plus précieuse partie du trésor qu'elle contient, ce sont les manuscrits, dont les uns ont appartenu de tout temps à l'abbaye. Les autres y ont été apportés des différens couvens, à mesure qu'ils ont été réunis à la congrégation de saint Maur. On doit y remarquer, entre autres, un pseautier, qui, dit-on, a servi à saint Germain, & qui par conséquent est du sixième siècle. Près de la bibliothèque, est un cabinet de curiosités & d'antiquités, d'après lequel le savant père *Montfaucon* a composé le livre si utile de *l'antiquité expliquée*.

Tout le reste de ce qui existe aujourd'hui dans l'abbaye, est infiniment changé depuis le dix-septième siècle, & bien différent de ce qu'il étoit au seizième. On a supprimé les fossés, qui autrefois en faisoient le tour, & qui depuis ne subsistoient plus que dans une partie. Toutes les tourelles ont été abbattues, & l'on a appuyé des maisons contre les anciennes murailles; de sorte que l'enceinte de l'abbaye n'est actuellement marquée que par des rues intérieures & des rues extérieures. On a ouvert de nouvelles portes. Celle de la rue sainte-Marguerite, vis-à-vis de l'église, est la seule ancienne : encore a-t-elle changé de forme. On a substitué à la porte *papale*, qui, comme je l'ai dit, étoit toujours fermée, une autre porte constamment ouverte, appellée de *saint-Benoît*, qui donne sur la rue de ce nom. On en a ouvert deux du côté du nouveau palais abbatial, l'une vis-àvis de la rue Château-Bourbon, l'autre dans celle du Colombier.

Ce palais abbatial n'étoit, au seizième siècle, qu'un vieux bâtiment du côté de la rue sainte-Marguerite. Mais les deux cardinaux de Bourbon commencèrent à le transporter du côté tout opposé ; & successivement les cardinaux & autres grands seigneurs, commendataires de l'abbaye, jusqu'aux cardinaux de Furstemberg & de Bissy, y ont fait beaucoup d'embellissemens ; de sorte que c'est un des plus beaux hôtels de Paris.

La prison de l'ancien bailliage ou jurisdiction temporelle de l'abbaye subsiste encore. Mais comme cette jurisdiction actuelle ne donne pas souvent occasion de la remplir, on la fait servir à d'autres usages. La haute justice de l'abbé & des religieux, confirmée par des lettres-patentes du roi Philippe *le Hardi*, s'étendoit non-seulement sur tout ce qui compose le faubourg

bourg saint-Germain actuel, mais encore dans Paris sur le quartier saint-André-des-Arts. Cependant l'exercice de cette justice ne laissa pas de souffrir des difficultés. L'abbaye en fut privée d'abord pour tout ce qui étoit compris dans l'enceinte de la ville; & en 1674, la justice entière, même du faubourg, fut réunie à celle du Châtelet. Dans ce siècle-ci, on l'a lui a rendue pour l'enceinte seulement de l'abbaye. Le bailliage se tient encore au même lieu où étoit jadis un pilori; preuve évidente de cette haute justice.

Depuis cent cinquante ans, cette abbaye, est, pour ainsi dire, le chef-lieu de la congrégation de saint-Maur. L'expérience a prouvé que le régime & les constitutions de cet ordre sont excellens, puisqu'il a produit tant de savans hommes, & qu'il en est sorti tant de bons livres. On peut dire que dans les siècles d'ignorance, l'érudition n'a trouvé d'asile que dans son sein. La paix & la considération dont cet ordre a joui, ont été la source de ses utiles travaux. Il est à souhaiter pour le bien de la religion, celui des sciences & des lettres, qu'elle ne soit jamais troublée.

La foire saint Germain dépend de l'abbaye, & forme une partie assez considérable de son revenu. J'ai déjà dit qu'elle existoit dès le temps du roi Louis *le Jeune*, puisqu'il en partagea les revenus avec l'abbé. Elle se tenoit alors, à ce que l'on croit, quinze jours après pâques, & duroit deux ou trois semaines. Mais on ne sait pas précisément où : peut-être étoit-ce à-peu-près au même lieu où elle se tient encore aujourd'hui. Quoi qu'il en soit, elle subsista jusqu'en 1278.

A cette époque, il arriva un de ces tumultes si fréquens dans le voisinage de l'université. Les écoliers qui alloient voir la foire les jours de congé, y causèrent du désordre. Les officiers de justice de l'abbaye voulurent y exercer leur autorité. Les jeunes gens résistèrent, & il y en eut deux de tués. Le corps de l'université, qui sous prétexte d'être l'oracle de Paris, en étoit quelquefois le tyran, prit hautement le parti de ces tapageurs, & obtint du roi Philippe *le Hardi* les réparations les plus authentiques. L'abbaye fut condamnée à une grosse amende; & pour éviter de pareils accidens, elle renonça à sa foire, qui ne se tint plus jusqu'en 1482.

Cette même année Louis XI, voulant dédommager l'abbaye des grandes pertes qu'elle avoit faites pendant les guerres civiles, lui permit de rétablir sa foire sur le même terrain que l'ancienne, & la fixa au mois d'octobre. Comme elle concourroit avec celle de saint-Denis, & qu'elle lui faisoit du tort, l'abbé & les religieux de cette autre grande abbaye firent les plus fortes représentations ; d'où il résulta que sous le règne de Charles VIII, le temps où elle devoit se tenir, fut changé & remis au 3 février. Elle fut déclarée franche, c'està-dire, que les marchandises qui y étoient portées, furent déclarées exemptes de droit, mais pour huit jours seulement. Après cela, le privilége fut réduit à la liberté d'y débiter toutes sortes de marchandises sans être maître.

Comme cette foire se tient en hiver, les religieux de l'abbaye ont senti la nécessité de mettre à couvert les marchands & les marchandises, en faisant, non seulement des baraques, mais encore des halles couvertes autant qu'il étoit possible. Le roi Charles VI avoit abandonné à ces religieux les masures & les jardins du roi de Navarre, prince du sang de la branche d'Evreux, qui avoit fait bien des maux à la France, & dont les biens avoient été enfin confisqués. C'est sur ce terrain qui resta long-temps inutile, que le cardinal Guillaume Briçonnet fit bâtir des loges, au nombre de trois cent cinquante, qui ont subsisté jusqu'en 1762, qu'elles ont été brûlées avec plusieurs autres qu'on y avoit successivement ajoutées.

Il restoit une partie sur laquelle on n'avoit encore rien bâti, & qu'on appelloit *le préau* ou *le pré crotté*: c'est-là qu'aboutissoient les différentes rues que formoient les baraques de la foire. Il a été assez vaste jusqu'en 1726, qu'on en a pris une bonne partie, pour faire un marché d'herbes & d'autres comestibles, qui est utile & même nécessaire au faubourg saint-Germain.

Les beaux jours de cette foire ont été au dix-septième siècle. Alors il étoit permis d'y jouer aux jeux de hasard, défendus dans le reste de Paris. C'étoit dans les maisons des marchands de bijoux, auxquels il étoit d'ailleurs d'usage d'acheter ce qu'ils avoient de plus à la mode, pour en faire des présens & des galanteries. La reine Anne d'Autriche & le roi Louis XIV en donnoient l'exemple à toute la cour. De-là vient que les boutiques étoient louées très-chèrement, quoique pour un temps très-court; car ce n'est que successivement que cette foire s'est prolongée jusqu'à la veille du dimanche des rameaux. Les spectacles dramatiques, bons ou mauvais, s'empressèrent toujours à paroître par-tout où la foule se trouvoit. Ainsi c'est à cet état brillant de la foire saint-Germain que l'on est redevable des opéra comiques, des pantomimes, & même des marionettes.

Entre l'abbaye & la foire S. Germain est

la rue *du Four*, qui s'appeloit autrefois la rue de la *Blanche oie*. Elle prit ensuite le nom qu'elle porte, parce que le four banal de l'abbaye y étoit établi. Tous les habitans du faubourg étoient obligés d'y porter cuire leur pain. Elle aboutissoit d'ailleurs, comme aujourd'hui, au carrefour de la croix rouge, qui étoit alors à l'extrémité du faubourg.

A ce carrefour commencent trois grandes rues, qui vont se terminer au boulevard. Celle qu'on voit à gauche, est la rue du *Cherche-Midi*, (ou suivant quelques-uns du *Chasse-Midi*,) qui néanmoins s'appelle, un peu plus haut que son milieu, rue des *Vieilles-Tuileries*, & à son extrémité rue du *Petit-Vaugirard*. Celle du milieu est la rue de *Sèves*, & celle qui est à droite, la rue de *Grenelle*.

Dans la rue du Cherche-Midi, il y a un couvent de filles, qui date de 1634, mais qui a, pour ainsi dire changé de nature trente ans après son établissement. Les premières religieuses qui habitèrent cette maison, étoient d'une congrégation originairement établie à Laon, & quittèrent leur premier domicile (on ne sait pourquoi,) pour venir s'établir à Paris. On avoit acheté pour elles une maison qu'on n'étoit pas en état de payer. Elles étoient sur le point d'être obligées d'en sortir par arrêt du parlement de 1663, lorsque *Marie Eléonore de Rohan*, abbesse de *Malnoue*, vint à leur secours, & s'offrit à payer la maison, à condition que les religieuses feroient profession de la règle de Saint-Benoît, & que cette maison seroit un prieuré de bénédictines, dépendant de son abbaye. Le roi & l'archevêque de Paris approuvèrent cet arrangement. On enrichit même le nouveau prieuré; & les pensionnaires qu'elles reçurent, contribuèrent aussi à faire subsister ces religieuses. Leur église ou chapelle est la même qui fut bâtie pour elles, en 1644. Tout ce qu'elle contient de remarquable, est la sépulture de madame de *Rohan*, leur seconde fondatrice. Son épitaphe a été composée en français par *Pellisson*, un des plus beaux esprits du siècle de Louis XIV.

La communauté de *Bon Pasteur*, établie dans la même rue, en 1688, a eu pour fondatrice une dame, nommée *Combé*, protestante convertie, & veuve d'un riche hollandois, mais qui avoit perdu son bien en changeant de religion. Plusieurs personnes pieuses voyant le zèle qu'elle avoit de procurer un asile à des filles repenties, concoururent à faire réussir cette bonne œuvre; & elle y parvint en peu d'années, au point d'y recevoir plus de deux cents filles, qui après avoir vécu dans le désordre, voulurent sérieusement & librement faire pénitence. Il s'en faut bien que les sœurs qui se chargent d'en avoir soin, soient de la même espèce.

La rue de *Sèves* est ainsi appelée du nom du village où elle conduit. Tout au commencement de cette rue, est une maison des *Prémontrés*, qu'on nomme de *la Croix-Rouge*, parce qu'une des portes de leur église donne sur le carrefour de ce nom. Ils sont du même ordre que ceux de la rue Haute-Feuille, dont j'ai parlé ailleurs : mais ils sont réformés. Ce fut en 1662 qu'ils s'établirent sur ce terrain, qui étoit alors vague. Ils y bâtirent d'abord une maison & une chapelle assez médiocres. Mais l'austérité de leur vie les ayant fait paroître intéressante, on s'empressa de leur faire du bien. Ils doivent, suivant leur réforme, faire toujours maigre, ne point porter de linge, & se lever à minuit pour chanter matines. Mais ils peuvent posséder des biens-fonds ; & on leur a donné des terrains assez considérables dans les rues de Sèves & du Cherche-Midi. Ils y ont fait bâtir des maisons qui sont pour eux d'un bon revenu. En 1719, ils firent rebâtir ou du moins augmenter leur église, qui fut achevée à la fin de 1720.

Vis-à-vis la maison des prémontrés, est l'abbaye de *Notre-Dame-aux-Bois*.

Les religieuses de ce couvent ayant été forcées d'abandonner leur abbaye, située en Picardie, dans le diocèse de Noyon, & de se retirer à Compiègne, arrivèrent, en 1654, à Paris, où la reine Anne d'Autriche les plaça dans cette maison qu'on appeloit *les dix-vertus*. Elle étoit alors occupée par des religieuses annonciades de Bourges, qui l'avoient achetée, & qui n'ayant pu en acquitter le prix, furent obligées d'en sortir. Celles de l'abbaye-aux-bois ne s'y placèrent qu'en attendant, espérant toujours rentrer dans leur ancienne maison de Picardie. Elles y retournèrent en effet, ou du moins y renvoyèrent quelques-unes d'entr'elles en 1659. Mais les bâtimens ruinés par les guerres & rétablis en quelque façon furent totalement consumés par un incendie en 1661.

Ces bonnes religieuses n'ayant plus d'autre asyle que leur maison de Paris, sollicitèrent pour que le titre de Picardie y fût transféré. Elles l'obtinrent, en 1667, avec l'agrément de tous les supérieurs ecclésiastiques, & même avec celui du marquis de Nesle-Mailly, héritier principal de leur premier fondateur; car elles avoient été établies en 1202 par Jean de Nesle. Ces dames se contentèrent, jusqu'en 1718, de la chapelle & des bâtimens arrangés pour les annonciades. Alors on construisit pour elles une nouvelle église, qui fut finie en 1720. Depuis cette époque, elles ont encore augmenté les bâtimens de leur cour extérieure, & y ont pratiqué des appartemens qu'elles louent très-bien à des dames retirées du monde.

Tout près de cette abbaye, on voit l'*hôpital des Petites Maisons*, dont la porte d'entrée est au coin de la rue de la Chaise. Cet établissement remonte au seizième siècle. Il y avoit même bien avant ce temps-là, dans cet endroit, une léproserie ou maladrerie que l'on appeloit de Saint-Germain, parce qu'elle étoit voisine du faubourg, dont les limites étoient alors à la croix rouge. En 1497, on ne voyoit déjà plus guère de lépreux. Mais les Français qui avoient fait la guerre dans le royaume de Naples, en rapportèrent une maladie que l'on jugea à propos de traiter dans cette léproserie.

Environ cinquante ans après, le cardinal de *Tournon*, abbé de Saint-Germain, réclama cet établissement, qui étoit alors en assez mauvais ordre. Il justifia qu'il étoit sur le terrain de l'abbaye, & l'on y établit un hôpital mieux réglé, destiné à plusieurs espèces de pauvres, dont une partie y sont encore reçus aujourd'hui, tels que de vieux hommes, de vieilles femmes, des teigneux, des épileptiques, & enfin des insensés. La ville contribua aux frais de cet établissement. Un président de la chambre des comptes, nommé *Luillier*, en fut un des principaux bienfaiteurs.

On appela cet hôpital *des Petites Maisons*, parce qu'il consistoit principalement dans une quantité de maisons & de baraques rangées autour d'une grande cour plantée d'arbres. Il y a une chapelle bâtie en 1615, desservie par des prêtres séculiers. Dans la suite, cet établissement a été mis sous la direction du grand bureau des pauvres. L'infirmerie est desservie par des sœurs de la charité ; & l'hôpital contient quatre cents personnes vieilles & infirmes, hommes & femmes, &, dans une cour particulière, un certain nombre de fous aussi des deux sexes. Enfin, suivant l'institution, on y traite par charité les personnes attaquées de maladies honteuses.

La maison des filles de *saint Thomas de Villeneuve*, archevêque de Valence, en Espagne, est située vis-à-vis l'hôpital des Petites-Maisons. Ce sont des sœurs qui ne font que des vœux simples, mais qui se sont consacrées à des œuvres de charité de toute espèce, conformément aux maximes du saint dont elles ont pris le nom, & qui ne cessoit de prêcher la charité & la bienfaisance. L'institution de ces bonnes filles commença en Bretagne, vers 1660. Elles vinrent à Paris en 1700 ; & on leur donna la maison qu'elles possedent aujourd'hui. Mais le grand établissement dont elles sont actuellement chargées, c'est celui de la communauté des *Filles de l'Enfant-Jesus*, dont j'ai déjà parlé.

Enfin en avançant un peu au loin dans cette rue de Sèves, on trouve à droite l'*hôpital des Incurables*, qui ne date que de l'année 1634, & dont les lettres patentes ne sont même que de 1637. Toutes les personnes qui pouvoient, par leur autorité & leurs liberalités, concourir à cet établissement, sentant combien il étoit utile, s'y portèrent avec empressement. Le roi Louis XIII, le cardinal de la Rochefoucault, grand aumônier, Henri de Bourbon, duc de Verneuil & abbé de Saint-Germain ; les ducs de Bellegarde & de Liancourt, enfin plusieurs autres grands seigneurs donnèrent des sommes pour construire les bâtimens, & y fondèrent des lits. Mais la principale bienfaitrice de cette bonne œuvre fut *Marguerite Rouillé*, femme de le Bret, conseiller, & le vrai directeur, *Joullet* de Châtillon, prêtre.

On accorda au nouvel hôpital des priviléges, des exemptions de tous droits ; on le fit participer à tous les avantages, dont jouit l'Hôtel-Dieu, & on lui donna les mêmes administrateurs. On parvint pendant le cours du dix-septième siècle, à monter cet établissement hospitalier sur le meilleur pied ; on y attacha des prêtres pour les secours spirituels, des sœurs de la Charité, des officiers de santé de toutes les espèces ; on y bâtit enfin une église, qui, sans être belle, est suffisante pour le service de cette maison. Il y a quelques tableaux assez beaux, & deux mausolées, dont le premier contient le cœur & les entrailles du cardinal de *la Rochefoucault*, mort en 1645. L'autre mausolée est celui de *Camus*, évêque du Bellay, mort en 1652, auteur assez estimable à certains égards, & très-singulier sous d'autres rapports. Il y a actuellement trois cents lits dans cet hôpital : deux cents sont occupés par des femmes, & cent seulement par des hommes.

La rue de *Grenelle*, qui a pris son nom d'une ferme dont j'ai déja parlé, offre, à quelque distance du carrefour de la Croix-Rouge où elle commence, un monument digne de l'attention du voyageur. C'est une très-belle fontaine, dont toutes les sculptures, ainsi que l'architecture, sont du célèbre *Bouchardon*.

Un peu plus loin, on trouve l'abbaye de *Panthémont*. En 1671, le parlement fit des remontrances, dans lesquelles il prétendoit qu'on établissoit un trop grand nombre de communautés religieuses dans le faubourg Saint-Germain, & qu'à la fin elles deviendroient à charge à la ville. Malgré ces remontrances, on ne laissa pas d'y recevoir les dames bernardines de l'abbaye de *Panthemont*, diocèse de Beauvais. Leur monastère ayant été ruiné par le débordement d'une rivière sur laquelle il étoit situé, elles étoient venues se réfugier à Paris. On les mit à la place de pauvres sœurs de l'ordre de Saint-Augustin, qui avoient formé dans la rue de Grenelle une communauté, dont l'église étoit dédiée au Verbe incarné, mais qui n'avoient pas de quoi vivre.

L'abbaye qui les remplaça a été long-temps assez pauvre. Mais de nos jours, l'abbesse de *Bethisi-Mezières* s'est concilié des protections puissantes, & a obtenu des secours considérables, au moyen desquels elle a fait rebâtir son église & augmenté sa maison. Elle y a même attiré de toutes parts des pensionnaires, & a mérité, par tout le bien qu'elle y a fait, d'en être regardée comme la seconde fondatrice.

En 1689, on vit aussi s'établir dans la même rue un troisième couvent de *carmelites*. J'ai parlé du premier, situé rue Saint-Jacques : le second est au marais, rue Chapon. Cette troisième maison fut d'abord placée dans la rue du Bouloy. Mais ces religieuses s'y trouvant trop resserrées, obtinrent de passer dans la rue de Grenelle où elles firent bâtir une église très-petite, mais propre.

La petite communauté des *filles de sainte-Valère* est du même genre que celle du Bon Pasteur, dont j'ai déjà parlé. Elle fut établie en 1706, vraiment au bout de la rue de Grenelle, tout près des Invalides. C'est un bénédictin, nommé le P. *Daure*, qui eut la plus grande part à cet établissement.

La rue des *saints-Pères*, qu'on devroit appeler de *saint-Pierre*, comme vous allez le voir tout-à-l'heure, madame, s'étend depuis environ le commencement de la rue Grenelle, près de la Croix-Rouge, jusqu'au bord de la rivière. On y voit un des plus anciens établissemens du faubourg Saint-Germain. C'est l'église occupée actuellement par les *frères de la charité*. Elle fut fondée sur le lieu où avoit existé une ancienne chapelle de *saint-Pierre*, qui étoit la seconde de ce faubourg. Ce n'est qu'en 1607, que les frères de la charité s'y établirent. Mais la reine Marie de Médicis les avoit déjà fait venir en France, l'an 1601. Elle avoit connu, dans sa jeunesse leur institution, & elle savoit combien ils pouvoient être utiles. Leur instituteur, *saint-Jean-de-Dieu*, né en Portugal, en 1495, jetta les fondemens de cet ordre à Grenade, en Espagne, où il mourut, en 1550. Cette institution fut approuvée par le pape, en 1572. Il leur est défendu d'avoir plus d'un prêtre dans chaque maison. Tout le reste de la communauté s'emploie au soin des malades.

Marie de Médicis logea d'abord ces frères de la charité dans la rue que l'on appelle *des Petits-Augustins*, où la reine Marguerite fonda le couvent de ce nom. Ce fut même pour faire place à cette autre fondation, que ces frères furent transportés rue des Saints-Pères, où ils sont encore. Cette rue prend son nom de la chapelle Saint-Pierre; & c'est par corruption qu'on lui a donné le nom qu'elle porte. Le curé & la fabrique de Saint-Sulpice, de qui cette chapelle dépendoit, s'arrangèrent par la suite avec eux, pour les débarrasser de toute sujétion à la paroisse; & avec la permission de l'archevêque, ceux-ci firent bâtir, en 1613, une chapelle qui fut finie en 1621. Il y a environ cinquante ans qu'on l'a embellie, & que l'on y a fait un nouveau portail. L'abbaye de Saint-Germain a permis aux frères de s'étendre autour de leur église; & ils y ont construit d'assez grands bâtimens, & des salles dans lesquelles on compte actuellement environ deux cents lits de fondés. On n'y reçoit que des hommes, qui ne doivent être atteints d'aucune maladie contagieuse ni déshonnête. Il y a des médecins & apothicaires attachés à la maison. Mais suivant l'esprit de leur institution, les frères ne doivent être qu'infirmiers, & non médecins ni chirurgiens. La maison de Paris est la première de cet ordre en France, & contient jusqu'à soixante religieux. Depuis cent ans, il s'en est établi beaucoup d'autres dans le royaume.

Presque vis-à-vis l'église des frères de la charité, commence la rue *saint-Dominique*, à laquelle un titre de 1542 donne le nom de *chemin-aux-Vaches*, parce que c'étoit par-là qu'on conduisoit les animaux dans le pré aux clercs & dans la plaine de Grenelle. Elle n'a pris le nom qu'elle porte aujourd'hui, que depuis que les jacobins réformés y ont été établis. Leur couvent donne d'un côté dans la rue du Bacq, & de l'autre dans la rue S.-Dominique. La première maison de cette réforme, faite par un dominicain, nommé *Michaëlis*, fut placée en 1611, dans la rue Saint-Honoré, & le noviciat, en 1631, au faubourg Saint-Germain, dans le lieu où il est. On donna alors à ces religieux de beaux & grands jardins. L'habitation du faubourg étant devenue à la mode, ils ont employé une bonne partie de ce terrain à bâtir des maifons, qui font aujourd'hui les plus belles de ce quartier. Les revenus confidérables qu'ils en tirent, les ont mis en état de rebâtir leur églife & leur cloître, qui ont été conftruits fucceffivement & ne font achevés que depuis peu.

Vis-à-vis ce couvent eft l'hôtel de Luynes ou de Chevreufe, bâti par la fameufe Marie de Rohan, ducheffe de Chevreufe, veuve en premières noces du connétable de Luynes. Vous savez, madame, qu'elle fit affez de bruit pendant le règne de Louis XIII, & la minorité de Louis XIV, par fa beauté & fes intrigues.

En 1636, on vit s'établir dans cette rue Saint-Dominique, une communauté de *chanoineffes régulières du S. Sépulchre*, qui, quelques années auparavant, avoient été attirées de Charleville à Paris, par la baronne de *Plancy*. Elle parvint à leur acheter dans la campagne, à l'extrémité du faubourg Saint-Germain une maifon que l'on appeloit *Bellechasse*. Quelques autres dames charitables se joignirent à cette baronne, & contribuèrent à donner à ces religieufes quelques rentes. Leur fondation fut approuvée par des lettres-patentes de 1637. Elles en obtinrent d'autres en 1660, & enfin, elles firent bâtir une églife qui fut achevée en 1673. L'avantage d'être en bon air leur procura des penfionnaires, & elles les ont confervées, quoique leur couvent soit aujourd'hui entouré de grandes maisons, mais qui sont à la vérité de grands & beaux hôtels.

La communauté des *filles saint-Joseph*, établie dans cette même rue, fut instituée, en 1641, sous le titre de *filles de la providence*. L'objet de cette institution étoit d'élever des filles orphelines. Leur premier établissement fut à Bordeaux, d'où elles furent appelées à Paris. M. de *Gondi*, archevêque de cette ville, fit pour elles des réglemens en 1641, & plusieurs personnes pieuses y firent des fondations; de sorte qu'il y eut bientôt un grand nombre de jeunes filles, que des sœurs, habiles dans toutes sortes de métiers, instruisoient assez bien, pour qu'il sortît de cette maison de très-beaux ouvrages, qui contribuèrent à la soutenir. Mais enfin, en 1684, elles trouvèrent une protectrice puissante dans la personne de madame de *Montespan*, qui fit entièrement rebâtir leur maison, & qui d'ailleurs leur fit de si grands biens, qu'elle est regardée par elles comme une seconde fondatrice. Elles ont acquis depuis un nouveau genre de revenus. C'est la location des maisons placées autour de leur cour, qui est très-vaste, le terrain n'étant ni cher ni rare, lorsqu'elles furent logées dans cet endroit.

La rue de l'*Université*, qui commence à la rue de Seine, change trois fois de nom, suivant ses différens accroissemens. Le long des murs de l'abbaye, elle s'appelle rue du *Colombier*, parce que les religieux en avoient un dans cet endroit. Plus loin, en s'avançant dans le faubourg, on la nomme rue *Jacob*, d'une enseigne, ou d'un particulier de ce nom; & depuis la rue des Saints-Pères, où finissoit l'ancien faubourg Saint-Germain, elle porte le nom de l'*Université*, parce qu'effectivement elle a été bâtie sur la censive de l'université; censive dont l'origine est très-curieuse, & qui étoit autrefois le grand Pré-aux-Clercs.

Vous avez entendu parler, madame, des grandes querelles que ce champ occasionna entre l'université, l'abbaye Saint-Germain & les habitans de ce faubourg. Dès le douzième siècle, on s'étoit accoutumé à laisser les écoliers se promener dans ce pré planté de belles allées. Ils y prenoient leurs récréations, & y passoient leurs jours de congé: de-là on l'appela *le Pré-aux-Clercs*. Les écoliers s'en firent un droit pour en prétendre la propriété. Mais ils furent condamnés dans un concile tenu en France par le pape Alexandre III en personne. Cependant ils furent en même temps maintenus dans l'usage de s'y promener; & de-là il résulta plusieurs tumultes; au point que dans un désordre arrivé au treizième siècle, il y eut ces écoliers de tués. L'abbaye fut alors déclarée coupable, & une partie du Pré-aux-Clercs adjugée pour réparation à l'université.

Deux cents ans encore après, nouvelle querelle. L'université prétendit tirer parti de la portion du Pré-aux-Clercs, qui lui appartenoit, y faire bâtir, & continuer de laisser jouer les écoliers dans le reste du pré, nommé *le Petit Pré-aux-Clercs*. Les étudians, soutenus, dit-on, par *Ramus*, assiégèrent ce que l'on appeloit le *Clos-aux-moines*; & ces désordres ne furent tout-à-fait suspendus que par les troubles des guerres civiles, pendant lesquelles ni les uns ni les autres ne renoncèrent à leurs droits. Cependant on fut obligé de faire justice de quelques écoliers, & *Corrozet* nous apprend qu'en 1556, le parlement condamna à être pendu un écolier natif d'Amiens, nommé *Crocquoison*, qui étoit le chef de la bande tapageuse. Il avoit assommé quelques pères de l'abbaye, ce qui fut cause que son corps fut brûlé, après qu'il eut été étranglé. Enfin l'université est restée en possession de tout ce qui comprenoit le grand Pré-aux-Clercs; & c'est aujourd'hui, comme je viens de le dire, la rue appelée *rue de l'Université*. Les maisons qui y sont bâties, lui paient encore quelques redevances; & depuis quelque temps, on y a construit tant de beaux hôtels, que ce revenu doit être considérable.

La rue de *Bourgogne*, qui s'étend parallèlement depuis le boulevard jusqu'à la rivière, coupe à une de ses extrémités, la rue de l'Université. Cette rue fut ordonnée par arrêt du conseil, en 1707 ; & on lui donna le nom qu'elle porte, en l'honneur du duc de Bourgogne, petit-fils de Louis XIV, & père de Louis XV. Elle fut prolongée en 1713, 1717 & 1720. Cette dernière année, on bâtit le palais Bourbon, dont le grand portail est en face de cette rue, pour madame Louise-Françoise, légitimée de France, duchesse de Bourbon, grand-mère de M. le prince de Condé d'aujourd'hui. Joignant ce palais, un peu plus loin, du côté des Invalides, étoit l'hôtel de Lassay, qui ne paroissoit séparé du palais Bourbon que par des jardins. M. le prince de Condé, en réunissant ces deux édifices, pour n'en faire qu'un palais, qui a retenu le nom de Bourbon, a conservé, autant qu'il a été possible, les beautés qui le faisoient admirer.

La rue *du Bacq*, qui coupe les grandes rues de Grenelle, Saint-Dominique & de l'Université, ainsi que quelques autres, sans compter celles qui l'avoisinent, commence vers le milieu de la rue de Sèves,

& va aboutir au Pont-Royal, c'est-à-dire, à l'endroit où il y avoit autrefois un bacq, d'où elle a pris son nom. En entrant dans cette rue par la rue de Sèves, on ne tarde pas à trouver à gauche le *séminaire des missions étrangères*, établi en 1663. Il reconnoît pour son fondateur un évêque de Babylone, dont le nom de famille étoit *Duval*, & celui de religion *Bernard de sainte Thérèse*, & qui avoit été carmé. Il fut aidé des libéralités de plusieurs personnes riches, entre autres de *Barillon de Morangis*.

Le séminaire est destiné à mettre des jeunes gens en état d'aller prêcher la foi dans l'Orient, la Perse & les Indes. En 1677, on y fonda plusieurs nouvelles places. En 1683, on bâtit une nouvelle église pour cette maison, & en 1736, la maison même fut rebâtie. Les missionnaires s'étant trouvés maîtres d'un terrain fort étendu, se sont arrangés d'une partie pour former des maisons agréables & même assez considérables. Ce séminaire s'est ainsi enrichi, comme la plûpart des couvens du faubourg Saint-Germain, en profitant des vastes terrains qu'on leur avoit abandonnés dans les temps où ils n'étoient pas, à beaucoup près, aussi chers qu'ils le sont à présent. Pendant long-temps, il est sorti de cette maison beaucoup de missionnaires

& d'évêques, qui ont fait de grands biens dans les missions les plus éloignées. Mais depuis qu'on a cru devoir se moins occuper de la conversion des infidèles, les prêtres qui l'habitent, s'appliquent davantage aux catéchismes & instructions générales pour tout le monde, & applicables à différens états.

La rue de *Babylone*, qui en partant du boulevard, aboutit à la rue du Bacq, tire son nom du diocèse de l'évêque fondateur de ce séminaire.

A côté de cet établissement, il y en a un autre d'un genre différent, & qui est très-bien entendu : c'est celui des *convalescens*, dépendant de la charité. Les malades qui ont été traités dans ce dernier, y sont envoyés pour y passer quelque temps & y rétablir leurs forces. Cet établissement est très-bien imaginé, & il seroit à souhaiter qu'il y en eût de pareils attachés à tous les hôpitaux, puisque la plûpart de ceux qui y ont été traités, meurent souvent, pour avoir été forcés de reprendre trop tôt leurs travaux & leur manière de vivre ordinaire. La fondatrice de celui-ci est madame de *Bullion*, femme du surintendant des finances en 1642. Lorsqu'il fut fondé, il se trouvoit en bon air ; mais aujourd'hui, il est malheureusement très-resserré, parce que le quartier s'est fort peuplé.

Tout près de cette maison, commence la rue *de Varenne*, qui s'étend jusqu'au boulevard. Elle est ainsi nommée, parce qu'un certain *Fouquet de la Varenne* y avoit fait bâtir un hôtel. Ce *la Varenne* faisoit le grand seigneur, sur la fin du règne de Henri IV, sous prétexte que c'étoit lui qui avoit déterminé la reine Marguerite à consentir à la dissolution de son mariage ; ce qui engagea le roi à ajouter de nouvelles graces à celles que la reine lui avoit faites. On prétend que ce *la Varenne* avoit été garçon rôtisseur dans la cuisine du roi de Navarre ; & c'est à cette occasion, que Henri IV disoit que cet homme avoit plus gagné à porter les poulets de la reine, sa première femme, qu'à piquer les siens.

Cette rue est bordée, des deux côtés, de fort beaux hôtels. A son extrémité, près du boulevard, est celui de *Biron*, où il y a un jardin magnifique, que les curieux doivent s'empresser d'aller voir depuis le premier avril jusqu'au premier octobre.

Revenons dans la rue du Bacq. On y trouve, presque vis-à-vis la rue de Varenne, le couvent des religieuses *Récollettes*

SUITE DE L'ISLE-DE-FRANCE.

lètes. Elles avoient eu la permission de s'établir à Paris dès 1635, par la protection de madame la présidente de *Lamoignon*; & elles se placèrent, deux ans après, dans l'endroit où elles sont, avec quelques récollets pour les diriger. En 1663, la reine Marie-Thérèse d'Autriche voulut fonder une maison, où fût particulièrement honorée l'immaculée conception de la vierge. Les récollètes s'offrirent, & firent à cet égard un vœu particulier, indépendamment de ceux de leur ordre, & s'habillèrent de blanc. En conséquence le roi & la reine firent du bien à ces religieuses, qui furent déclarées de fondation royale. On leur bâtit un couvent & une église qui furent achevés en 1694.

Dès 1660, il y avoit dans Paris un troisième couvent des *filles de la visitation de sainte-Marie*, qui s'étoient établies rue Montorgueil. Mais elles s'y trouvoient fort mal, & on les transféra, en 1673, dans la rue du Bacq, où elles firent bâtir, à quelques pas de la rue Saint-Dominique, la maison qu'elles y occupent encore qui est très-petite, & dédiée à *Notre-Dame-de-Paix*. Leur principal bienfaiteur fut un président au parlement de Rouen, nommé d'*Enfréville*, qui leur laissa par son testament une somme considérable, que la veuve employa avec exactitude pour ces religieuses. En suivant toujours la rue du Bacq, on la trouve, près du Pont-Royal, coupée par les rues de *Verneuil* & de *Bourbon*, qui commencent toutes les deux à la rue des Saints-Pères. Mais la première finit un peu au-delà de la rue du Bacq ; & la seconde, une des plus longues du faubourg Saint-Germain, va se terminer à une des extrémités de la rue de Bourgogne, près le palais Bourbon. L'une & l'autre prirent leur nom, vers le milieu du dix-septième siècle d'*Henri de Bourbon*, duc de *Verneuil*, alors abbé de Saint-Germain-des-Prés.

Entre ces deux rues, & celle du Bacq, on voyoit il y a quelques années, l'*hôtel des Mousquetaires Gris*, ainsi appelés, parce qu'ils étoient montés sur des chevaux blancs. C'étoient ceux de la première compagnie, qui furent créés par Louis XIII, en 1622, sous le nom de *Grands Mousquetaires de la garde du Roi*. En 1659, Louis XIV ordonna à la ville de Paris d'acheter une halle située entre les rues de Beaune & du Bacq, pour loger cette compagnie, qui y fut établie en 1671. Depuis cette époque, il fallut faire de grandes réparations à cet hôtel. Il fut même question plusieurs fois de le transporter ailleurs. Mais enfin les mousquetaires y restèrent jusqu'à leur réforme, faite en 1777. Trois ans après, on établit sur cet emplacement un marché, que l'on appelle *Marché de Boulainvilliers*.

Voilà, madame, la description générale de ce qu'offre de plus remarquable la partie méridionale de Paris. Vous trouverez dans les lettres suivantes celle de la partie septentrionale.

Je suis, &c.

A Paris ce 1787.

LETTRE DCC.

Suite de l'Isle-de-France.

La partie septentrionale de Paris, qu'on nomme, comme je vous l'ai déjà dit, madame, la *ville proprement dite*, s'étend à la rive droite de la Seine, le long de laquelle règne aujourd'hui un quai non interrompu depuis l'Arsenal jusqu'à la place de Louis XV, & qui change plusieurs fois de nom, suivant les différens quartiers ou établissemens qui l'avoisinent. Cette partie est plus étendue que les deux autres prises en semble, la cité & l'université. Mais elle remonte à une antiquité moins reculée, puisqu'elle ne commença à être peuplée qu'au sixième siècle.

A cette époque, le roi Childebert, après avoir fondé au midi de Paris, l'église de Saint-Vincent, qui prit ensuite le nom de Saint-Germain-des-Prés, en éleva également une autre au nord : c'est aujourd'hui celle de Saint-Germain-l'Auxerrois. Insensiblement il se forma des bourgs autour de ces deux églises. L'un donna naissance, comme je l'ai dit ailleurs, au faubourg Saint-Germain, & l'autre au quartier Saint-Germain-l'Auxerrois, à présent quartier du Louvre. Un siècle après, Saint Eloi fit bâtir une chapelle, & bénit un cimetière, au lieu où est aujourd'hui l'église Saint-Paul ; & il se forma un peu plus loin un bourg, auquel on donna le nom de *saint-Eloi*. Au neuvième siècle, on bâtit encore quelques églises, qui donnèrent lieu à l'établissement de quelques autres villages ou bourgs, qu'on ne forma qu'en défrichant les forêts, dont cette partie des environs de Paris étoit couverte. Telle est l'église de Saint-Magloire, qui étant devenue une abbaye, fit appeler le bourg qui l'entouroit, *Bourg-l'Abbé* : telle aussi celle de Sainte-Opportune, qui donna naisfance au quartier qui en porte encore le nom.

Il paroît qu'au dixième siècle, il y avoit déjà une enceinte, qui enfermoit cette nouvelle partie de Paris au septentrion de la cité. Mais on ne fait pas précisément jusqu'où elle s'étendoit. Elle avoit été, fans doute, faite pour réprimer les courses des Normands, & les empêcher d'arriver jusqu'au pied du grand châtelet, qui étoit la vraie forteresse de l'ancien Paris, & qui défendoit le grand pont. A la fin du douzième siècle, & dans les premières années du treizième, le roi Philippe Auguste augmenta Paris, & le fit entourer par-tout de murailles au nord, comme il l'avoit déjà fait au midi. Les bornes de cette enceinte nous sont parfaitement connues. On en trouve même encore des traces en bâtissant ou fouillant dans les rues actuellement pratiquées sur ces anciens murs.

Pour vous mettre à portée, madame, de bien juger de cette enceinte, il me suffira de vous indiquer les sept portes par lesquelles on en sortoit, & les sept faubourgs auxquels ces portes aboutissoient. La porte la plus orientale étoit située à-peu-près sur ce que l'on appelle aujourd'hui le *quai des Célestins* & *le port saint-Paul*. Il y avoit en dehors une grosse tour, que l'on appeloit *Tour-de-Billy*, & qui étoit vis-

E 3

à-vis celle de la tournelle, dans la partie méridionale de Paris, l'isle Saint-Louis entre deux. Cette porte se nomma *Porte des Barrés*, parce que les carmes, dont le manteau étoit, ainsi comme je l'ai dit ailleurs, composé de bandes ou barres, alternativement blanches & noires, demeurèrent d'abord près de cette porte, en-dedans de la ville, où est aujourd'hui le couvent de l'*ave maria*.

Plus loin étoit la porte *Baudais*, dont le nom est resté à la place *Baudoyer*, près Saint-Gervais. Elle conduisoit à la culture Sainte-Catherine, espèce de faubourg, dont faisoit partie le lieu où est aujourd'hui située la place royale. En suivant toujours les murailles, on trouvoit la *Porte-Barbette*, dont le nom est demeuré à une rue du Marais. On appeloit effectivement *Marais*, un assemblage de maisons, de jardins, de vignes, qui étoient par-delà, & que nos ancêtres appeloient des *Courtilles*.

La quatrième porte s'appeloit de *saint-Martin*, parce qu'elle conduisoit au prieuré de Saint-Martin-des-Champs, qui étoit bien au-dehors de la ville. La cinquième, la porte *aux Peintres*, par où l'on alloit à Saint-Denis & aux différens bourgs qui étoient sur le chemin, & dont la plûpart font aujourd'hui partie de Paris. La sixième, la porte *Montmartre*, bien plus rapprochée alors du centre de Paris, qu'elle ne l'est aujourd'hui, mais qui conduisoit également à Montmartre, en passant par différentes cultures ou bourgs, dont j'aurai occasion de parler. Enfin la septième porte étoit la porte *du Louvre*, défendue par la grosse tour de ce nom, qui se trouvoit sur la rive septentrionale de la Seine, vis-à-vis celle de Nesle, sur la rive méridionale. Le reste de cette enceinte s'étendoit le long de la rivière, depuis la tour du Louvre jusqu'à celle de Billy.

En 1356, on fit encore, à l'occasion de la guerre des Anglais, une nouvelle fortification plus étendue autour de la ville; & peu s'en falloit que cette enceinte ne renfermât tout ce qui est encore aujourd'hui marqué par le boulevard. Le terrain où est à présent l'arsenal, y fut compris. Les portes Saint-Antoine, du Temple, Saint-Martin & Saint-Denis, se trouvoient à la même place qu'elles occupent encore. Mais en partant de-là, la porte Montmartre étoit bien plus rapprochée, & cette enceinte traversoit ce qui forme aujourd'hui la place des Victoires & le Palais-Royal, & aboutissoit à la rivière, en passant derrière Saint-Thomas du Louvre. Au seizième siècle, sous le règne de Charles IX, elle fut agrandie; & la porte Saint-Denis, ainsi que les environs de Saint-Joseph & de Notre-Dame-de-Bonne-Nouvelle, y furent ensuite compris. Enfin, on y fit entrer la butte & l'église de Saint-Roch, qui devint succursale de Saint-Germain-l'Auxerrois. La porte Saint-Honoré fut portée à l'endroit, auquel on donne encore aujourd'hui ce nom : le matériel de la porte même subsistoit, il n'y a pas plus de cinquante ans.

Sous le règne brillant de Louis XIV, on s'occupa de remplir de beaux édifices l'intérieur de cette partie septentrionale de Paris, & l'on y perça de nouvelles rues. Mais les limites, proprement dites, n'en sont point changées, & se trouvent marquées par le boulevard qui sépare ici la ville des faubourgs. Pendant le règne de Louis XV, & depuis la mort de ce monarque, les faubourgs se sont infiniment étendus, peuplés, & embellis. Mais chacun d'eux appartient toujours au quartier de la ville dont il est voisin; & la division de Paris en vingt quartiers, fixée sous le règne de Louis XIV, n'est point encore changée. Je vous en ai déjà, madame, fait connoître six, celui de la Cité, & les cinq qui forment la partie méridionale, appelée l'*Université*. Il m'en reste quatorze à vous décrire, dont huit ne sortent point des limites de la ville, & six s'étendent dans les fauxbourgs. Je vais parler d'abord des premiers, en commençant par le plus oriental, celui de *saint-Paul*.

Ce quartier, ainsi appelé du nom de son église paroissiale, est borné à l'orient par les fossés de la bastille & ceux de l'arsenal jusqu'à la rivière ; au midi par cette rivière même, le quai des Célestins, le port saint-Paul & le quai des Ormes ; à l'occident par le quartier de la Grève, & au nord par la rue saint-Antoine.

La *Bastille* fut bâtie, en 1364, au commencement du règne de Charles V, dit *le Sage*, Hugues Aubriot étant prevôt de Paris. Cette ville fut alors entourée d'une nouvelle enceinte ou fortification plus étendue que celle du temps de Philippe Auguste. On éleva de nouveaux murs, en avant desquels on creusa des fossés, qu'on soutint par des remparts. Non-seulement les ennemis étrangers, tels que les Anglois, pouvoient alors venir jusqu'à Paris ; mais les Parisiens mêmes étoient devenus très-insolens, comme l'avoit éprouvé Charles V lui-même, quand il n'étoit encore que dauphin. Ceux-ci avoient certainement besoin d'être contenus par une citadelle ; & la bastille fut destinée à l'être.

On appeloit alors *bastille*, toute fortification composée de plusieurs tours ; & c'est dans ce goût là que fut bâtie celle d'au-

E 5

jourd'hui. On commença à y travailler dès 1369; mais elle ne fut finie, dit-on, qu'en 1383. Au seizième siècle, en 1553, on y ajouta quelques nouvelles pièces de fortification. On a quelquefois gardé dans cette bastille le trésor de nos rois; & vous savez, madame, qu'à la mort de Henri IV, on y trouva jusqu'à trente-six millions, fruit des épargnes & des économies du célèbre duc de Sully. Aujourd'hui elle sert à renfermer des prisonniers d'état. C'est là que mourut, en 1703, le prisonnier, dit l'*homme au masque de fer*, & qui malgré toutes les conjectures qu'on a formées, & qu'on pourra former encore sur le secret de sa naissance, ne sera vraisemblablement jamais connu sous un autre nom.

Le terrain qu'occupe aujourd'hui l'*arsenal*, voisin de la bastille, s'appeloit autrefois le champ au plâtre. En 1396, le duc d'Orléans, frère du roi Charles VI, y fit bâtir un palais, & se trouva près des célestins qu'il affectionnoit beaucoup. Par la suite, la ville de Paris en fit vraiment un arsenal, attelier & magasin de munitions, armes & machines de guerre. En 1533, le roi François I emprunta une partie de ces hangars ou atteliers, pour y faire fondre des canons. La ville les prêta à regret, dit un de nos vieux historiens, & sentit que son arsenal alloit devenir celui du roi. Il subsistoit encore une tour de la vieille enceinte de Paris, qu'on appeloit *la tour de Billy*. Elle étoit où est aujourd'hui le bastion ou extrémité du rempart de l'arsenal. Dans le temps même qu'elle étoit remplie de poudre, le tonnerre étant tombé dessus, le 19 Juillet 1538, elle sauta en l'air, & les hangars de la ville furent détruits, mais bientôt après rétablis.

En 1547, le roi Henri II s'empara tout-à-fait des bâtimens de l'arsenal, en promettant de dédommager la ville. En 1563, un nouvel accident fit encore prendre feu à vingt milliers de poudre, & l'arsenal fut détruit, puis encore une fois rétabli. Lors des guerres civiles du règne de Charles IX, il fut tout-à-fait enclos de murs, fossés & remparts. En 1684, sous Philibert de la Guiche, grand maître de l'artillerie, on éleva, du côté du quai des célestins, la grande porte qui existe encore, & sur laquelle on lit gravés deux beaux vers latins.

Depuis la fin du seizième siècle jusqu'en 1756, l'arsenal resta dans la dépendance absolue du grand-maître de l'artillerie. Tous ceux qui remplirent cette charge y demeurèrent, y compris l'illustre duc de Sully. Quelques-unes des pièces qu'il occupa, subsistent encore; & leurs ornemens intérieurs nous offrent les devises & les ropréfentations des exploits de ce grand homme.

Au commencement de ce siècle, la charge de grand-maître de l'artillerie ayant été donnée au duc du Maine, fils légitimé de Louis XIV, l'arfenal fut décoré de nouveaux bâtimens, les uns utiles, les autres relatifs à l'artillerie, tels que des falles d'armes, des fonderies de canons, des hangars pour la rafinerie du falpêtre, un magafin à poudre, & des pièces arrangées pour la diftribution de cette dangereufe marchandife. La jurifdiction de l'artillerie fut réglée fur le pied actuel, & eut pour attribution toutes les queftions relatives aux poudres & falpêtre, dans quelque partie du royaume qu'elles s'élevaffent ; la police & toutes les affaires civiles & criminelles de l'enceinte de l'arfenal, fauf l'appel au parlement. Cette jurifdiction fubfifte encore : mais elle eft réduite, par des attributions particulières, prefque au dernier article.

En 1715 & 1718, on continua de conftruire pour le duc & la duchefle du Maine, ainfi que pour les principaux officiers de l'artillerie, des logemens, ou beaux, ou tout au moins agréables, entr'autres, un pavillon fur le bord de la rivière, & d'où la vue eft admirable. Infenfiblement, l'arfenal devint fi étendu, qu'on le diftingua en grand & en petit. L'un & l'autre touchent au jardin qui avoit été arrangé sous le règne de Henri IV, & dès-lors rendu public. Il domine sur les fossés qui, partant de ceux de la bastille, s'étendent le long de la courtine & du demi-bastion qui terminent les remparts de Paris sur la rive septentrionale de la Seine. A-peu-près dans le même-temps, on avoit construit le long de la rivière, vis-à-vis de l'île Louviers, un mail qui a été détruit, il y a environ vingt-cinq ans. Depuis la suppression de la charge de grand-maître de l'artillerie, on a encore fait dans l'arsenal des changemens considérables, qu'il seroit ici trop long d'indiquer.

Au sortir de l'arsenal par la grande porte, on voit celle du couvent des *célestins*, religieux institués vers le milieu du treizième siècle, par *saint Célestin*, qui fut ensuite élu pape, à l'âge de quatre-vingts ans, & qui finit ses jours dans une prison, après avoir abdiqué la tiare. Il fournit la preuve que les vertus qui font les grands saints, ne sont pas toujours accompagnées des qualités qui font les grands papes. Son ordre dont les constitutions sont fondées sur celles de saint Benoît, & qui n'en est proprement qu'une réforme, a subsisté en France, depuis le quatorzième siècle jusqu'en 1778. On peut même dire qu'il y a fleuri, si du moins on ne considère que le nombre & la richesse des établissemens qu'il y a possédés.

Les carmes, qui comme, je l'ai dit ailleurs, avoient été attirés en France par saint Louis, & établis d'abord dans la rue des Barrés, en étant sortis en 1318. Jacques *Marcel*, bourgeois de Paris, acheta leur chapelle & la maison qu'ils occupoient, en fit bâtir une seconde, & y établit deux chapelains rentés. Garnier *Marcel*, son fils, échevin, jouit, pendant vingt ans, de ces deux chapelles; &, en 1352, il en fit donation aux célestins, qui étoient déjà établis au mont de Châtre, dans la forêt de Compiègne, où ils vivoient avec une austérité tout-à-fait édifiante. Ils se conduisirent de même à Paris, & s'y concilièrent bientôt l'estime des plus grands princes & seigneurs, & des plus notables bourgeois.

Le collège des secrétaires du roi, qui subsistoit dès ce temps-là, établit, en 1358, sa confrérie chez ces religieux. Comme ils desiroient avoir part dans les prières de ces pères, ils voulurent aussi leur faire partager leurs profits; & ils attribuèrent au nouveau couvent une bourse, c'est-à-dire la part que chaque secrétaire du roi retiroit de la masse commune des émolumens de leurs charges. Charles, dauphin & régent du royaume pendant la prison du roi Jean, son père, en Angleterre, non-seulement confirma cet arrangement, mais voulut encore faire de nouveaux dons aux célestins. Il forma le projet de faire bâtir une église en règle pour eux, & une maison pour leur monastère, & c'est ce qu'il exécuta dès qu'il fut monté sur le trône en 1364. Il fournit tous les bois nécessaires, tirés de ses forêts, & donna dix mille francs d'or pour sa construction.

L'église, dont ce monarque posa la première pierre en 1367, fut achevée en 1370, & dédiée à l'annonciation de la sainte vierge. C'est celle que nous voyons encore aujourd'hui. Elle est petite, obscure, & d'une architecture gothique & solide, mais qui n'a nul agrément. Les célestins y firent transporter la sépulture de Jacques *Marcel*, fondateur de leur première chapelle, ainsi que celle de son fils. On y voit encore leur tombe en marbre noir. Ces religieux conservèrent de même les cendres de plusieurs autres de leurs bienfaiteurs, plus anciens que la construction de leur église. Ce fut sans doute ce qui encouragea bien d'autres personnes à leur faire aussi du bien. Au reste, le couvent bâti par ordre du roi Charles V, ne subsiste plus. Il fut rebâti partie au seizième siècle, & partie au dix-septième. La chapelle d'Orléans & celle des dix mille martyrs sont des hors-d'œuvres ajoutés à l'ancienne église. Voici, madame, les principaux monumens que cet édifice contient.

On y trouve les entrailles de la reine Jeanne de Bourbon, femme de Charles V, morte en 1377. Elles sont dans un tombeau de marbre noir, & sur lequel est la statue de cette reine en marbre blanc. Il y a aussi la sépulture d'un roi d'Arménie, nommé *Léon*, de la maison de Lusignan, & qui se réfugia à Paris, où il occupa le palais des Tournelles jusqu'en 1393. Le roi Charles V le fit enterrer avec honneur dans cette église.

La chapelle d'Orléans a pour fondateur Louis duc d'Orléans, frère de Charles VI. Ce duc aimoit les célestins, & leur fit de grands biens. Charles V son père leur avoit déjà donné une partie du terrain de son hôtel de Saint-Paul, dont je parlerai tout-à-l'heure. Le fils y ajouta des terres considérables, qui appartenoient encore, il n'y a pas long-temps, à ces religieux. Il leur donna aussi des livres; & il venoit souvent dans leur maison, pour s'édifier, & pour visiter un homme de mérite, nommé Philippe de *Mézières*, qui s'y étoit retiré. Celui-ci étoit chevalier, & avoit été chancelier, ministre & général de Pierre de Lusignan, roi de Chypre. Il avoit pris plusieurs places sur les Turcs, & défendu plusieurs autres contre eux. Il composoit aussi des livres ; & il nous reste de lui quelques ouvrages excellens pour leur temps.

Ce duc d'Orléans fut enterré, suivant son desir, dans cette chapelle : son tombeau est de marbre, mais d'assez mauvais goût. A côté de lui, est sa femme Valentine *Visconti*, qui ne lui survécut que deux ans. Cette princesse fut la cause innocente de bien des guerres funestes à la France. Elle porta à son époux des droits sur le duché de Milan. Son petit fils, Charles VIII, son arrière-petit fils, Louis XII, & enfin François I, voulurent les faire valoir ; & ce fut la source des guerres d'Italie qui durèrent sous ces trois règnes. Auprès du premier duc & de la première duchesse d'Orléans, on plaça les tombeaux & les statues de leurs enfans, *Charles*, qui fut père de Louis XII, & *Philippe*, grand-père de François I.

Le monument qui renferme le cœur du roi Henri II, & celui de Catherine de *Médicis*, son épouse, est le plus magnifique de cette chapelle. Il est aussi de marbre, d'un goût & d'une recherche infinie. C'est l'ouvrage du plus grand sculpteur qu'ait eu la France, *Germain Pilon*. Mais on reproche à ce monument d'avoir l'air plus profane que sacré, & plus gai que lugubre. Tout auprès en est un autre dressé à la gloire de François II, qui régna si peu de temps après son père Henri II. C'est une colonne flamboyante, chargée d'ornemens, en partie allégoriques, aussi bien travaillés que ceux du premier, mais qui ont les mêmes défauts.

Après les monumens de ces princes, les étrangers admirent dans la ci-devant église des célestins, celui qui est élevé sur la sépulture du fameux connétable Anne de *Montmorenci*, tué, en 1567, à la bataille de Saint-Denis. C'est encore une colonne, chargée d'une urne d'un travail admirable. Un peu plus loin, sont ceux de l'amiral *Chabot*, favori de François I., & mort en 1543; de son descendant *Henri de Chabot*, duc de Rohan, mort en 1655, & de Timoléon de *Cossé*, comte de Brissac, tué, en 1555, à l'âge de 25 ans. Le roi Charles IX voulut absolument qu'il fût enterré dans cette chapelle. Les tombeaux des trois derniers ducs de *Longueville*, descendans du fameux comte de Dunois, y sont aussi. Ils moururent, le premier en 1595, le second en 1663, & le dernier, encore très-jeune, fut tué sous les yeux de Louis XIV, au fameux passage du Rhin, en 1672. Leur histoire est très-bien sculptée en bas-relief sur leurs tombeaux.

Les vitrages de cette chapelle d'Orléans ne sont guères moins curieux que les tombeaux. Ils représentent au naturel, & conformément aux coſtumes du temps, les principaux perſonnages de la cour de nos rois, qui ont vécu pendant deux cents ans, depuis le règne de Charles V juſqu'à celui de Charles IX. En avant de cette chapelle, il y en a une autre remarquable par pluſieurs ſépultures modernes, telles que celles des *Potier*, ducs de Geſvres & de Trêmes, & des *la Trimouille* de Noirmoutier, dont la branche a fini dans la maiſon de Montmorenci, branche de Luxembourg-Châtillon.

On voit dans la nef le tombeau du riche Sébaſtien *Zamet*, dont je parlerai bientôt, & de ſon fils, évêque de Langres, & premier aumônier de Marie de Médicis; celui du père *Bard*, provincial des céleſtins, & confeſſeur de Louis XIII; celui de Philippe de *Mézières*, que j'ai nommé un peu plus haut, & qui fut enterré, en 1405, en habit de céleſtin, après avoir paſſé vingt-cinq ans dans cette maiſon; enfin ceux de deux cardinaux, d'un chancelier de France, & de pluſieurs autres perſonnages illuſtres des quinzième & ſeizième ſiècles.

La chapelle des dix mille martyrs fut fondée en 1482. Elle ne contient pas, à beaucoup près, les reliques de tous ſes patrons. Mais elle appartenoit à une fameuſe confrérie dédiée à tous ces ſaints, &

qui, je crois, est à présent absolument éteinte. Les deux grands accidens arrivés à l'arsenal en 1538 & 1563, causèrent de grands dommages à l'église des célestins, & brisèrent sur-tout les vitrages. Mais ils furent rétablis plus beaux qu'auparavant.

Le petit cloître des célestins fut bâti en 1559. C'est-là qu'on voit le tombeau & l'épitaphe d'Antoine *Perez*, Espagnol, qui avoit été secrétaire du roi Philippe II. Ce ministre ayant trahi son maître, se réfugia en France, où il fut mieux reçu qu'il ne le méritoit. On voit encore dans ce cloître une marque qui indique que la rivière de Seine monta jusques-là, en 1651, lors d'une des plus grandes crues qu'on trouva citées dans l'histoire de Paris.

La maison rebâtie avec assez de magnificence en 1682, offre, entr'autres choses, un bel escalier. Le vaisseau de la bibliothèque est beau. Elle contenoit un assez grand nombre de livres précieux. Le jardin étoit vaste & orné, quoique triste.

Depuis le commencement du quinzième siècle, les célestins de France formoient une congrégation particulière, indépendante d'Italie, & qui consistoit en vingt-une maisons réunies sous un provincial général électif & triennal. Cette indépendance, qui devoit assurer l'existence de cet ordre en France, en a facilité la destruction. Ces religieux étoient riches & n'avoient point d'abbés commendataires. Il est vrai qu'ils n'étoient pas très-utiles. Il ne faut pas douter que l'emploi que l'on fera de leurs richesses, ne le soit infiniment davantage.

L'ancien hôtel *Saint-Paul*, que j'ai nommé un peu plus haut, s'étendoit presque sur tout le terrain depuis l'église paroissiale actuelle jusqu'aux célestins. Il contenoit non-seulement le palais, qui fut long-temps occupé par les rois Charles V, Charles VI & Charles VII, mais encore des hôtels particuliers pour la reine, pour les différens princes & grands seigneurs qui se tenoient auprès de la personne du roi; de plus une ménagerie, des jardins, & de petits bâtimens propres à différens usages. Il ne reste plus de tout cela que les noms de quelques rues que je vais désigner, & des descriptions que plusieurs auteurs contemporains, entr'autres la fameuse Christine de *Pisan*, nous ont laissées de ce palais.

On voit qu'il contenoit une grande chambre, nommée *chambre à parer* ou *chambre de parade*, où le roi s'habilloit en public; une autre où il couchoit, nommée *chambre ou gîte du roi*; une garde-robe; deux cabinets, dont l'un s'appeloit de l'étude ; la *chambre du conseil* ; celle *des nappes*, où étoit dreſſé le buffet, & où le roi mangeoit ; celle *des bains*, & à côté deux étuves, dont l'une s'appeloit le *chauffe-doux*, & l'autre le *chauffe-fort* ; deux chapelles ; deux volières, dont l'une ſe nommoit la *chambre des tourterelles* ; un jeu de longue paume ; deux ménageries, l'une des *grands lions*, l'autre des *petits lions*, dont le nom reſta à une rue qu'on fit en cet endroit ; enfin une ſalle d'audience extérieure, dans laquelle les maîtres des requêtes de l'hôtel jugeoient des cauſes, & recevoient des placets adreſſés au monarque. On prétend que comme tous ces placets, écrits en latin, commençoient par ce mot *petimus*, (nous demandons), de là vient le nom de la rue que l'on appelle à préſent, par corruption, du *Petit-musc*.

Il y avoit différens jardins, dont l'un s'étendoit du côté de la rue Saint-Antoine, & étoit ſans doute orné de treilles ou treillages. En 1516, le roi François I vendit cette partie de jardin, dont on fit une rue qui retint le nom de *Beautreillis*. L'étymologie de la rue de la *Cerisaie* eſt à-peu-près ſemblable : c'étoit une autre partie du jardin de l'hôtel Saint-Paul, qui étoit apparemment fruitier. Elle fut auſſi aliénée ; & à la fin du ſeizième ſiècle, un fameux partifan Italien, nommé *Sébastien Zamet*, y fit bâtir une maifon magnifique, dans laquelle Henri IV lui faifoit l'honneur d'aller faire collation, en fortant de conférer, dans l'arfenal, avec l'illuftre Sully. La belle Gabrielle d'Eftrées étoit fouvent de ces parties ; & ce fut en mangeant des pêches, dans une de ces collations, qu'elle fe trouva mal, & mourut, à ce que l'on croit, empoifonnée. Ce qui parut autorifer ce foupçon, fut la grande amitié qu'eut Marie de Médicis pour Zamet. Elle époufa bientôt après Henri IV, & mit le comble à la fortune de ce partifan, en faifant fon fils évêque de Langres, par conféquent duc & pair de France.

Les héritiers de Zamet vendirent cette maifon au connétable de Lesdiguières, à la poftérité duquel elle refta jufqu'en 1716, que mourut la dernière duchefle de ce nom. L'hôtel paffa alors au duc de Villeroi, gouverneur du roi Louis XV. On y logea le Czar *Pierre le Grand*, lorfqu'il vint en France en 1717. Il y a environ cinquante ans que cet hôtel a été démoli, & qu'on a bâti à fa place plufieurs maifons dans le goût moderne, & pratiqué une ruelle, qui a retenu le nom de *Lesdiguières*, & qui ferme aux deux bouts par une grille. On a abandonné une partie du jardin aux filles de la vifitation sainte-Marie. C'est dans ce jardin qu'étoit le mausolée que la duchesse de Lesdiguières avoit fait élever à son chat.

Pour achever de dire ce que contenoit l'ancien hôtel saint-Paul, il y avoit à un bout, du côté de la rue saint-Antoine, un bâtiment particulier que l'on appelloit *maison de la reine*, &, je ne sais pourquoi, *la pissotte*. Le grand corps de logis du palais est intitulé dans un titre de Charles V, *hôtel solemnel des grands ébattemens du roi*.

Il n'y a que le côté de la rue saint-Antoine, que l'on trouve à gauche, en sortant de la bastille, qui soit du quartier saint-Paul. De ce même côté, & derrière l'emplacement de l'ancien hôtel de Lesdiguières, est le couvent des filles de *la visitation sainte-Marie*. Je crois avoir dit, en parlant de leur couvent du faubourg saint-Jacques, que celui-ci est le premier qu'elles aient eu en France. Le terrain qu'elles occupent, est très-resserré, & l'étoit encore davantage avant la destruction de l'hôtel de Lesdiguières. Cependant il est assez vaste pour contenir un bon nombre de religieuses, & une plus grande quantité de pensionnaires, qui y sont très-bien élevées.

La petite église de ce couvent est une retonde d'une architecture très-agréable,

&

& le grand autel ne reçoit de lumière que par en haut. Le commandeur *Bruslart de Sillery*, très-riche en bénéfices de l'ordre de Malte & autres, & fils du chancelier de ce nom, fit presque toute la dépense de cette construction. La première pierre en fut posée en 1631, & elle fut achevée & dédiée en 1634. Les religieuses conservent avec soin & révérence quelques reliques de saint-François-de-Sales & de madame de *Chantal* leur fondatrice, canonisée depuis peu. Les reliquaires en sont très-riches ; & en général cette église est très-bien fournie d'argenterie & d'ornemens de toute espèce. On y remarque quelques tombeaux, dont les sculptures sont de bon goût. André *Frémiot*, archevêque de Bourges, frère de madame de Chantal, & mort en 1631, y est enterré, aussi bien que Nicolas *Fouquet*, sur-intendant des finances, enfermé, en 1664, au château de Pignerol en Piémont, alors appartenant à la France, & mort en 1680.

Attenant ce couvent des filles sainte-Marie, est un bel hôtel, bâti au commencement de ce siècle, & qui pendant plus de soixante ans a appartenu à la maison de Lorraine, sous le nom d'*hôtel de Maïenne*. Il est possédé par la maison d'Ormesson.

Tome XLII. F

En suivant la rue saint-Antoine, en trouve à gauche la rue neuve saint-Paul, où est la principale entrée de l'église paroissiale de ce nom. Au septième siècle, c'étoit le cimetière de ces religieuses de sainte-Aure & de saint-Eloi, dont j'ai parlé en décrivant le quartier de la cité. On avoit bâti au milieu de ce cimetière une chapelle, dédiée à saint-Paul, & qui par la suite est devenue paroisse. Sainte-Aure elle-même y fut enterrée : mais son corps fut bientôt enlevé pour être mis dans une châsse. Un abbé du monastère de saint-Eloi, nommé *Quintinien*, y fut aussi inhumé à-peu-près dans le même-temps. Son corps y fut trouvé à la fin du treizième ou au quatorzième siècle ; il est encore conservé dans l'église paroissiale.

L'abbaye de saint-Eloi ayant été unie à l'évêché de Paris, la chapelle de saint-Paul le fut aussi ; & au douzième siècle, on fit de celle-ci une paroisse. Cependant on avoit accordé aux abbés de saint-Maur des droits sur la culture & le bourg saint-Eloi, qui étoient tout autour de saint-Paul, & ils les conservèrent. Ils y avoient ce bel hôtel, dont je viens de parler, qu'ils vendirent, en 1362, au dauphin, qui fut depuis le roi Charles V.

De l'autre côté de l'église étoit une grange ou métairie, nommée la *grange saint-Eloi*. C'est aujourd'hui une petite prison, qui sert encore à renfermer quelques malheureux débiteurs insolvables. A mesure que Paris s'agrandit & se peupla de ce côté-là, la paroisse s'étendit si fort, qu'elle ne se borna pas à ce qui étoit en-dedans de l'enceinte de la ville. Elle comprenoit encore tout le faubourg saint-Antoine, jusqu'aux limites de Charonne & de Charenton. Ce n'est qu'au commencement du siècle courant, que le faubourg saint-Antoine a cessé d'être de la paroisse de saint-Paul, & qu'on y a établi celle de sainte-Marguerite.

L'église actuelle de saint-Paul est, selon toute apparence, la troisième qui ait été bâtie depuis la première chapelle du cimetière saint-Eloi, ruinée par les Normands. On commença à la rétablir au onzième siècle, & l'on continua à y travailler aux douzième & treizième. Ce fut principalement à ce que l'on prétend, aux dépens d'une confrérie de foulons & tondeurs de draps, qui a subsisté dans cette église, depuis ces temps si reculés jusqu'à nos jours. Enfin on la rebâtit au quatorzième siècle : mais il ne reste qu'une partie de cette construction. Elle fut agrandie sous les règnes de Charles VI & de Charles VII. Le premier de ces deux rois y avoit été baptisé en 1368; & comme elle étoit la paroisse & la chapelle de l'hôtel saint-Paul que nos rois habitoient la plûpart du temps, elle étoit regardée comme royale.

L'architecture gothique de cette église n'est pas très-estimée. Mais ce dont on fait plus de cas, ce sont les vîtrages de l'église & des charniers, parmi lesquels il y en a de très-bien peints, & dont les sujets sont souvent historiques, allégoriques & singuliers. Ces vîtrages sont presque par-tout entourés de fleurs-de-lis preuve qu'ils sont dûs à la libéralité de nos rois, particulièrement de Charles VII, qui fit dédier cette église, avec toutes les augmentations qu'il y avoit faites, en 1431. On y fit encore de grandes réparations en 1542 & 1547, & enfin des embellissemens intérieurs en 1661.

Il y a dans cette église de saint-Paul plusieurs chapelles fondées avec d'assez bons revenus, & dont la nomination appartient à d'anciennes familles de Paris, illustrées dès le quinzième siècle, telles que celles de *Hennequin* & de *Bragelonne*. On voit autour du chœur une très-belle tenture de tapisserie, qui a été donnée à la paroisse par *Bouthillier de Chavigny*, secrétaire d'état sous Louis XIII, et pendant la minorité de Louis XIV. Elle représente toute l'histoire de saint-Paul, & a été travaillée dans les Pays bas, bien avant l'établissement de la manufacture des Gobelins. On peut voir dans deux autres chapelles deux beaux tableaux, l'un de *le Brun*, & l'autre de *Jouvenet*.

Les sépultures les plus remarquables de cette même église, sont celles d'*Arnaud de Corbie*, premier président du parlement sous le règne de Charles V ; du second maréchal de *Biron*, qui eut la tête tranchée dans la cour de la Bastille en 1602 ; de *Nicole Gilles*, un de nos plus anciens annalistes de France, mort en 1503 ; de *Robert Cénalis*, évêque d'Avranches, auteur d'une histoire de France & d'une de Normandie, mort en 1532 ; du fameux *Rabelais*, mort en 1553 ; de *Nicot*, maître des requêtes & ambassadeur de Portugal, qui le premier fit connoître en France le tabac, mort en 1600 ; enfin de *Daniel Huet*, évêque d'Avranches, qui avoit été sous-précepteur du Dauphin, fils de Louis XIV, & qui ne mourut qu'en 1721, âgé de quatre-vingt-onze ans, retiré dans la maison professe des jésuites. Les autres sépultures du dix-septième siècle sont le mausolée du duc de *Noailles*, mort en 1678 ; celui des d'*Argouges* ; ceux des deux *Mansard*, oncle & neveu, &c.

En suivant toujours le côté gauche de

la rue faint-Antoine, on trouve, vis-à-vis la rue Culture fainte-Catherine, l'églife de *saint-Louis*, où étoit, il n'y a pas long-temps, la maifon profeffe des jéfuites. Elle remonte à l'an 1580. Alors le cardinal de *Bourbon* acheta de la veuve du connétable de Montmorenci un hôtel rue faint-Antoine, & que l'on appelloit *hôtel d'Anville*. L'année fuivante 1581, il y établit les jéfuites, alors affez nouvellement inftitués, & y fit bâtir pour eux une petite chapelle qu'il dédia à faint-Louis.

En 1619, Louis XIII leur abandonna un terrain qui avoit été autrefois rempli par les murailles & les foffés de la ville, & qui leur fervit pour aggrandir leur maifon. On y travailla peu de temps après; & en 1627, on pofa la première pierre de leur églife, qui fut achevée en 1641. Elle eft belle, mais l'architecture a, fuivant les connoiffeurs, de grands défauts. Elle eft, au-dehors & au-dedans, trop chargée d'ornemens. Il paroît que le cardinal de Richelieu contribua à la conftruction du portail. La décoration du grand autel & des principales chapelles eft plus magnifique que de bon goût. Au refte, les principaux monumens de cette églife font ceux qui renferment les cœurs de Louis XIII & de Louis XIV, & le monument élevé aux princes de la maison de Condé, à commencer par le grand *Condé*, mort en 1686. Le président *Perrault*, qui avoit été attaché à ce prince, fit élever ce monument.

Le principal architecte de cette église de saint-Loui fut un frère jésuite nommé *Martel Ange*, qui s'étoit proposé pour modèle l'église de Jésus à Rome, une des plus belles d'Italie, & qui est du dessin du célèbre *Vignole*. Il avoit assez bien réussi pour l'imiter. Mais un père jésuite lorrain, nommé *Derran*, ayant voulu y mettre du sien, gâta cet édifice plutôt qu'il ne l'embellit. Du temps que les jésuites la desservoient, la sacristie étoit remplie des plus riches ornemens. L'intérieur de la maison contenoit plusieurs objets dignes de la curiosité des étrangers & des voyageurs; quelques tableaux des meilleurs maîtres d'Italie, une bibliothèque nombreuse & bien composée, dont le fond venoit du cardinal de Bourbon, & avoit été augmenté par celles de plusieurs personnes savantes; enfin un riche & précieux cabinet de médailles.

Un très-grand nombre de savans hommes que les jésuites ont eus à Paris pendant le dix-septième & le dix-huitième siècles, ont vécu dans cette maison, entre autres les pères *Bourdaloue* & de *la*

Rue, fameux prédicateurs, le père *Daniel*, historien de France, & le père de *Tournemine*. C'est là aussi qu'ont demeuré tous les confesseurs jésuites que nos rois ont eus depuis Henri III jusqu'à Louis XV inclusivement. Ils ont été au nombre de dix-huit qui se sont succédé sans interruption. Depuis 1767, cette maison est occupée par les chanoines réguliers de celle de la couture de sainte-Catherine. J'en parlerai ailleurs à l'occasion de la maison qu'ils ont abandonnée.

Du même côté de la rue saint-Antoine, & au coin de la rue de Jouy, est *l'hôtel de Bauvais*, qui passoit, au siècle dernier, pour être d'une grande magnificence. Dans la rue même de Jouy, on voit *l'hôtel d'Aumont*, qui est encore orné de plafonds peints par *le Brun*, & qui a été rempli du mobilier le plus précieux pendant tout le temps que l'ont occupé les ducs d'Aumont, pour lesquels il avoit été bâti.

Cette rue de *Jouy* s'appelloit ainsi, parce que les religieuses de l'abbaye de Jouy y avoient, dès le treizième siècle, une maison qui passa, au quatorzième, à Hugues *Aubriot*, prevôt de Paris, ensuite au chancelier Pierre de *Giac*, enfin au duc de Berri. Ce prince la donna ou la vendit à Jean de Montaigu, grand maître de la maison du roi Charles VI, & sur-intendant des finances, qui eût la tête tranchée.

La rue des *Nonaindières*, à laquelle aboutit celle de Jouy, est ainsi nommée, parce qu'*Eve*, abbesse d'*Hières*, y acheta, à la fin du douzième siècle, une maison que l'on appelloit plus anciennement, je ne sais pourquoi, *maison de la Pie*. Ce nom est oublié : mais celui des religieuses d'Hières est resté à la rue, quoique depuis long-temps elles n'y possèdent plus rien.

A quelques pas du bout de la rue des Nonaindières, qui touche à une extrémité de celle de Jouy, on entre dans la rue du Figuier, & l'on arrive à un carrefour, où l'on voit l'ancien *hôtel de Sens*. C'est là que logeoient autrefois les archevêques de cette ville, qui étoient métropolitains de l'évêché de Paris. Le bâtiment que l'on y voit encore, fut construit, au commencement du seizième siècle, par l'archevêque *Tristan de Salazar*, & fini par le chancelier & cardinal *Duprat*. Cependant on voit aisément, à la maussaderie de sa construction gothique, qu'il est plus ancien. La reine Marguerite, première femme de Henri IV, étant revenue à Paris, y logea, en attendant que son hôtel du faubourg Saint-Germain fût achevé & préparé. Les archevêques de Sens possédent toujours cet hôtel. Mais depuis assez long-temps ils l'ont abandonné. On y voit encore leurs armes par-tout sur les portes.

Si l'on entre dans la rue des Barrés, qui commence à ce même carrefour, & qui, comme je l'ai dit plusieurs fois, tire son nom des Carmes qu'on y avoit établis, on trouvera le couvent des religieuses de *l'ave-Maria*. Cette maison étoit habitée, du temps de saint-Louis, par des béguines que ce pieux monarque avoit attirées à Paris vers l'an 1230. On prétend qu'il y eut alors dans ce béguinage, ou monastère de béguines, jusqu'à quatre cent filles ou veuves dévotes. Le nombre en diminua considérablement jusqu'à ce qu'en 1480 le roi Louis XI y établit des filles *du tiers ordre, pénitence & observance de saint François*, avec des cordeliers pour les diriger.

Ces filles mènent une vie très-austère. Elles se sont condamnées elles-mêmes à ne point porter de linge, à coucher sur la dure, à aller nu-pieds, à se lever toutes les nuits à minuit, pour psalmodier matines, à observer un silence perpétuel, à ne manger jamais de viande, enfin à ne vivre que des aumônes qu'on veut bien leur donner, la plûpart du temps, en denrées, ne touchant ni ne recevant point d'argent. Ce fut Charlotte de Savoie, femme de Louis XI, qui engagea ce monarque à les établir. Son fils Charles VIII, & sa fille Anne de France, qui devint duchesse de Bourbon, perfectionnèrent cet établissement. Cependant leur église, qui est au fond d'une longue allée, n'a rien de magnifique. On y remarque deux ou trois tombeaux de personnes considérables.

Le premier est celui de Claudine Catherine de *Clermont*, femme d'Albert de Gondi, duc de *Retz* & maréchal de France, qui avoit été gouverneur de la personne du roi Charles IX. Elle étoit elle-même dame d'honneur de Catherine de Médicis, qui savoit si bien quelle étoit l'étendue des connoissances de madame de Retz, qu'elle la chargea de recevoir les ambassadeurs de Pologne, qui vinrent offrir leur couronne au duc d'Anjou, devenu depuis roi sous le nom de Henri III. Ces ambassadeurs ignoroient le français, & ne parloient que latin. Madame de Retz les entretint dans cette langue avec une si grande éloquence, qu'ils en furent charmés, & ne pouvoient s'empêcher de remarquer que, tandis que les hommes de la cour de France ne savoient que le français, c'étoit parmi les dames qu'ils avoient trouvé la personne qui possédoit le mieux les langues mortes & savantes. Cette maréchale ne mourut qu'en 1603, âgée de soixante-dix ans. Son fils, ses deux petits-fils, & son arrière-petit-fils, le fameux cardinal de Retz, furent successivement évêques & archevêques de Paris.

L'autre tombeau est celui de Charlotte de la *Trimouille*, femme de Henri de Bourbon, prince de *Condé*, morte en 1629. On voit aussi dans cette église le cœur du roi *Don Antoine*, se prétendant roi de Portugal, mort à Paris en 1595. Son corps est dans le couvent des grands cordeliers.

Au reste nos vieux auteurs font mention des reliques précieuses qui sont conservées dans l'église de ce couvent de *l'ave-Maria*, & au nombre desquelles on met trois des corps des onze mille vierges, un des saints innocens, un bras de sainte-Christine, une jambe de sainte-Candide, &c.

Le quartier de la *Grève* est borné à l'orient par celui de saint-Paul; au nord par celui de sainte-Avoie; à l'occident, par celui de saint-Jacques-la-Boucherie, & au midi par la rivière, bordée du quai Pelletier & du quai de la Grève. Ce dernier qui s'étend depuis les limites du quartier saint-Paul jusqu'à la place de Grève, est ainsi nommé improprement : ce n'est qu'une suite de différens ports, dont le principal est le *Port au Blé*.

La rue de la *Mortellerie*, longue, mais étroite, est parallèle à tous ces ports, & coupée par plusieurs petites ruelles qui descendent à la rivière. On a disserté sur la vraie signification du mot *mortellerie*. Quelques-uns ont cru qu'il vouloit dire marchandises en général. Mais plus exactement il indique les marchands de plâtre, de chaux, & de mortier.

Du nombre des rues qui coupent celle de la Mortellerie, est la rue des *Barres*. Au coin de cette rue & de celle qu'on nomme *Grenier-sur-l'eau*, il y a une petite communauté de religieuses, appellées *filles de la croix*. L'objet de leur institution, comme de celle de bien d'autres, est d'instruire les petites filles. Elles prennent des pensionnaires, & ne sont établies dans cet endroit que depuis 1686 ou 1687. Elles sont venues originairement de Brie-Comte-Robert. Mais leur premier établissement dans Paris a été rue saint-Antoine, près la place-royale, où elles ont encore une maison; & c'est de celle-là qu'ont été tirées les religieuses de la rue des Barres.

Cette même rue conduit à la *place Baudoyer*, où étoit autrefois l'une des portes de Paris, sur le nom de laquelle on a beaucoup disserté. On prétend qu'elle l'a tiré des anciens *Bagaudes*, peuples des environs de Paris, connus dès le temps de Jules César. De *Bagaudes*, on a fait, dit-on, *Baud* & *Badaux*; & c'est là l'origine de ce sobriquet donné aux enfans de Paris, que l'on accuse d'être niais & étonnés de tout. Apparemment que ceux des environs de la porte *Bagaude* ou *Fadaude*, avoient ce défaut plus que tous les autres.

Au reste, un de nos meilleurs auteurs n'est point de cette opinion. Il croit plutôt que le nom de Baudoyer vient de *Baldacaire*, général illustre sous la première race de nos rois, & d'un autre personnage du même temps, nommé *Baudier*. Ce qu'il y a de sûr, c'est que depuis le quatorzième siècle, la porte & la place se sont toujours nommées *Baudoyer*. La porte, qui avoit fait partie de l'enceinte de Paris sous Philippe Auguste, subsistoit encore à la fin du seizième siècle, & au commencement du dix-septième. La seigneurie de l'abbaye de saint-Pierre ou de saint-Maur-les-Fossés s'étendoit de temps immémorial jusques sur cette place.

Non loin de là, est ce qu'on appelle le *cimetière saint-Jean*, assez éloigné de l'église de ce nom. Il y a très-long-temps qu'il a été converti de cimetière en marché. Mais on n'en sait pas précisément l'époque. On croit que ce fut à la fin du quatorzième siècle & à l'occasion d'une dispute entre deux frères, qui étoient possesseurs par *indivis* d'une maison située près de ce cimetière. Ils se battirent & s'entretuèrent. Leur maison fut rasée ; & l'on fit alors du cimetière un marché, qui fut encore augmenté à la fin du quatorzième siècle par le terrain de l'hôtel de Pierre de Craon, que le roi Charles VI fit démolir en punition de l'assassinat du connétable de Clisson, commis par les ordres de ce seigneur. Ce marché est aujourd'hui, après les halles, un des plus considérables de Paris.

En descendant un peu vers la rivière, on trouve l'église paroissiale de *saint-Gervais*, en face de laquelle est la rue du *Monceau saint-Gervais*. C'est le nom que portoit le bourg entier ou faubourg saint-Gervais, qui par la suite fut enclos dans la ville, du temps de Philippe Auguste. C'étoit originairement un fief de l'évêché de Paris, qui passa aux comtes de Meulan. Il fut ensuite réuni au domaine du roi, après qu'il eut été tout-à-fait enclos dans la ville.

L'église de *saint-Gervais* est plus ancienne encore que le fief du Monceau ; car il paroît qu'elle existoit du temps du roi Childebert, & que l'évêque saint-Germain y fit un miracle, en ouvrant avec un signe de croix les portes de l'église, dont on lui avoit refusé les clefs. Cette église étoit déjà traitée, à la fin du sixième siècle, de *Basilique*, nom réservé aux grandes églises, & elle étoit dédiée aux saints martyrs *Gervais* & *Protais*, dont les reliques furent trouvées à Milan par le grand saint-Ambroise, à la fin du quatrième siècle.

Ce fut au onzième siècle que cette église se trouva appartenir, avec le monceau saint-Gervais, aux comtes de Meulan; & au douzième, ces comtes mirent cette église, comme celle de saint-Jean en Grève, qui en est voisine, dans la dépendance du prieuré de saint-Nicaise de Meulan: d'où il est résulté que l'abbaye du Bec a conservé les mêmes droits sur ces deux paroisses, & nomme encore à ces deux cures. Paris ayant été augmenté par Philippe Auguste dans les dernières années du douzième siècle, les deux églises de saint Gervais & de saint-Jean se trouvèrent enclavées dans la ville, & toutes deux furent érigées en paroisses à-peu-près dans le même-temps, c'est-à-dire, au commencement du treizième. Cependant celle de saint-Gervais passe pour être la plus ancienne. L'une & l'autre composèrent un quartier de Paris, que l'on appella *greva*, la *Grève*.

Ce qu'il y a de plus ancien dans les bâtimens actuels de l'église saint-Gervais, est probablement un reste du troisième édifice de cette église. Le premier, qui existoit du temps de saint-Germain, fut apparemment ruiné, aux neuvième & dixième siècles, par les Normands. On en rebâtit un autre sous le roi Robert, & celui-ci, commencé à la fin du quatorzième siècle, fut dédié & béni en 1420. On y reconnoît l'architecture du règne de Charles VI. Mais les vitrages sont postérieurs, & les connoisseurs jugent que les plus anciens sont du temps de Louis XI.

On augmenta encore considérablement cette église au seizième siècle, & les peintures des vitrages furent achevées, en 1586, par le fameux Jean *Cousin*, le meilleur peintre en ce genre. Quelque beaux que soient ces ouvrages, ils ont le défaut de rendre les églises sombres & tristes. Celle de saint-Gervais a ce désagrément. D'ailleurs l'intérieur en est noir & peu propre : mais les voûtes en sont fort élevées, & dessinées très-hardiment, dans le goût de l'architecture gothique.

Le portail est du dix-septième siècle, la première pierre n'en ayant été posée qu'en 1616 par le roi Louis XIII. Il a été exécuté sur les desseins du fameux Jacques *de Brosse*, architecte du palais du Luxembourg. On y voit les trois ordres de l'architecture grecque, le dorique, l'ionique, & le corinthien, élevés l'un sur l'autre. La proportion des colonnes est très-régulière, & la disposition du portail en général si belle, que le cavalier *Bernin*, étant à Paris, ne pouvoit cesser de l'admirer. C'est dommage qu'il soit placé de manière que l'on ne peut que difficilement en avoir le coup d'œil. Près de la moitié est cachée par des maisons qui sont à l'entrée d'une rue assez étroite. Les sculptures de ce portail sont trouvées par les connoisseurs assez mauvaises. Mais elles sont placées de façon qu'on ne peut guères les voir. Ainsi le travail en devient fort indifférent.

Il y a, tant dans la nef que dans les chapelles, d'assez beaux tableaux, tous de peintres français du dix-septième siècle, tels que *Bourdon*, Eustache *le Sueur* & *Champagne* : ce dernier est enterré dans cette église. On y voit d'ailleurs grand nombre de tombeaux de personnes de distinction, entre lesquelles on peut remarquer ceux de trois chanceliers & d'un garde des sceaux. Celui-ci s'appeloit Mathieu de *Longuejoue*, mort évêque de Soissons, en 1558. Les chanceliers sont, Michel *le Tellier*, mort en 1685, père du fameux marquis de Louvois, & de Charles Maurice *le Tel*-

i er, archevêque de Reims, mort en 1710, & dont le mausolee est au pied de celui de son père ; le chancelier *Boucherat*, mort en 1699, & le chancelier *Voisin*, mort en 1717. On y a aussi enterré Claude *le Pelletier*, ministre & successeur de Colbert, dans la place de contrôleur-général, & mort en 1711, long-temps après avoir quitté le ministère des finances. Entre un grand nombre d'autres sépultures remarquables, on voit celle de Paul *Scarron*, si connu par ses poésies burlesques, son roman comique, & surtout pour avoir été le premier mari de madame de *Maintenon*.

Il se commit, en 1274, dans cette église de saint-Gervais, une profanation, qui fut suivie d'un miracle si éclatant, que tous nos anciens historiens en rapportent avec enthousiasme les circonstances. Un voleur ayant dérobé le ciboire de cette paroisse, le porta du côté de saint-Denis ; & quand il fut près d'entrer dans cette ville, il voulut jetter l'hostie qu'il y trouva, & briser le vase sacré. Mais l'hostie voltigea autour de lui, sans vouloir le quitter. Le malheureux, ainsi poursuivi par son Dieu & par ses remords, entra dans la ville, où beaucoup de personnes furent témoins du miracle. Les religieux avertis, accoururent, se saisirent du coupable, & le firent pendre à leur gibet. Cependant les moines ayant voulu recueillir l'hostie, ne purent en venir à bout. Mais le curé de saint-Gervais qui suivoit le voleur à la piste, s'étant présenté, l'hostie se reposa doucement dans les mains de celui qui l'avoit consacrée. Il la rapporta dans son église paroissiale, où elle n'a cessé d'opérer depuis de grands miracles. On voit cette histoire miraculeuse très-bien peinte sur les vitrages de l'église.

Vous avez peut-être entendu parler, madame, du vieux orme qui est encore planté devant le portail de l'église de saint-Gervais. C'est un monument de nos anciennes mœurs, assez respectable pour qu'on ne doive point le détruire ; & c'est une preuve de l'ancienne juridiction qu'avoient les seigneurs du fief du monceau-saint-Gervais. On sait qu'autrefois il y avoit de pareils arbres plantés devant les églises, les maisons seigneuriales, & surtout dans les carrefours. C'est à leur ombre que les paysans s'assembloient les dimanches après la grand'messe, pour délibérer des affaires communes du village ; & le soir la jeunesse des deux sexes s'y réunissoit pour danser. Les juges des seigneurs qui n'avoient que la basse ou la moyenne justice, qui ne consiste qu'à ordonner les paiemens des cens, rentes & droits seigneuriaux, y tenoient leurs assises. Telle étoit probablement autrefois la destination de l'orme de St-Gervais, connu dans les vieux titres des treizième & quatorzième siècles, sous le titre d'*ourmiau du monceau-saint-Gervais*.

Avant de parler de la paroisse de saint-Jean-en-Grève, que j'ai nommée un peu plus haut, je crois devoir dire un mot de la rue du *Pet-au-Diable*, qui est précisément derrière cette église. Quelques auteurs pensent que le nom en vient d'une ancienne tour carrée, qui existoit encore au seizième siècle, & qui avoit été, dit-on, bâtie sur les ruines d'une synagogue, que les Juifs avoient en cet endroit, avant leur expulsion, du temps de Philippe-Auguste. D'autres prétendent que ce nom vient d'un particulier nommé *Petau*, surnommé le *Diable*, qui avoit son hôtel au pied de cette tour. *Villon* fait mention d'un ancien roman de *Pet-au-Diable*, que l'on croit contenir l'histoire de ce personnage vrai ou supposé. Ce qu'il y a de sûr, c'est que l'hôtel de Pet-au-Diable fut acheté, en 1379, de François de *Chante-Prime*, par Raoul de *Coucy*, & que depuis ce temps on a la liste de tous ceux qui l'ont possédé jusques vers 1720. Il s'est appelé dans les derniers temps, *hôtel de l'Hôpital*, ou de *sainte-Même*.

Un des plus savans historiens de l'église de Paris, prétend que la paroisse de *saint-Jean-en-Grève* étoit autrefois le baptiſtaire de l'ancienne égliſe ſaint-Gervais. Ce que l'on peut aſſurer, c'eſt que cette chapelle, fort proche de ſaint-Gervais, appartenoit, au commencement du treizième ſiècle, aux comtes de Meulan, ſeigneurs, comme je l'ai déjà dit, du bourg du Monceau-ſaint-Gervais, qui étoit d'abord à la porte de Paris, mais au dehors. On croit que ce fut alors que ces comtes établirent, dans la chapelle ou petite égliſe de Saint-Jean, des moines tirés du prieuré de ſaint-Nicaiſe de Meulan, lequel dépendoit lui-même de l'abbaye du Bec en Normandie. De là vient que l'on appelle encore les environs de l'égliſe, *cloître-St.-Jean*, & que l'abbé du Bec nomme à la cure de ſaint-Jean-en-Grève.

Ce fut en 1212 que cette égliſe fut érigée en paroiſſe, démembrée de celle de ſaint-Gervais. Il parut néceſſaire de ſéparer ces deux paroiſſes, quoique très-voiſines, & de donner à l'une ce qui s'étend au nord, & à l'autre les maiſons ſituées au midi, parce que ce quartier ſe peupla beaucoup, lorſque Philippe-Auguſte eut fait une nouvelle enceinte à la ville de Paris.

En 1290, une hoſtie miraculeuſe fut portée dans cette égliſe, & y attira un grand concours de peuple. Elle avoit été frappée d'un coup de couteau par un juif, & avoit verſé du ſang. Ce fait s'étoit paſſé dans la rue des Jardins, au Marais, au lieu où est aujourd'hui l'église des carmes billettes. L'église de saint-Jean étant devenue trop petite pour la foule des personnes pieuses & des paroissiens, on fut obligé de l'agrandir, en 1326. Il y a encore une partie de l'église, dont la construction est de ce temps-là : une autre partie est du quinzième siècle. De nos jours on y a fait des embellissemens intérieurs considérables, mais qui n'empêchent pas que l'église en général ne soit vieille, masquée de tous les côtés, & loin d'être belle.

Tous nos cosmographes parlent du monument que l'on y voit élevé à *Jean d'Alinveau*, trésorier des rois François I, Henri II, François II, & Charles IX, *lequel*, dit son épitaphe, *pour récompense de son intégrité & de sa fidélité au maniement des finances, acquit, sans envie, le beau titre de trésorier sans reproche*. Nos vieux auteurs se permettent, à cette occasion, des plaisanteries qui paroîtroient aujourd'hui de mauvais goût.

Dans la rue de *la Tixeranderie*, à laquelle touche par un bout celle du Pet-au-Diable, il y avoit autrefois deux fameux hôtels. Le premier étoit celui de *Sicile* ou *d'Anjou*, qui occupoit tout le terrain entre la rue du Coq & celle des Coquilles. C'est là que demeuroient les rois de Naples de la maison de France, quand ils venoient à Paris. De l'autre côté de la rue du Coq, étoit le second hôtel, qui s'étendoit jusqu'à celle des deux Portes. On l'appeloit l'*hôtel de la reine Blanche*, parce qu'il étoit habité par Blanche de Navarre, seconde femme du roi Philippe de Valois.

En suivant cette rue de la Tixeranderie, vers l'occident, on trouve à gauche la petite rue *du Mouton*, qui conduit à la place de Grève. Elle tire son nom d'une ancienne fabrique de monnoie, qui étoit dans cette rue du temps de saint Louis. Ce pieux monarque y fit fabriquer des *agnels* ou *moutons d'or*, ou *écus au mouton*.

La *place de Grève*, vis-à-vis de l'hôtel-de-ville, fut établie en vertu d'une charte du roi Louis *le Jeune*, sur la demande des bourgeois de Paris. Ce monarque y déclara que, moyennant la somme de soixante-dix livres parisis que ces bourgeois lui paieroient, la place resteroit libre, & qu'on n'y éleveroit aucun bâtiment. Depuis ce temps, on fait dans cette place différentes cérémonies, telles que celle du feu de la Saint Jean: la ville y donne des fêtes; & c'est là que se font ordinairement les exécutions. La première est de l'année 1310, époque à laquelle une femme hérétique,

hérétique, nommée *Marguerite Perrette*, y fut brûlée. La halle au vin y fut transportée en 1413, & la place au charbon, en 1642.

L'*hôtel-de-ville* est la quatrième maison commune qu'ait occupée le corps de ville de Paris: mais depuis le quatorzième siècle, il est l'unique. La première maison étoit située près du grand châtelet, & s'appeloit le *Parloir aux bourgeois*; la seconde à la vallée de Misère, actuellement quai de la Mégisserie, & se nommoit *Maison de la marchandise*: la troisième, appelée aussi *Parloir aux bourgeois*, étoit, comme je l'ai dit ailleurs, dans la rue saint-Jacques, près des grands jacobins.

Philippe Auguste acheta, en 1212, d'un chanoine de Notre-Dame, une maison nommée *Maison de Grève*, & qu'on appela ensuite *Maison aux piliers*, parce qu'elle étoit en effet supportée par des piliers. Le roi Philippe de Valois en fit présent, en 1324, aux dauphins de Viennois. Charles, fils aîné du roi Jean, dauphin & régent du royaume, pendant la prison du roi son père, la donna, en 1356, à un nommé *Jean* d'Auxerre, qui la vendit l'année suivante au prevôt des marchands & échevins de Paris. Cette maison devint ainsi l'hôtel-de-ville, & bientôt fut l'unique. Le prevôt des marchands

& les échevins, non-seulement s'y rassembloient, mais y logeoient pendant le temps de leur magistrature.

En 1532, on forma le projet d'augmenter l'hôtel-de-ville ; on acheta des maisons aux environs, & l'on posa, en 1533, la première pierre d'un nouvel édifice, qui, en 1549, étoit élevé jusqu'au second étage. Mais alors le plan en fut entièrement changé, & l'on commença à rebâtir à nouveaux frais l'hôtel-de-ville, tel qu'on le voit aujourd'hui. Les guerres de religion qui troublèrent la fin du seizième siècle, en empêchèrent l'entière exécution, jusqu'à ce que tout fut pacifié par le grand roi Henri IV. L'hôtel-de-ville n'eut toute sa perfection qu'en 1605 ou 1606.

Le corps municipal qui occupe cet hôtel, ne peut faire remonter son origine plus haut que le temps où nos rois jugèrent à-propos d'accorder le droit de commune, c'est-à-dire, quelques libertés, privilèges & juridictions aux citoyens, bourgeois & habitans des villes du royaume. Ce ne fut que sous les premiers rois de la troisième race, que l'on commença à voir des chartes de cette concession de cette espèce. Cependant on peut croire que déjà les commerçans par eau de la ville de Paris faisoient corps, & formoient une société de commerce, protégée par les comtes de

Paris, qui, en la perſonne de Hugues Capet, ſont parvenus à la couronne.

Les premières ordonnances où il ſoit queſtion des bourgeois de Paris, ſont des règnes de Louis *le Gros*, & de Louis *le Jeune*. Philippe-Auguſte leur aſſura de nouveaux privilèges, en récompenſe deſquels ils ſe ſoumirent à payer au roi une certaine rente. Sous le règne de ſaint Louis, ils eurent un ſceau. Il eſt clairement parlé du prevôt des marchands & des échevins dans les réglemens d'Etienne *Boileau*, ſon prevôt dans Paris. Enfin, ſous les rois Philippe *le Hardi*, Philippe *le Bel*, les enfans de celui-ci, & Philippe de Valois, le corps municipal & la juridiction de l'hôtel-de-ville prirent une forme encore plus régulière, & obtinrent de nouveaux privilèges.

On les en laiſſa jouir juſqu'à ce qu'ils en abuſaſſent; & c'eſt ce qui arriva ſous les règnes du roi Jean, de Charles V, ſon fils, & de Charles VI. Les troubles qu'excitèrent alors les bourgeois de Paris; les excès auxquels ils ſe portèrent; l'inſolence de Marcel, prevôt des marchands, des Maillotins, des Cabochiens, ſont aſſez connus dans notre hiſtoire. La ville mérita de perdre tous ſes privilèges, & les perdit en effet. Mais on eût la bonté de les lui rendre; &, en 1415, parut une ordonnance revêtue de lettres-patentes, qui forme encore aujourd'hui la base de notre administration municipale.

Depuis cette époque, nous avons la suite constante (tirée des registres de l'hôtel-de-ville) de tous ceux qui ont rempli les places de prevôt des marchands & d'échevins. Ces magistrats changent tous les deux ans, & s'élisent par voie de scrutin. En parcourant ces listes, on est étonné de la quantité de bonnes familles bourgeoises qui se sont éteintes. Un petit nombre subsiste dans des états tout différens de ceux qu'elles avoient, lorsqu'elles sont entrées dans les charges municipales. Quelques-unes figurent à la cour ; & celles qui ont fait la fortune la moins brillante, remplissent les hautes places de la magistrature. Les privilèges de la noblesse ont été cause que l'on a brigué les places d'échevins, & que ceux qui les ont obtenues, ont, bientôt après, quitté la profession de leurs pères.

Ces privilèges avoient été accordés très-anciennement à tous les bourgeois de Paris. Dès le quatorzième siècle, il leur avoit été permis de posséder des fiefs nobles, au moins dans Paris & dans les environs, sans payer de finance. Ils avoient la garde bourgeoise des biens de leurs enfans, & cette garde avoit le même effet que la garde noble. Ils jouissoient aussi du droit de porter les ornemens de la chevalerie, & des armoiries comme les nobles. Tout cela eſt clairement expliqué dans des lettres-patentes du roi Charles V, de l'an 1371. Ces beaux privilèges, qui s'étendoient ſur tous les bourgeois, furent confirmés par Charles VI, en 1409, enſuite par Charles VII, Louis XII & ſes ſucceſſeurs; & les bourgeois furent diſpenſés de marcher au ban & à l'arrière-ban pour leurs fiefs. Cependant, par la ſuite, on a fait une grande diſtinction des privilèges de nobleſſe perſonnelle, accordée à tous les bourgeois de Paris, & qui ont été fort reſtreints, d'avec la nobleſſe pleine, entière & tranſmiſſible, qui a été réſervée au prevôt des marchands & aux échevins.

La juridiction de l'hôtel-de-ville a principalement pour objet la navigation & le commerce de Paris par eau; & comme, pour bien s'aſſurer de ce qui arrive dans Paris & en ſort par cette voie, il faut veiller ſur les bords de la rivière en la remontant & en la deſcendant, on a étendu l'autorité du prevôt des marchands, d'un côté, ſur les rives de la Marne & de l'Oiſe, juſqu'à la rivière d'Aiſne; & de l'autre, juſqu'à Mantes & Vernon. Indépendamment de cet objet de juridiction & d'adminiſtration, le bureau de la ville a encore le ſoin des fontaines de Paris, des ponts, des quais, & de certains bâtimens publics. Les difficultés qui peuvent survenir concernant le paiement des rentes affectées sur l'hôtel-de-ville, le regardent aussi. Enfin il est d'usage de charger le prevôt des marchands d'arrêter, comme commissaire du conseil, les rôles de certaines impositions, telles que les taxes sur les maisons, le logement des gens de guerre dans les fauxbourgs, la capitation & le vingtième dans Paris.

Indépendamment du prevôt des marchands & des échevins, il y a un grand nombre d'autres offices moins considérables, qui ont été établis en différens temps: ils étoient autrefois électifs, & leur magistrature étoit amovible. Presque toutes ces charges sont devenues à vie, & même malheureusement vénales. Il est vrai que par là elles sont moins incommodes pour l'autorité royale. Mais elles ne sont plus d'aucune utilité au peuple. Aussi celles qui ont de véritables fonctions, sont-elles en bien petit nombre; & les autres ne sont recherchées que parce qu'elles donnent quelque droit à l'échevinage.

Les principales de ces charges sont le procureur du roi, le greffier, & le receveur. Ceux-ci ont des fonctions journalières & très-réelles, ainsi que l'architecte & maître des œuvres de la ville, & les huissiers-commissaires de police sur les ports. Les autres s'appellent *conseillers de ville*, *quarteniers*, *cinquanteniers*, & *dixeniers*. La milice bourgeoise étoit autrefois armée & redoutable, & avoit pour chef un *colonel*. La charge subsiste encore : mais la milice ne subsiste plus que dans une compagnie de gardes qui ne servent que pour la représentation, & la décoration du corps municipal. Le gouverneur a, ou devroit avoir au moins toute l'autorité militaire de Paris. Mais il ne se mêle en aucune façon de l'administration de la ville, ni de la juridiction de son bureau.

La place de gouverneur de Paris n'est pas même ancienne. Elle est bien postérieure à tous les établissemens & privilèges du corps municipal. La ville se fait honneur de reconnoître pour un de ses premiers gouverneurs Louis XII, dans le temps qu'il n'étoit encore que duc d'Orléans. Il y avoit déjà eu plusieurs autres princes du sang & grands seigneurs, qui avoient été chargés de défendre Paris & de le gouverner; mais à différentes reprises & avec plusieurs interruptions. Enfin, depuis François I, Paris n'a jamais été sans gouverneur.

A côté de l'hôtel-de-ville, sur la place de Grève, est l'hôpital du *Saint-Esprit*, dit vulgairement *les Enfans Bleus*. Nos vieux auteurs en fixent la fondation à l'année 1362, sous l'épiscopat de Jean de Meulan, & dans le temps où la France étoit le plus tourmentée par les suites des guerres malheureuses qu'elle avoit soutenues contre les Anglais, pendant le cours des règnes de Philippe de Valois & du roi Jean. Il a toujours été destiné à nourrir & élever un certain nombre d'enfans orphelins des deux sexes. Il y en a actuellement environ cent. Les petites filles sont gouvernées par des sœurs, & les garçons par des ecclésiastiques.

Cet établissement est soumis à la grande administration de l'hôpital général. On exige que ces enfans soient orphelins de père & de mère, qu'ils soient nés à Paris, & de légitime mariage. On les reçoit depuis l'âge de trois ou quatre ans jusqu'à huit pour les filles, & à dix pour les garçons. Tant qu'ils restent dans la maison, on leur apprend à lire & à écrire; aux petits enfans l'arithmétique, & aux filles la couture. Dès qu'on juge les petits garçons assez forts pour travailler, & les petites filles assez grandes, on les met en apprentissage, & on leur choisit un métier conforme aux dispositions qu'ils font paroître.

La chapelle ou église qui est jointe à cet

hôpital, fut commencée en 1406, fous le règne de Charles VI. Ce monarque, & la reine Ifabelle de Bavière s'en déclarèrent les fondateurs & les protecteurs. En 1413, on y établit une confrérie, & en 1415, cette églife fut bénite. Il refte encore une partie de cette ancienne conftruction. Cependant au feizième fiècle, lorfqu'on prit la réfolution de rebâtir l'hôtel-de-ville, on ne put fe difpenfer de toucher à l'églife du Saint-Efprit. On y fit alors des dépenfes & des changemens confidérables, mais à l'avantage de l'églife & du bâtiment. On y en a fait encore au dix-feptième fiècle, & enfin de nos jours.

Le peuple de Paris a une dévotion particulière au Saint-Efprit. On eft fur-tout perfuadé qu'on doit invoquer cette perfonne de la trinité, lorfqu'il eft queftion de prendre quelque réfolution importante, ou que l'on fe trouve dans quelque embarras. C'eft pour obtenir fes divines infpirations que l'on fait dire beaucoup de meffes à cette églife, particulièrement le lundi, jour de la femaine confacré à l'Efprit-Saint. Il fe tient ce jour-là fur la place de la Grève, une efpèce de foire, dont l'établiffement n'eft fondé que fur la quantité de gens que la dévotion attiroit ce jour-là dans l'églife du Saint-Efprit.

Tout auprès, fur la même place, eft

le grand bureau des pauvres. C'est une maison acquise depuis plus de deux cents ans par la ville, & dans laquelle l'administration de l'hôpital général tient ses assemblées ordinaires deux fois par semaine. C'est à ce bureau que l'on porte les taxes pour les pauvres, qui se paient dans chaque paroisse de Paris. M. le procureur-général, ou un de ses substituts, préside à ces assemblées.

Près de la grève, & à l'un des bouts de la rue de la Mortellerie, on voit l'ancienne *chapelle des Audriettes*, fondée par *Étienne Audri*, qui lui a donné son nom. Nos anciens auteurs rapportent différentes origines de cette fondation. Les uns prétendent que c'étoit un petit monastère de religieuses du temps de sainte Géneviève. D'autres supposent que c'étoit un lieu de retraite pour des femmes veuves, & qu'il avoit été établi, dès le temps de saint Louis, par la femme d'un vieux chevalier, laquelle croyoit son mari mort, parce qu'après avoir suivi saint Louis à la croisade, il n'avoit point reparu. Comme elle étoit riche, elle se retira dans cette maison avec douze autres femmes, qui, ainsi qu'elles, étoient veuves, ou croyoient l'être.

A peine cet établissement fût formé, que le mari revint avec ses deux fils qui l'avoient fuivi; & ceux-ci augmentèrent dans la fuite cette pieufe fondation de leur père & de leur mère, qui font enterrés dans cette chapelle. A la fin du quatorzième fiècle, il y avoit jufqu'à trente-deux fœurs, qu'on appeloit *les bonnes femmes de la chapelle Etienne Audri*. Au feizième fiècle, ces bonnes femmes étoient devenues de vraies religieufes, & leur maifon un vrai couvent. En 1622, elles furent tranfportées à l'extrêmité de la rue Saint-Honoré. Ce font aujourd'hui les dames de l'*Assomption*, qui ont confervé l'ancienne chapelle, où elles font dire la meffe. Mais tous les revenus font réunis au couvent, entr'autres, des droits fur quelques maifons de la rue des Vieilles Audriettes, au Marais, & qui avoient été données dès le quatorzième fiècle, d'où cette rue a pris fon nom.

Le *Quai Pelletier* s'étend depuis la place de Grève jufqu'au bout du pont Notre-Dame. Il n'y a pas long-temps qu'il faifoit encore un coude confidérable, de façon à rétrecir cette place, en laiffant fur le bord de la rivière un terrain employé à la vente du charbon. De nos jours il a été prolongé jufqu'à l'entrée du port au blé, vis-à-vis de la rue de la Mortellerie. La conftruction de ce quai ne remonte qu'au dix-feptième fiècle & à l'année 1673. Le

Pelletier, qui eut l'administration des finances après Colbert, étoit alors prevôt des marchands. Il fit, en vertu d'un arrêt du conseil, déloger un certain nombre de taneurs & de teinturiers, qui se servant pour leurs métiers du courant d'eau de la rivière de ce côté là, nuisoient à la salubrité de l'eau & de l'air. Ce quai fut achevé en 1675, & appelé, par son modeste ordonnateur, *le quai neuf*. Mais le public s'est obstiné, avec justice, à lui donner le nom de *Quai Pelletier*.

A l'extrêmité de ce quai, qui touche au pont Notre-Dame, aboutit la rue *Planche-Mibray*, partagée entre ce quartier de la Grève & celui de Saint-Jacques-de la Boucherie. Elle tire son nom de ce qu'on plaçoit autrefois des planches, qui s'étendoient de cette rue jusques sur le bord de la rivière, & même jusqu'à l'eau courante, en passant sur la boue ou bourbe dont le rivage étoit couvert. *Bray* veut dire en vieux françois *bourbe*.

En suivant cette rue Planche-mibray, on trouve à droite la rue de *la Coutellerie*, qui s'appeloit, au treizième siècle, rue *Guigne-oreille* ou rue *Guillorie*. On prétend que ce nom lui venoit de ce que l'on faisoit dans cette rue des exécutions, qui consistoient à couper les oreilles aux voleurs ou malfaiteurs, ou à les attacher par une oreille avec un clou à un poteau ou pilori, d'où ils avoient de la peine à s'en tirer autrement, qu'en coupant le bout par lequel ils étoient attachés. On a fait fuccéder dans cette rue l'inftrument du fupplice au fupplice même. Il s'y eft établi un grand nombre de couteliers ; & fous le règne de Henri II, elle prit le nom qu'elle porte aujourd'hui.

La rue *Jean Pain-mollet*, qui y aboutit, eft ainfi appelée du nom d'un boulanger fameux en 1261. C'eft peut-être le premier qui ait mêlé du lait dans fa pâte.

A l'extrêmité du quartier de la Grève, près de la rue de la Verrerie, il y a une petite églife, qui eft d'une haute antiquité, puifqu'on la croit du temps du roi Dagobert & de faint Eloi. Elle eft dédiée à *saint Bon*, & n'eft point paroiffiale. C'eft une fimple chapelle, qui étoit autrefois à la nomination de l'abbé ou prieur de Saint-Maur-les-Foffés, & qui par conféquent l'eft à préfent à celle de l'archevêque de Paris. Il faut être bien curieux d'antiquités eccléfiaftiques, pour rechercher, comme ont fait nos anciens auteurs, quel eft au jufte le patron de cette églife, & dans quel temps elle a été bâtie ; car elle n'offre d'ailleurs rien de remarquable.

Le quartier *Sainte-Avoie* eft derrière celui de la Grève, dont il eft féparé, au midi, par une partie de la rue de la Verrerie. Il eſt borné, à l'orient, par le quartier Saint-Antoine; au nord, par celui du Temple; & à l'occident, par celui de Saint-Martin. La première rue digne d'être connue, que l'on y trouve, du côté de l'orient, eſt la rue *Bourgthibout*, dont une extrêmité touche à celle de la Verrerie. Elle tire ſon nom d'un ancien quartier de Paris, qui exiſtoit ſous le règne de Louis *le Jeune*, au commencement du douzième ſiècle, & bien hors de l'enceinte de la ville de ce temps-là. Il étoit voiſin du *Beau-bourg*, dont le nom eſt reſté à une rue du quartier Saint-Martin; & plus loin encore étoit le *Bourg-l'abbé*, ſur le chemin de Saint-Denis.

La rue des *Billettes*, qui donne auſſi dans celle de la Verrerie, s'appeloit aux treizième & quatorzième ſiècles la rue *des Jardins*. Au quinzième, on la nommoit rue *du Dieu-bouilli*, à cauſe de la chapelle qui portoit ce nom; je dirai tout-à-l'heure pourquoi. En 1408, cette chapelle devint une égliſe, qu'on donna à des frères hoſpitaliers de la charité de Notre-Dame de Châlons-ſur-Marne, qui y reſtèrent juſqu'en 1631. Leur égliſe prit le nom de *Notre-Dame du Miracle*, nom moins extraordinaire que celui qu'elle portoit auparavant, & l'on appela cette rue,

rue *des Billettes*, sans qu'on sache bien précisément d'où est tirée l'étymologie de ce nom. L'opinion la plus générale est qu'il vient de la forme du scapulaire ou du capuchon de ces frères, qui n'avoient rien de commun avec ceux de la Charité de Saint Jean-de-Dieu ; c'étoient plutôt des religieux du tiers-ordre de Saint François. En 1631, ces frères se trouvant ruinés, abandonnèrent leur couvent, & l'on y établit des carmes réformés de la province de Rennes, qui l'occupent encore, sous le nom de *Carmes-billettes*.

Voici à présent, madame, ce que c'est que le miracle des Billettes, qui arriva, dit-on, l'an 1290, sous le règne de Philippe-*le-Bel*. Un Juif ayant acheté d'une pauvre femme une hostie consacrée, qu'elle avoit escamotée à la communion, ce malheureux hébreu, soit par haine pour le dieu des chrétiens, soit dans la vue de faire quelques maléfices, outragea la sainte hostie de toutes les manières imaginables. Il la flagella, la perça de plusieurs coups de couteau; & elle rendit du sang en abondance. Enfin il la plongea dans une chaudière d'eau bouillante : mais elle s'envola & voltigea tout autour. Une bonne femme chrétienne étant entrée dans la maison, vit l'hostie, qui vint se reposer sur son giron, & la porta au curé de Saint-Jean-en-Grève :

c'est cette hostie qui est encore révérée dans cette paroisse, & dont j'ai parlé un peu plus haut. Le bruit de ce miracle s'étant répandu, on accourut à la maison du Juif; on le saisit, on lui fit son procès, & il fut brûlé vif. Sa femme, ses enfans, & une infinité d'autres Juifs se convertirent. La maison de l'Hébreu sacrilége fut changée en une chapelle, que l'on appela d'abord *du Dieu-bouilli*, & ensuite *des Billettes*.

Cette église ne contient à présent rien de curieux que le tombeau d'un savant historien, nommé *Papire Masson*, mort en 1611, & celui d'un autre bien plus connu, mort en 1683 : c'est *Mézerai*, dont l'épitaphe contient le portrait d'un historien, tel qu'il y en a peu, mais comme tous devroient être.

A l'un des bouts de la rue des Billettes, on entre dans la rue *Sainte-Croix-de-la-Bretonnerie*, où est le couvent qui porte ce nom. Il fut bâti en 1258, sous le règne de saint Louis, pour des chanoines réguliers de l'ordre de Saint Augustin, qui menoient une vie très-austère, & étoient mendians. Ils avoient été fondés, peu d'années auparavant, auprès de Liége. Saint Louis acquit de Robert Sorbon, son confesseur, une maison qui lui appartenoit, dans ce quartier, qui s'appeloit *de la*

Bretonnerie, sans doute parce qu'il avoit été autrefois habité par des Bretons. Ce monarque lui donna en échange plusieurs maisons dans la rue Coupe-gueule, où a été fondé, comme je l'ai dit ailleurs, le fameux collége de Sorbonne.

Quant aux religieux, saint Louis leur fit bâtir une église qu'il dédia à la sainte Croix, d'où ils furent nommés Croisiers ; nom qu'on leur donne dans tous les anciens titres. Quoiqu'ils n'aient jamais été bien riches, ils se sont pourtant trouvés en état de cesser de mendier, comme ils faisoient lors de leur établissement, & de vivre de leurs rentes, exempts de la jurisdiction de l'évêque diocésain, & éloignés de leur supérieur majeur. De siècle en siècle, ils se relâchèrent infiniment. Aussi, sous le règne de Louis XIII, le fameux cardinal de la Rochefoucault entreprit de les réformer, comme il avoit réformé tant d'autres ordres, & voulut introduire chez eux des chanoines réguliers de sainte Géneviève. Les Croisiers eurent peur, se réformèrent d'eux-mêmes ; & cette réforme a duré jusqu'à présent. Cependant, dans ces derniers temps, il a été fort question de les supprimer : mais cette suppression n'a point encore eu lieu.

L'église de ces religieux n'offre rien de remarquable que la sépulture de quelques hommes illustres, entr'autres du fameux Barnabé *Brisson*, que sa science & son esprit avoient élevé au rang de président à mortier, mais qui n'étoit pas à beaucoup près aussi intègre que savant. Il fut cruellement puni par la faction des *Seize*, de la lâcheté qu'il avoit eue de faire les fonctions de premier président sous la ligue; car vous savez, madame, qu'il fut pendu, en 1591, par ordre de ces tyrans, presque sans forme de procès.

On voit aussi dans cette église l'épitaphe du président *Minard*, qui fut assassiné, en 1559, en revenant de nuit du palais, monté sur sa mule. Cet accident fut cause que le parlement fit un réglement qui ordonna que les audiences de relevée commenceroient au plus tard à trois heures, & finiroient à quatre. De-là cette audience s'est long-temps appelée *la Minarde*.

En sortant de ce couvent de Sainte-Croix-la-Bretonnerie, si l'on entre dans la petite rue de l'Homme-armé, on arrivera bientôt à la rue des Blancs-manteaux, qui traverse de celle de Sainte-Avoie dans la vieille rue du Temple. C'est-là qu'on trouve le couvent des Blancs-manteaux, où un étranger, qui y est attiré par la curiosité, est bien étonné de voir des moines noirs, tels que les bénédictins de la congrégation de Saint-Maur. C'est que cette maison étoit autrefois habitée par d'autres religieux qui portoient des manteaux blancs. Ils étoient d'un ordre connu en Italie sous le nom de *Servites* ou *Serviteurs de la mère de Dieu*, dont l'inſtitution remonte à l'an 1255.

Ces religieux vinrent à Paris en 1258 ; & *Amauri-de-la-Roche*, grand-prieur du Temple de cette ville, leur permit de s'établir dans ſa cenſive, qui s'étendoit juſques-là. Saint Louis, qui régnoit alors, contribua à la conſtruction de leur égliſe. Environ vingt ans après, l'ordre des Templiers, leurs protecteurs, ayant été aboli, ces ſerviteurs de la vierge Marie furent chaſſés de cette maiſon ; & on leur ſubſtitua des *Guillemins* ou *hermites de saint Guillaume d'Aquitaine*, qui, indépendamment de cette maiſon, en avoient une autre à Mont-Rouge, dont j'ai parlé ailleurs. Leur égliſe fut rebâtie ſous Philippe de Valois, au quatorzième ſiècle. Les Guillemins y reſtèrent juſqu'en 1618, que l'on y introduiſit les bénédictins réformés de la congrégation de Saint Maur, alors naiſſante. En 1685, l'égliſe & la maiſon furent rebâties telles qu'on les voit aujourd'hui, & encore embellies de nos jours. Les Guillemins portoient auſſi des manteaux noirs. Par conſéquent il y a près de cinq cents ans qu'il n'y a plus de manteaux blancs aux Blancs-manteaux.

Non loin de ce couvent, on trouve l'*hôtel de Soubise*, qui communique par le jardin & par plusieurs cours, à celui de *Strasbourg*, ainsi nommé, parce qu'il a été bâti par le cardinal de *Rohan*, évêque de cette ville, & a passé successivement aux princes ses neveux & cousins, qui ont possédé ce superbe bénéfice. L'histoire de ce palais remonte jusqu'aux treizième & quatorzième siècles, époque où il y avoit en cet endroit des chantiers dépendans du Temple. A la fin du quatorzième, le connétable de Clisson fit bâtir un hôtel sur ce terrain. Les rois de Navarre, de la maison d'Evreux, & le comte Jacques d'Armagnac, qui eut la tête tranchée en 1477, sous Louis XI, y eurent aussi des hôtels. Ils furent tous réunis en 1553, 1556 & 1560, par le duc de Guise & le cardinal de Lorraine son frère. Ce magnifique hôtel de Guise fut acheté, à la fin du dix-septième siècle, par François de Rohan, prince de Soubise.

On remarque que du temps du connétable de Clisson, cet hôtel s'étoit appelé *l'hôtel des Grâces*, parce que le roi Charles VI s'y étant trouvé en 1392, fit grace à quantité de ses sujets, bourgeois de Paris, qui s'étoient rendus coupables de révolte. On y voit encore une vieille porte entre deux tourelles, avec les armes des ducs de Guife. Ce qu'il y a de plus moderne, eft de l'architecture la plus élégante, & du commencement du fiècle courant.

L'hôtel de Strasbourg eft encore un peu plus récent. Les appartemens intérieurs de l'un & de l'autre font richement ornés. La bibliothèque de la famille de Thou, qui a produit tant de grands magiftrats & de favans hommes, appartient à préfent à M. le maréchal prince de Soubife. Elle eft placée dans l'hôtel de Strasbourg, & entretenue comme doit l'être un fi précieux monument.

Fort près de cet hôtel, eft le couvent de *la Merci*, fitué au coin des rues *du Chaume* & de *Braque*. Cette dernière a pris fon nom d'une ancienne famille de Paris qui avoit fait bâtir en cet endroit, l'an 1348, un petit hôpital & une chapelle. Ils étoient près de la porte de la ville; & le roi Charles VII., en faveur de l'hofpitalité, abandonna même à cette famille les vieux murs & les tourelles qui faifoient partie de l'ancienne enceinte du temps de Philippe-Augufte. Il y avoit une porte appellée du *Chaume*, qui a donné fon nom à la rue, & des boucheries qui avoient appartenu aux chevaliers du Temple.

Tout ce terrain ayant été enclos dans la ville, & abandonné à la maifon de Braque, donna occafion à ces feigneurs d'y bâtir de plus un bel hôtel, indépendamment de la chapelle. Infenfiblement l'hofpitalité ceffa d'être exercée. Mais la chapelle fubfiftoit & étoit bien entretenue, lorfqu'en 1613, la reine Marie de Médicis jugea à propos d'acheter l'hôtel de Braque, & engagea les poffeffeurs à céder aux religieux de la Merci, qu'elle y établit, tous leurs droits fur cette chapelle, & les revenus affectés au chapelain. La famille de Braque y conferva feulement fa fépulture jufqu'à fon extinction, qui n'a eu lieu que de nos jours. La chapelle, qui fut alors entièrement rebâtie, eft d'une affez bonne architecture. La maifon le fut auffi dans le même temps ; & ce n'eft que long-temps après que l'on a bâti le portail de l'églife & celui de la maifon, qui font d'une architecture plus fingulière encore que bizarre.

Au refte les religieux de la Merci furent inftitués, au treizième fiècle, par un gentilhomme Efpagnol, nommé *Saint Pierre Nolafque*. Ils font un vœu particulier de s'occuper de la rédemption des captifs, concurremment avec l'ordre des trinitaires ou mathurins. Dès l'an 1515, ils avoient une petite maison & un collége dans le quartier de l'univerſité.

Vis-à-vis les murs de ce couvent de la Merci, eſt celui de *Sainte-Avoie*, qui a donné ſon nom à ce quartier, & qui eſt aujourd'hui occupé par des urſulines. Il fut, dit-on, fondé, au treizième ſiècle, pour des béguines, &, ſelon nos meilleurs auteurs, pour des femmes veuves qui vivoient en communauté, ſans faire les mêmes vœux que les religieuſes. Vers 1621, madame *Lhuillier de Sainte-Beuve*, qui eut la plus grande part à la fondation des urſulines en France, propoſa aux bonnes femmes de Sainte-Avoie d'embraſſer la règle des urſulines, moyennant une augmentation de revenu qu'elle procura à leur maiſon; condition qu'elles acceptèrent. Leur égliſe n'offre rien d'ailleurs de curieux.

Ce même couvent a donné auſſi ſon nom à une rue voiſine, où il y a pluſieurs beaux hôtels, qui ont bien perdu de leur prix, depuis qu'il n'eſt plus de mode d'habiter ce quartier. Le plus magnifique de ces hôtels eſt actuellement celui de *Beauvilliers*, bâti, au dix-ſeptième ſiècle, pour *Mesme*, comte d'Avaux, fameux, ſous le règne de Louis XIV, par ſes ambaſſades & ſon talent pour les négociations. Ses héritières le vendirent au duc de *Beauvilliers* de Saint-Aignan, qui avoit été gouverneur des enfans de France; & les *Mesme* achetèrent l'hôtel, qui est vis-à-vis, & qui porte encore leur nom, mais qui s'appeloit autrefois l'hôtel de *Montmorenci* : c'est-là que logeoit le grand connétable Anne. Après avoir été blessé mortellement à la bataille de Saint-Denis, en 1567, il fut porté dans cet hôtel, & y rendit les derniers soupirs.

J'ai dit que le quartier Sainte-Avoie est borné à l'occident par celui de Saint-Martin : mais ce n'est pas ici le lieu, madame, de vous faire connoître ce dernier. Traversons-en plutôt un espace de quelques pas seulement, pour entrer dans le quartier de *Saint-Jacques-de-la-Boucherie*. Celui-ci s'étend du midi au septentrion, depuis les bords de la rivière, entre les rues de Saint-Denis & de Saint-Martin, jusqu'à celle qu'on nomme mal-à-propos la rue *aux Ours*. Elle doit s'appeler la rue aux *Oues* ou *Oies*; nom qui lui vient du grand nombre de rôtisseurs qu'il y a eu de tout temps, & qui, dans le treizième siècle où elle commença à porter ce nom, faisoient sur-tout un grand commerce d'oies rôties.

C'est dans cette rue, au coin de celle qui est nommée *Salle-au-Comte*, que l'on l'on voit l'image de Notre-Dame, fameuse pour avoir été, en 1418, frappée d'un coup de couteau par un soldat Allemand, qui, dit-on, avoit perdu son argent au jeu. On prétend que l'image de la Sainte Vierge versa aussi-tôt du sang ; que le peuple, témoin de ce miracle, arrêta le coupable, & le conduisit devant le chancelier de *Marle*, qui demeuroit dans ce quartier. Ce suprême magistrat lui fit aussi-tôt son procès, & le condamna au dernier supplice, qu'il subit. L'image miraculeuse fut portée dans l'église du prieuré de Saint Martin-des-Champs, où on la voit encore, avec un tableau qui représente les circonstances du fait. On a placé une autre statue de la Sainte Vierge dans une niche assez ornée, au même endroit où étoit la première.

On est persuadé, que ce fut le 3 Juillet que se passa cet événement. En conséquence les bourgeois des rues circonvoisines se cotisent pour donner ce jour-là une fête, dans laquelle il est, depuis long-temps, d'usage de brûler, au milieu d'un grand feu d'artifice, la représentation d'osier du soldat sacrilége. Il y a quelques années que l'on s'étoit avisé de revêtir ce manequin de l'uniforme des troupes Suisses qui sont au service de France. Mais ces braves militaires s'en étant plaints avec raison, on a mis ordre à cet abus, & l'on a même, pendant quelque temps, défendu le feu d'artifice, par la crainte des accidens.

Le nom de la rue *Salle-au-Comte* vient de ce que le comte Renaud de Dammartin avoit autrefois son hôtel dans cet endroit. Mais le roi Philippe *le Bel* l'ayant fait démolir, ou perça cette rue tout au travers du lieu, où étoit la principale salle de la maison du comte.

La rue Saint-Denis est si considérable, qu'on ne l'appeloit, lorsqu'elle commença à être enfermée dans la ville, que la *grande rue de Paris*. On y trouve d'abord, du côté qui fait partie de ce quartier de Saint-Jacques de la Boucherie, la paroisse *saint-Leu* & *saint-Gilles*, dont les habitans ont autrefois dépendu de la paroisse Saint-Barthelemi, dans la cité. L'éloignement où ils en étoient, les engagea à établir une espèce de succursale dans une chapelle de l'église de l'abbaye Saint-Magloire, dont je parlerai dans un moment. Au quatrième siècle, on sépara de cette dernière église, la chapelle de Saint-Gilles & Saint-Leu, & on la bâtit où elle est à présent. Enfin au commencement du dix-septième siècle, le cardinal de Gondi, évêque de Paris, l'érigea tout-à-fait en cure. Elle fut alors agrandie & ornée ; & l'on y fit encore des réparations & des embellissemens en 1727.

On voit dans cette église, sur le grand-autel, un bon tableau représentant la cène. On y remarque aussi le tombeau de madame de *Lamoignon*, mère du fameux premier président de ce nom, & morte en 1677. Son épitaphe fut composée par son fils, dont le cœur est auprès du corps de sa mère : plus bas, est celui de son petit-fils.

Au reste, on invoque Saint-Leu pour les enfans en chartre, ou étiques, & l'on croit que c'est à cause de cela que ce saint a eu la préférence sur Saint-Gilles, qui étoit le premier patron de la première chapelle. C'est même par rapport aux petits enfans, qu'on l'appelle *saint-Leu*; car son vrai nom est *saint-Loup*, en latin *lupus* : il étoit évêque d'Auxerre.

A côté de cette paroisse est le couvent des religieuses de *saint-Magloire*, que je viens de nommer. C'étoit anciennement une chapelle dépendante de l'abbaye de Sainte-Aure, fondée par Saint-Eloi. Ce monastère de filles ayant été changé, au douzième siècle, en un prieuré d'hommes qui possédoient la châsse de Saint-Magloire, & qui en prirent le nom, ces moines de l'ordre de Saint-Benoît, s'y transportèrent avec les reliques du saint. La seigneurie de leur abbé devint par la suite si étendue, qu'elle donna son nom à un bourg ou faubourg que l'on appela le *Bourg-l'Abbé*, nom qui est resté à une rue de ce quartier-là. Au milieu du seizième siècle, on jugea à propos d'unir le titre abbatial à l'évêché de Paris, &, en 1572, on transféra ces religieux dans le faubourg Saint-Jacques, à l'endroit même où est aujourd'hui le séminaire de Saint-Magloire, ainsi nommé des reliques de ce saint, qui y furent en même temps transportées.

Quant aux religieuses qui prirent, à cette époque, la place des moines de Saint-Magloire, dans la rue Saint-Denis, c'étoient originairement des pénitentes ou filles repenties. Dès le treizième siècle, elles avoient été fondées dans la censive de Saint-Martin-des-Champs, & réunies au nombre de plus de deux cents. En 1360, lorsqu'on fut obligé d'abbattre leur maison pour faire une nouvelle enceinte de Paris, on les transporta dans la rue Saint-Denis, où elles occupèrent un hôpital, qui prit alors le nom de couvent des *filles-dieu*. Le roi Charles VIII, à la fin du quinzième siècle, les déplaça encore, & leur substitua des dames religieuses de l'ordre de Fontevrault. Les malheureuses pénitentes étoient sans asyle. Mais le bon roi Louis XII sentant l'utilité d'un établissement de cette espèce, les établit dans un hôtel qui lui appartenoit avant qu'il montât sur le trône, & qui étoit situé près Saint-Eustache. Le pape soumit ces filles à la règle de Saint-Augustin; & l'évêque de Paris leur donna des réglemens, dans lesquels il est dit que ce sont des « pécheresses qui, toute leur » vie, ont abusé de leur corps, & à la » fin sont tombées en mendicité ».

Ces religieuses restèrent dans cet hôtel d'Orléans jusqu'en 1572, que la reine Catherine de Médicis jugeant à propos d'en faire un palais, pour elle, les transféra à Saint-Magloire, à la place des religieux, qu'elle envoya, comme je viens de le dire, au faubourg Saint-Jacques. Ce couvent ne fut pas long-temps dans cet endroit, sans changer absolument de forme & de destination. La reine y envoya huit religieuses bénédictines de Montmartre, pour les réformer ; & elles quittèrent la règle de Saint-Augustin pour prendre celle de Saint-Benoît. Elles furent rentées, au lieu de vivre d'aumônes & de quêtes, & s'assujettirent à une clôture exacte. Enfin ce couvent fut mis sur le pied de tous les autres de Paris, & l'on n'y admit plus que des filles honnêtes : on les appelle toujours *filles de saint-Magloire*.

Leur église est bâtie dans un goût d'architecture gothique assez élégant. Mais les religieuses, dont la communauté est devenue très-nombreuſe, en ont pris la plus grande partie pour leur chœur, & n'en ont laiſſé que la plus petite au public. On y remarque un aſſez beau tombeau, dont les ſculptures ſont de Jean *Gougeon*, qui a travaillé celles de la fontaine des Innocens. Il eſt élevé à *Blondeau*, intendant des finances, mort en 1555.

Un peu au-deſſous du couvent de Saint-Magloire, & dans la même rue Saint-Denis, eſt l'égliſe collégiale du *Saint-Sépulcre*. Elle fut fondée, au commencement du quatorzième ſiècle, par Louis de *Bourbon*, petit-fils de Saint Louis, & pluſieurs autres ſeigneurs & particuliers, qui ayant fait le pélerinage de Jéruſalem, ou voulant le faire, établirent un hôpital pour les pélerins qui auroient la même dévotion. En 1326, on poſa la première pierre de l'égliſe, qui ne fut conſtruite qu'avec lenteur, & achevée long-temps après. Ce dont on s'occupa avec le plus de zèle, fut l'établiſſement des chapelains néceſſaires pour deſſervir cette égliſe. On vouloit d'abord en faire une paroiſſe. Mais on trouva de grandes oppoſitions de la part de celle de Saint-Merry, dans l'étendue de laquelle étoit la nouvelle égliſe.

Il y eut enſuite de nouvelles difficultés pour ériger les chapelains en chanoines. Ceux de Saint-Merry ne voulurent pas le souffrir ; & comme leur collégiale étoit fille du chapitre de Notre-Dame, celui-ci prit son parti. Cependant tous ces embarras furent dissipés en 1415. Les chanoines furent établis au saint-Sépulcre par ceux de la cathédrale même ; & leur église devint collégiale, fille de Notre-Dame, comme celle de Saint-Merry. Il y eut & il y a encore douze chanoines, dont un fait les fonctions curiales, mais seulement dans le cloître. Les chanoines ont sous eux douze chapelains. Tous ces bénéfices sont à la nomination de différens chanoines de Notre-Dame, chacun à leur tour. Le portail & les vitraux de l'église sont du quatorzième siècle : le premier passe pour un beau morceau d'architecture gothique.

La petite église paroissiale de *saint-Josse* est tout auprès de celle du Saint-Sépulcre dans la rue Aubri-le-Boucher. On prétend qu'après avoir été, au septième siècle, un hôpital, elle fut ensuite succursale de la paroisse Saint-Laurent : l'une & l'autre étoient alors hors de la ville. Lorsque Philippe Auguste fit une nouvelle enceinte de Paris, l'église de Saint-Josse s'y trouva renfermée, tandis que celle de Saint-Laurent en étoit encore éloignée. La première fut érigée en paroisse, dont le curé est à la nomination du prieur de Saint-Martin-des-Champs. Elle n'a que peu d'étendue,

& l'église même, rebâtie en 1679, est très-petite.

En descendant la rue Saint-Denis, on trouve celle *des Lombards*, autrefois appelée *rue de la Bufleterie* & de la *Pourpointerie*, parce qu'on y faisoit des bufles, & qu'il y avoit beaucoup de tailleurs. Elle prit le nom de *rue des Lombards*, parce qu'il s'y étoit établi beaucoup d'Italiens qui faisoient le commerce de l'épicerie. Il y a encore aujourd'hui grand nombre de boutiques de ce genre de marchandises, dont les sucreries & confitureries font partie.

On remarque qu'aux treizième & quatorzième siècles, les Lombards, sous prétexte de venir vendre à Paris leurs épiceries, y faisoient la banque, & même y pratiquoient l'usure. Ils parurent si suspects, qu'en 1268, saint-Louis les chassa de cette ville. Son fils Philippe le *Hardi* renouvella cette ordonnance six ans après, en 1274. Cependant, comme ils étoient nécessaires à Paris, ils y revinrent. Mais en 1330, il y eut encore de nouvelles plaintes d'usure formées contre eux. En 1350, on déclara que de tout ce qui leur paroissoit dû, il n'en seroit payé que les trois quarts, ensuite la moitié ; & enfin, en 1360, leurs créances furent déclarées nulles, comme usuraires. Tous ces gens-là demeuroient dans la rue des Lombards et prêtoient aussi sur gages. De-là vient qu'on a donné le nom de *Lombards* aux premiers établissemens faits dans le goût de ceux que nous nommons aujourd'hui *Monts-de-Piété*.

Au coin de cette rue, est l'*hôpital sainte-Catherine*, qu'on appeloit anciennement l'*hôpital des pauvres de sainte-Opportune*. Il étoit certainement connu aux douzième & treizième siècles: mais on ne sait quand il a commencé. Il est desservi par des sœurs hospitalières, qui suivent la règle de saint-Augustin. Elles reçoivent & hébergent, pendant quelques jours, les femmes & les filles, qui ne savent que devenir en arrivant à Paris, & pratiquent quelques autres œuvres de charité. Malheureusement les ressources que peuvent fournir ces sœurs, sont trop passagères & trop bornées. Leur petite chapelle fut dédiée à sainte-Catherine dès le treizième siècle.

Non loin de cet hôpital, & dans la rue des Arcis, qui fait suite à celle de saint-Martin, est l'église de *saint-Jacques de la Boucherie*, principale paroisse de ce quartier. Elle est d'une origine ancienne: mais l'époque en est très-difficile à fixer. Elle étoit paroisse au douzième siècle, dès le règne de Philippe Auguste. Il paroît aussi qu'elle étoit alors dépendante du prieuré de saint-Martin-des-Champs : la cure en est encore à la nomination du prieur. Le voisinage de la grande boucherie lui a fait donner le sur-nom qu'elle porte, pour la distinguer d'ailleurs de quelques églises dédiées au même saint apôtre. L'église actuelle, bâtie aux quatorzième & quinzième siècles, ne fut achevée qu'au commencement du seizième. Vers l'an 1400, le fameux Nicolas *Flamel*, qui, quoique simple maître écrivain, parvint tout-à-coup à une fortune très-considérable, fit de grands dons à cette église, & contribua à sa construction. Il n'y en a presque aucune dans Paris, où il y ait autant de confréries que dans celle-ci. La principale est celle des bouchers de la grande boucherie de l'apport Paris, qui se vante d'avoir été autrefois la seule, où l'on tuât des bœufs, tandis que les moutons étoient abandonnés aux boucheries du second ordre.

C'est derrière le grand-châtelet qu'est la *grande boucherie*, que l'on voit aujourd'hui avec étonnement placée au centre de la ville, & qui ne peut qu'infecter un quartier aussi peuplé & aussi serré que celui-là. Mais il faut se rappeler, que Paris ayant été autrefois borné à la cité, les boucheries dont il est ici question étoient alors hors de la ville. De toute ancienneté, il y avoit des étaux adossés aux murs du grand châtelet. Sous les premiers de nos rois de la seconde race, il y eut plusieurs arrangemens faits concernant ces boucheries. Sous Louis *le Jeune* & Philippe Auguste, on acheva d'y transporter celles qui étoient dans la cité. Une partie de ces maisons & étaux appartenoient aux religieuses de Montmartre, qui les vendirent ou louèrent, &, en quelque façon, les inféodèrent à quelques familles de Paris.

Les choses restèrent dans cet état jusqu'au commencement du quinzième siècle. Alors les principales familles de bouchers s'étant jointes aux rebelles qui troublèrent si malheureusement le règne de Charles V & celui de son fils, Charles VI, ce dernier monarque irrité contre eux, ordonna, en 1416, que la grande boucherie de l'apport-Paris seroit entièrement démolie. Elle le fut en effet ; & l'on en construisit quatre à la place. Deux ou trois ans après, on la rétablit, sans préjudice de deux ou trois autres des nouvelles. Elle n'a jamais depuis cessé d'exister : mais n'étant plus unique, elle a été moins fréquentée. C'est de cette boucherie qu'étoient propriétaires les quatre anciennes familles des bouchers de Paris, si connues dans la bourgeoisie de cette ville, les *Goix*, les *Ladehors*, les *Thibert* & les *Saint-Yon*.

Le *grand châtelet* est le bâtiment le plus remarquable de ce quartier. Je crois avoir dit ailleurs que c'étoit la forteresse qui défendoit l'ancienne cité de Paris, & le passage du grand pont qui y communiquoit. Nos auteurs du seizième siècle font honneur à César de sa construction, parce qu'on lisoit sur un des murs de la principale tour, *tributum Caesaris*, (ce qui semble indiquer, que c'étoit-là qu'autrefois les Parisiens payoient le tribut aux empereurs romains) & parce qu'on y voyoit une chambre que l'on appeloit la *chambre de César*. Ces preuves ne sont pas bien concluantes. Mais il est certain que, dès le temps de la première race de nos rois, le châtelet étoit regardé comme une citadelle, qui contenoit en même temps les habitans de la ville au-dedans, & en imposoit aux ennemis du dehors. Le rivage qui étoit au pied & à côté du pont, s'appeloit l'apport-Paris, parce que c'étoit-là que s'arrêtoient toutes les marchandises qu'on vouloit faire entrer dans la ville. Il paroît que, vers le neuvième siècle, cette fortification fut ruinée par les Normands, & qu'elle fut ensuite rétablie plus solidement, & tout-à-fait en pierre.

On croit que la maison commune des citoyens de Paris, que l'on appeloit le *parloir aux bourgeois*, a été autrefois au Châtelet. Mais ce qui est bien plus constant, c'est que de tout temps la jurisdiction ordinaire y a été établie, & en a même pris son nom. Dabord les rois mêmes en personne, ensuite les anciens comtes de Paris y rendirent la justice. Ceux-ci étant montés sur le trône en la personne de Hugues Capet, commirent des vicomtes, & ensuite des prevôts, pour la rendre en leur nom. Il est certain que ces prevôts s'établirent au Châtelet, & qu'eux & leurs successeurs y demeurèrent jusqu'au quinzième siècle : mais il paroît qu'ils changèrent de nature au treizième. Les premiers étoient des espèces de fermiers du roi, qui percevoient les droits au nom du monarque, & vexoient étrangement les habitans. Les jugemens qu'ils rendoient, n'étoient que des ordonnances pour obliger les justiciables à payer ; & comme les amendes étoient à leur profit, & entroient dans le produit de leur ferme, ils les multiplioient autant qu'ils pouvoient : c'est ce que l'on appeloit les *baillis* ou *prevôts-fermiers*.

Le roi saint Louis arrêta cet abus, & choisit pour prevôt un honnête homme, dont la mémoire est encore connue & révérée au Châtelet. Ce fut *Etienne Boilève*, communément appelé *Boileau*, à qui l'on doit les premiers statuts des arts

& métiers, & plusieurs sages réglemens concernant la jurisdiction du Châtelet. On prétend que de son temps saint Louis y venoit juger avec lui ses sujets. Vous pouvez bien croire, madame, que dans ce cas les jugemens étoient sans appel. Dans les cas ordinaires, & lorsque le prevôt jugeoit seul, on en appeloit au roi & au parlement. Mais cela arrivoit rarement, & dans des affaires tout-à-fait majeures. Depuis Philippe *le Bel*, ces appels devinrent plus communs, & ils sont enfin devenus d'un usage presque habituel. Les prevôts, depuis Etienne *Boileau* jusqu'au temps de Philippe *le Bel*, jugeoient seuls: mais ensuite il leur fut permis d'avoir un lieutenant. Pendant le cours du quatorzième siècle, le tribunal du Châtelet ne fut composé que de ces deux officiers, dont le second ne jugeoit qu'en l'absence du premier. Mais au quinzième le prevôt abandonna au lieutenant le soin de toutes les affaires; & dès le commencement du seizième, la place de prevôt fut réduite à des prérogatives purement honorifiques.

Le roi Louis XII, & ensuite François I, nommèrent des gouverneurs de Paris, qui eurent le commandement du militaire. Ainsi le prevôt de cette ville a été successivement dépouillé de toutes ses fonctions. On a été forcé de multiplier le nombre de ses lieutenans & des différens officiers de sa jurisdiction ; & ces charges ayant été rendues vénales, comme toutes les autres, le prevôt n'a conservé la disposition d'aucune. Cependant il demeura au Châtelet jusqu'à l'an 1454, qu'il lui fut permis de se loger où il jugeroit à propos ; & on lui assigna sur le domaine de la ville cent francs par an, pour son logement. Mais si le prevôt n'y loge plus, au moins la jurisdiction y tient-elle toujours ses séances. Lorsque le roi Henri II créa des présidiaux pour tout le royaume, il en établit un à Paris, & il fut réuni à la justice du Châtelet. Mais le prevôt de cette ville n'a rien de commun avec le présidial ; & les jugemens présidiaux ne sont point intitulés de son nom, comme tous les autres actes de la justice du Châtelet.

L'exercice de la jurisdiction civile & criminelle a entraîné la nécessité d'établir des prisons dans le Châtelet même ; & toutes les fois qu'on a été obligé d'y faire des réparations, on s'est particulièrement occupé du soin d'y mettre en sûreté un grand nombre de prisonniers. Les plus grandes réparations qui aient été faites au Châtelet, furent commencées en 1460, & ne furent finies qu'en 1506. Pendant qu'on y travailla, le prevôt de Paris &

sa jurisdiction tinrent leurs séances au Louvre. Cent cinquante ans après, il fallut y travailler encore, & depuis 1657 jusqu'en 1660, le grand Châtelet tint ses séances aux grands augustins. En 1662, Louis XIV résolut de faire faire de grandes améliorations & augmentations à ce bâtiment. Cependant on n'y travailla qu'en 1684. Mais enfin on en vint à bout au moyen de la destruction de l'ancienne église de saint-Leufroy, & de l'acquisition de quelques maisons voisines. On éleva à leur place un bâtiment d'architecture assez moderne, mais assorti à l'usage que l'on vouloit en faire. Le premier étage est en salles d'audience & de travail pour les magistrats; le haut, en dépôts de papiers pour les greffiers, & destiné à différens officiers subalternes; le bas est toujours pour les prisons. On a tiré, dans le même goût, tout le parti possible des vieux bâtimens qu'on ne pouvoit pas détruire.

Les principales salles que l'on trouve aujourd'hui dans le Châtelet, sont le *parc civil*, qui est la grand-chambre d'audience, présidée par le prevôt de Paris, quand il le juge à propos, & habituellement par le lieutenant civil, qui prononce toujours, d'après l'avis des conseillers; la chambre du conseil, où se traitent les affaires de rapport, & où la compagnie s'assemble quelquefois tout entière pour celles qui lui font communes ; l'audience présidiale, tenue ordinairement par un des lieutenans particuliers du Châtelet, qui exercent les charges de présidens; les chambres de l'audience & du conseil de la police, dans lesquelles le lieutenant-général de police, dont la charge n'a été instituée que sous le règne de Louis XIV, juge, à la charge de l'appel au parlement, en qualité de second lieutenant du Châtelet : mais d'ailleurs ce magistrat a des fonctions plus importantes, qu'il remplit en vertu de commissions particulières ou d'ordres émanés du roi même, & dont il ne rend compte qu'à sa majesté ou à ses ministres ; enfin la chambre du conseil & celle de l'audience criminelle, à laquelle préside le lieutenant criminel, qui est le troisieme lieutenant du Châtelet. Il ne juge jamais qu'à la charge de l'appel, excepté dans les cas présidiaux & dans les cas prevôtaux. Alors c'est sur le rapport des procédures commencées par différens prevôts de robe-courte, tels que le lieutenant criminel de robe-courte, le prevôt de l'Isle-de-France, & le chevalier du guet.

Le parquet du Châtelet est composé de trois avocats du roi & d'un procureur du roi. Celui-ci a d'ailleurs une chambre particuliere, où il juge en premiere instance les affaires des communautés d'arts & métiers, qui font sous la police particulière. Au-dessous des grands juges du Châtelet, on en a établi un plus petit, que l'on nomme *juge auditeur*, qui décide de très minces affaires, dans lesquelles il ne s'agit pas plus de cinquante francs au principal. Cette jurisdiction est fondée sur cette maxime du droit romain, *de minimis non curat prætor : le préteur ne se mêle point des bagatelles*. Enfin les clercs du Châtelet ont eu, à l'imitation de ceux du parlement, une basoche. Mais elle est tombée bien plus promptement que l'autre, ayant bien moins de titres pour subsister.

On compte au Châtelet plus de cinquante conseillers ; & cette augmentation de charges a son origine dans le doublement que l'on voulut faire, sous le règne de Louis XIV, du Châtelet en deux tribunaux, qu'on appella *l'ancien* & *le nouveau Châtelet*, & qui devoient partager la jurisdiction de Paris. Il y eut alors, pendant quelques années, deux lieutenans civils, deux lieutenans criminels, deux lieutenans particuliers & deux procureurs du roi, mais un seul lieutenant de police. Cet arrangement assez mal imaginé, ne dura que peu d'années. Mais les charges doubles ont subsisté, à l'exception du lieutenant civil, du lieutenant criminel & du procureur du roi.

Les officiers de juſtice du châtelet, indépendamment des lieutenans, des conſeillers, & d'un grand nombre de greffiers, ſont quarante-huit commiſſaires, qui ſont employés pour appoſer les ſcellés, tant après décès, qu'en cas de banqueroutes & de décret. Ils font les premières procédures criminelles & les enquêtes ordonnées dans des cauſes purement civiles, & ils veillent au maintien de la police, chacun dans le quartier où il réſide. Mais quant à ces dernières fonctions, ils les partagent à préſent avec un nombre d'officiers de robe-courte de nouvelle inſtitution, dont les uns s'appellent *inſpecteurs de police*, & les autres *exempts*, parce qu'ils ſont attachés à différentes compagnies chargées de la garde & de la ſûreté de Paris.

Quoique les notaires n'aient rang au châtelet qu'après les commiſſaires, cependant leurs charges ſont infiniment plus conſidérables & plus chères. Ils ſont au nombre de cent treize. Leurs actes, pour être rendus exécutoires, ſont mis en groſſe ſur du parchemin, & intitulés du nom du prévôt de Paris.

Il y a cent vingt-huit huiſſiers commiſſaires priſeurs du châtelet, qui peuvent ſeuls faire les eſtimations & ventes publiques de biens meubles; vingt huiſſiers audienciers;

un grand nombre d'huissiers à cheval qui peuvent exploiter par tout le royaume, & des huissiers à verges, dont les fonctions se bornent au ressort du Châtelet; enfin deux cent trente-six procureurs, qui tous trouvent moyen de vivre, & dont plusieurs sont fort à leur aise. Ces différens genres d'officiers forment des communautés particulières qui ont leurs chambres d'assemblée au châtelet.

En 1320, le parlement fit un exemple terrible d'un prévôt de Paris qui s'étoit laissé corrompre, pour substituer un innocent à la place d'un coupable convaincu d'un crime capital. Celui qui avoit échappé au supplice ayant eu l'imprudence de se montrer, & ayant été repris, donna lieu à l'éclaircissement du fait; & le prévôt, nommé *Henri Capperel*, fut pendu à la même place ou il avoit fait périr l'innocent. On lui avoit mis cette inscription, *incidit in foveam quam fecit*: il est tombé dans la fosse qu'il avoit creusée lui-même.

Ce que l'on appelle la rue & le *quai de Gêvres*, s'étend le long de la rivière depuis le bout de la rue saint-Martin jusqu'à la porte du grand châtelet. La construction de ce quai ne remonte pas plus haut que le dix-septième siècle, puisque ce n'est qu'en 1641 que le roi Louis XIII permit au marquis de Gêvres, depuis duc, de le faire arranger, d'y faire bâtir des maisons, & de les louer à son profit. Le marquis transporta son droit à différens particuliers; & ce plan fut exécuté. Ce quai communique du pont Notre-dame au pont au Change par une galerie garnie de boutiques des deux côtés, & pratiquée dans le rez-de-chaussée des maisons qui la couvrent dans toute sa longueur, & qui forment la rue de Gêvres. Mais on va incessamment abattre ces maisons, pour embellir ce quartier, & pour donner à l'air plus de salubrité.

A l'un des bouts de cette rue de Gêvres, près de la porte du grand Châtelet, on entre dans le quartier *sainte-Opportune*, qui est borné à l'orient par la rue saint-Denis; au midi, par la rivière; à l'occident, par les rues de la Monnoie & du Roule, & au nord, par une partie de la rue saint-Honoré & par celle de la Féronerie.

Le quai qui s'étend le long de la rivière, & que l'on appelle communément *quai de la Féraille*, est nommé dans les titres *quai de la Mégisserie*. Ce nom lui vient de ce qu'autrefois on y préparoit des peaux sur le bord de la Seine. Mais on a écarté, avec raison, ces sortes d'ouvriers du centre de la ville. Ce quai s'est étendu à mesure que Paris a reçu ses aggrandissemens. Dès le quatorzième siècle, on en avoit élevé un du côté du châtelet, jusqu'au lieu que l'on appelle aujourd'hui *l'abreuvoir-Pépin*, & on l'appelloit *quai de la Sonnerie*. Insensiblement on le poussa jusqu'à l'arche-Marion, & enfin jusqu'au port au Foin, qui fait aujourd'hui la place des trois Maries, au bout du pont Neuf. Le milieu de ce quai s'est long-temps appellé la *vallée de misère* ou *la poulaillerie*, parce que c'étoit là que se tenoit le marché de la volaille & du gibier, soit en poil, soit en plume. Depuis que ce marché a été transporté de l'autre côté de la rivière, sur le quai des Augustins, on tient sur celui de la Féraille deux fois la semaine un autre marché d'arbrisseaux, de fleurs, & d'oignons de fleurs.

Il y a quelques années qu'on voyoit sur ce quai de la Féraille, un côté du *Fort-l'Evêqué*, dont la porte d'entrée étoit dans la rue saint-Germain l'Auxerrois, & qui est à présent détruit. Ce triste séjour, qui étoit une prison très-serrée & très-mal-saine, ne devoit point s'écrire *le fort-l'évêque*, n'ayant jamais été forteresse, mais *four* ou *for l'évêque*, parce que très-anciennement c'avoit été un four banal, dépendant de l'évêque de Paris, à cause de saint-Germain l'Auxerroi. L'évêque y établit ensuite le tribunal de sa justice, du côté septentrional de la ville; & il y tenoit un bailli ou prévôt qui jugeoit en son nom, comme le prévôt de Paris au châtelet, que l'on appelloit quelquefois *for-le-roi*. En 1652, Jean-François de *Gondy*, premier archevêque de Paris, fit rebâtir en entier le for-l'évêque pour sa justice épiscopale. Mais en 1674, le roi ayant réuni toutes les justices de Paris au châtelet, le for-l'évêque n'ayant plus le même objet, l'archevêque l'abandonna au roi. Depuis plus de cent ans, il servoit à renfermer des prisonniers, la plûpart pour dettes : ils sont à présent dans l'hôtel de la Force, quartier saint-Antoine.

Dans la rue des Orfèvres, qui aboutit à celle de saint-Germain l'Auxerrois, est le *grenier à sel*, ou dépôt du sel qui se distribue dans Paris. Il étoit d'abord placé derrière le châtelet dans une petite rue qui a retenu le nom de rue de la *Sonnerie*. On le rapprocha ensuite dans la rue saint-Germain-l'Auxerrois. Enfin, en 1698, on l'établit en cet endroit, dans une grande maison achetée de l'abbaye de Joyenval, unie à l'évêché de Chartres. C'est-là que tient ses séances la petite jurisdiction du grenier à sel, composée de deux présidens, de quelques conseillers, d'un procureur, d'un avocat du roi, inspecteurs, greffiers & huissiers. Les appels de leurs jugemens ressortissent à la cour des aides.

Au bout de cette même rue des Orfèvres, est la chapelle *saint Eloi*, qui appartient aux orfèvres mêmes. C'est un hôpital fondé, dès le treizième siècle, par les orfèvres déjà riches, qui voulurent avoir un établissement à part, pour y prendre soin de leurs ouvriers malades. En 1403, ils obtinrent la permission d'y construire une chapelle & d'y faire dire la messe. Insensiblement, ils y formèrent un petit clergé, composé de cinq ou six ecclésiastiques, & firent l'acquisition de plusieurs maisons voisines, pour y loger de vieux maîtres infirmes, leurs femmes & leurs veuves. Les bénéfices sont à la nomination des gardes en charge du corps de l'orfévrerie, & doivent toujours être donnés à des ecclésiastiques fils de maîtres.

Les rues *Jean Lantier*, *Thibaut-aux-Dés* & *Bertin-Poiré*, dans le voisinage de cette chapelle, rapellent le nom de plusieurs anciennes familles bourgeoises de Paris.

Une autre petite rue se nomme *de l'abreuvoir-Popin* : le peuple dit mal à propos *Pépin*. Ce nom lui vient d'un fief situé dans Paris, & connu, dès le treizième

zième siècle, comme ayant appartenu à *Popin-du-Porche* qui vivoit en 1264. Le terrain de ce fief étoit en partie dans la ville, dans les rues saint-Germain-l'Auxerrois, Thibaut-aux-Dés & Bertin-Poiré, & en partie dans la campagne, mais dans un canton qui, depuis deux siècles, s'est bien peuplé, (car on a bâti dessus les rues de Richelieu, neuve des petits-Champs, Traversière & sainte-Anne.) Les descendans ou ayans cause de Popin-du-Porche existent encore, & jouissent de la propriété de leur fief, c'est-à-dire, des redevances & des droits de lods & ventes de toutes les maisons que l'on a bâties dessus ; revenu qui est à présent considérable. Les Popin sont comptés par *Corrozet*, auteur du seizième siècle, parmi les huit vingt-cinq seigneurs qui avoient, il y a deux cents ans, censive dans Paris.

L'*arche-Marion* prend son nom d'une fameuse baigneuse qui, au seizième siècle, dirigeoit les étuves ou bains des femmes, qui étoient dans cet endroit, dont il étoit sévèrement défendu aux hommes d'approcher. Il y a là auprès deux culs-de-sac qui portent le nom de *Baudoin-prend-gage*, & de *Rollin-prend-gage*, parce que deux fameux usuriers qui portoient ces noms, y étoient établis au quatorzième siècle.

Tome XLII. I

Il n'y a pas long-temps qu'il y avoit dans ce quartier l'hôtel de la fabrication de la monnoie, qui, comme je l'ai dit ailleurs, a été transporté sur le quai de Conti. Il n'en reste que le nom de *rue de la Monnoie*, qui aboutit au pont Neuf. Le mauvais état des bâtimens destinés à cette fabrique, a forcé à les détruire; & l'on a percé à leur place d'assez belles rues, dont les maisons, dans un quartier aussi commerçant, ne peuvent manquer d'être bien louées.

Il ne sera pas inutile de dire ici que ces bâtimens de la monnoie étoient si vieux, qu'il y en avoit dont on jugeoit la construction du temps de saint-Louis ou de Philippe le *Hardi*. Au quatorzième siècle, la rue de la Monnoie s'appelloit *rue du Cerf*. Mais avant le quinzième, elle prit le nom de rue de la Monnoie, ci-devant rue du Cerf. Il y avoit déjà alors une fabrique de monnoie. On croit aussi qu'il en existoit plusieurs autres dans Paris. On en fabriquoit dans la rue de la vieille Monnoie, qui donne dans la rue des Lombards; dans la rue du Mouton, près de la Grève, & dans la tour de Nesle. Mais enfin la principale fabrique a été dans la rue du Cerf pendant quatre à cinq cents ans.

La rue des *Bourdonnois* tire son nom

de deux frères nommés *Bourdon*, qui y demeuroient dès le temps de saint-Louis. Il y a dans cette rue une grande & ancienne maison qui porte pour enseigne la couronne d'or, & qui est occupée par des marchands de soie très-connus. On prétend que le roi Philippe *le Bel* l'habita. En 1363, Philippe de France, frère du roi Jean, l'acheta deux mille francs d'or. A la fin de ce quatorzième siècle, elle fut vendue au seigneur de la Trimouille, à qui elle servit long-temps d'hôtel. Elle passa ensuite au chancelier du Bourg, sous François I, & de celui-ci aux Pomponne de Bellièvre. Enfin ce n'est plus qu'une maison tout-à-fait bourgeoise, mais un beau magasin de marchandises. La rue de *la Fosse-aux-Chiens* & *la Place aux Chats*, qui n'en est pas bien éloignée, indiquent qu'il y avoit là autrefois une voirie, sur les bords des premiers fossés de la ville de Paris.

On a donné anciennement à une petite rue le nom de rue du *chevalier-du-Guet*, parce que ceux qui possédoient cette place importante pour la sûreté de Paris, y avoient, dès le quatorzième siècle, leur logement, qu'ils conservèrent jusqu'au dix-septième.

La rue *Court-Talon* s'appeloit autrement des *petits Souliers*, parce que les cordonniers y en exposoient de cette espèce, qui font partie de l'habillement des enfans.

Non loin de cette rue, on trouve l'église de *sainte-Opportune*, la seule paroissiale & collégiale de ce quartier. Elle doit sa fondation aux reliques de sa patrone, qui furent apportées, au neuvième siècle, par Hildebrand, évêque de Séez. Ce prélat fuyant la fureur des Barbares, fut reçu à Paris, & plaça la châsse de la sainte dans une chapelle appellée *Notre-Dame des Bois*, située hors de la ville, & au lieu même où est aujourd'hui l'église de sainte-Opportune. Comme cette sainte avoit été abbesse d'Almenêche en Normandie, on établit une abbaye de religieuses au lieu où furent déposées ses reliques. Mais, du temps de Louis *le Gros* & de Louis *le Jeune*, il y avoit déjà à leur place des prêtres séculiers, ou espèce de chanoines, possesseurs des prés & des terres qui s'étendoient du côté de Montmartre.

Cette église n'étoit alors desservie que par quatre chanoines qui faisoient alternativement les fonctions de curé ; car elle étoit déjà paroisse. Au commencement du treizième siècle, il fut décidé que ce seroit toujours le chefecier ou premier dignitaire, qui rempliroit ces fonctions. Dans le courant du même siècle, le chapitre fut doublé : des quatre prébendes on en fit huit, & les quatre chapellenies ou semi-prébendes furent portées au même nombre. Cependant le chapitre fut soumis en quelque manière à celui de saint Germain-l'Auxerrois, parce que la plus grande partie des terres qui lui appartenoient, étoient situées sur la censive de cet ancien chapitre, aujourd'hui réuni à celui de Notre-Dame. La collégiale de sainte Opportune est traitée de fille de M. l'archevêque. L'église actuelle n'est pas belle ; & sa construction paroît être des treizième & quatorzième siècles. La paroisse est d'une petite étendue, ne renfermant qu'une trentaine de maisons.

Tout auprès de sainte Opportune, est la rue de *la Féronerie*, où vous savez, madame, que le bon Henri IV, fut assassiné en 1610. Elle étoit alors fort étroite & toujours embarrassée de voitures, parce qu'elle conduisoit aux halles. En 1554, le roi Henri II avoit ordonné qu'elle fût élargie. Mais cet ordre ne fut exécuté qu'en 1671.

Cette même rue borne au midi le quartier *des Halles*, qui a pour limites à l'orient la rue saint-Denis ; au nord, la rue Mauconseil, & à l'occident, la rue

Comtesse-d'Artois & celle de la Tonnellerie.

Le premier objet remarquable qu'on trouve dans ce quartier, en y entrant du côté du midi, est l'église paroissiale des *Sts. Innocens*. Cette paroisse est un démembrement de celle de saint Germain-l'Auxerrois, fait dès le douzième siècle. Le territoire dans lequel elle est située, s'appelloit *le fief de Champeaux*, & dépendoit de l'évêché de Paris, aussi bien que le bourg de saint Germain l'Auxerrois. Le roi Louis *le Jeune* s'arrangea avec l'évêque & le doyen du chapitre pour les droits qu'ils avoient sur le territoire de Champeaux; & ce fut de concert entre eux tous que fut commencée cette église, qui resta long-temps sans être achevée, puisque la dédicace n'en fut faite qu'en 1445. Il paroît que les parties les plus anciennes de sa construction sont du temps de Philippe Auguste, & qu'il y en a d'autres du quatorzième & du quinzième siècle. Le fameux Nicolas *Flamel*, que j'ai nommé plus haut, eut part à ce bâtiment; & les connoisseurs croient que la plus grande partie est de son temps, c'est-à-dire, de la fin du quatorzième siècle. Dès le treizième, cette église avoit été déclarée paroissiale, & le chapitre de saint Germain-l'Auxerrois avoit cédé la nomination de la cure à celui de sainte Opportune, qui jouit encore de ce droit.

Quelques anciens titres appellent cette église *saint Innocent*, & d'autres *saints Innocens*. De-là il s'est élevé une question de savoir si elle avoit été dédiée aux saints Innocens martyrisés par Hérode, peu de temps après la naissance de Jésus-Christ, ou à un saint particulier. Mais il paroît que c'est aux premiers, auxquels Louis VII avoit une grande dévotion, & qu'il appelloit communément *les petits saints de Bethléem*. On y conserve, dit-on, dans le trésor un corps entier de l'un de ces enfans martyrs, & une jambe d'un autre.

Cependant, sous le règne de Philippe Auguste, on porta dans cette église le corps d'un nouveau saint Innocent, plus moderne que les premiers : c'étoit un jeune enfant de Pontoise nommé *Richard*, qui avoit été crucifié par les juifs. Ce crime fut une des causes pour lesquelles tous les juifs furent chassés du royaume, & leurs biens confisqués. Philippe Auguste en employa une partie à entourer de murs le cimetière des Innocens, dont je parlerai dans un moment. On assuroit cependant que le corps du petit saint Richard opéroit de grands miracles. On le fit transporter dans la nouvelle église des Innocens, & ses reliques y furent conservées & honorées, jusqu'à ce que les Anglais devinrent maîtres de Paris, sous le règne de Charles VI. Alors ces insulaires crurent que cette relique méritoit d'autant plus d'être transportée dans leur pays, qu'ils avoient eu plusieurs rois du nom de Richard. Ils emportèrent donc en Angleterre le corps du petit saint, & n'en laissèrent à Paris que la tête.

Il n'y a point d'église où se soit conservé aussi long-temps qu'aux saints Innocens, l'usage d'avoir des recluses, c'est-à-dire, des femmes qui habitoient de petites loges d'où elles ne sortoient pas, & qui assistoient toute la journée aux messes & aux offices. On en connoît quatre qui y vécurent ainsi pendant le cours du quinzième siècle. La première s'appelloit *Jeanne la Vaudrière*, la seconde, *Jeanne Pannoncelle*, la troisième, *Alix la Bourgotte*, dont le roi Louis XI faisoit une estime particulière: il lui fit élever un tombeau & une statue en cuivre, que l'on voit encore dans l'église. Ces trois premières étoient probablement de bonnes filles dévotes. Mais la quatrième, nommée *Renée de Vendomois*, étoit une vraie pénitente. Elle avoit été surprise en adultère par son mari, & l'avoit tué. Le roi Louis XII lui fit grace, à condition qu'elle se feroit recluse aux Innocens.

On voit à l'entrée de l'église un bas-relief assez remarquable, représentant trois chevaliers armés de toutes pièces, & trois corps morts auprès d'eux. L'inscription en vieux vers français, qui est au pied du bas-relief, apprend que c'est Jean, duc de Berri, fils du roi Jean, & frère du roi Charles V, qui fit élever ce monument en 1408, comptant se faire enterrer aux Innocens. Cependant quelques années après, il changea d'avis, & se fit préparer une autre sépulture dans la sainte chapelle de Bourges, dont il étoit fondateur. Son corps y fut transporté, quoiqu'il fût mort à Paris en 1416, âgé de 89 ans.

En 1474, le roi Louis XI donna à l'église des Innocens un fonds pour entretenir non-seulement six enfans de chœur, mais un maître de chapelle & une musique tout entière. Cette fondation étoit assurée sur le loyer de quelques maisons, qui suffisoit alors pour remplir parfaitement cet objet. Mais, dès le seizième siècle, tout étant renchéri, la réputation de la musique des Innocens étoit si fort tombée, que l'on disoit vulgairement dans Paris : *c'est la musique des Innocens, la plus grande pitié du monde.* La paroisse n'est pas fort étendue, & n'est composée que d'environ soixante-deux maisons.

Le *cimetière des Innocens* fut, dès son origine, destiné à servir pour enterrer les morts de tout le bourg de saint Germain & de toutes les paroisses qui en ont été démenbrées. Les évêques de Paris voulurent même que l'on y reçût ceux de quelques paroisses de la Cité. Comme les Innocens étoient tout-à-fait hors de l'enceinte de Paris, c'étoit se conformer à l'ancien usage de ne point enterrer les morts dans les villes. C'est ce qui engagea le roi Philippe Auguste, en 1186, à faire entourer de murailles ce cimetière. Par la suite, on y bâtit aussi quelques petites chapelles ou oratoires, dans la vue de faciliter les prières qui se faisoient pour les morts quand on les enterroit.

Vers l'an 1400, le maréchal de Boucicaut fit élever les charniers, ou du moins fit les frais d'une grande partie de cette construction. Ces charniers sont des galeries couvertes, qui tournent tout autour & en-dedans du cimetière. Il s'est établi depuis long-temps sous ces galeries, de petites boutiques de marchands de toute espèce, & dont la location rapporte un assez grand profit à la fabrique des Innocens, & à celle de saint Germain-l'Auxerrois, qui a de grands droits sur ce cimetière.

La sépulture de Nicolas *Flamel* & de *Pérenelle*, sa femme, est la plus curieuse & une des plus anciennes de celles que l'on voit sous ces charniers. Elle est sous une arcade, près de la porte qui donne dans la rue saint-Denis. Les peintures que l'on y remarque sont singulières. Elles semblent indiquer, par des figures allégoriques & hiéroglyphiques, la découverte que *Flamel* prétendoit avoir faite de la pierre philosophale, ou de l'art de faire de l'or. Ce qu'il y a de sûr, c'est qu'il avoit trouvé celui d'amasser de grandes richesses. Comme ce fut vers 1414 ou 1415 qu'il mourut, on croit qu'il contribua à achever l'ouvrage des charniers, entrepris par le maréchal de Boucicaut.

Au milieu du cimetière, est une tour octogone, d'un goût très-antique, & qui a donné lieu à plusieurs savantes dissertations. Il paroît qu'elle étoit là dès le temps de Philippe Auguste, & peut-être bien auparavant. On l'appelle *la Tour des Bois*; ce qui peut faire croire qu'elle étoit autrefois au milieu des forêts qui avoisinoient la partie septentrionale de Paris de ce côté-là. On croit que c'étoit une espèce de pièce avancée de la fortification de la première enceinte de Paris du côté du nord. Quoi qu'il en soit, le cimetière des Innocens a si long-temps servi à plusieurs grandes paroisses, qu'on y a enterré un nombre infini de personnes, dont quelques-unes étoient de grande considération, mais qui avoient voulu, par humilité, y être enterrées.

Plusieurs curieux ont formé des recueils très-volumineux des épitaphes qu'on lit, tant dans le cimetière même que sous les charniers. Je possède, dit un auteur moderne, un des plus complets de ces recueils. Il est intéressant à plusieurs titres; car 1°. il donne des éclaircissemens sur un grand nombre de familles de Paris: 2°. il y a parmi ces épitaphes des morceaux remarquables, soit par la beauté du style, soit par la naïveté & le ridicule des expressions. Les unes sont en latin, les autres en françois, en vers ou en prose : elles contiennent des anecdotes, ou curieuses, ou malignes. Je ne veux rapporter ici aucune de ces dernières. En voici une qui ne peut déplaire à personne. « Yolande Bailli, » veuve de Denis Capet, procureur au » Châtelet, mourut en 1514, âgée de » quatre-vingt-huit ans : elle vit, avant sa » mort, deux cent quatre-vingt-quinze » enfans issus d'elle. »

Si l'éloignement du cimetière des Innocens empêchoit autrefois que l'infection des cadavres ne nuisît aux habitans de Paris, il a produit de nos jours cet inconvénient, à cause de l'agrandissement de cette capitale. Aussi, malgré le respect dû à tant de sépultures, on a jugé à propos d'y en faire de nouvelles. On a assigné aux paroisses & hôpitaux qui y portoient leurs morts, des terrains bien plus éloignés du centre de la ville, pour en faire leurs cimetières. Mais les vivans poursuivent, pour ainsi dire, les morts jusques dans leurs derniers retranchemens; & nous verrons bientôt de beaux hôtels & de grandes rues s'établir autour des nouveaux cimetières. Quant à celui-ci, la partie des charniers, qui règne le long des rues Saint-Denis, de la Lingerie & aux Fers, devant être abattue, ainsi que les maisons qui y sont adossées, formera de ce lieu un très-vaste marché ouvert de trois côtés, rendra la circulation de l'air plus facile dans ce quartier, & dégagera les rues de la Féronnerie & Saint-Honoré de bien des embarras.

Attenant l'église des Innocens, au coin des rues Saint-Denis & aux Fers, on voit cette belle fontaine, un des monumens les plus réguliers & les plus admirables de Paris. Les ornemens passent pour des chef-d'œuvres de sculpture, de bas-reliefs & d'architecture. La Galathée sur-tout qui est sur la face principale, est regardée comme un morceau achevé. Ces ornemens sont du fameux Jean Gougeon, dessiné teur & sculpteur du seizième siècle, qui les a faits en 1550. Ils furent réparés en 1708. D'ailleurs la fontaine a été anciennement placée dans cet endroit, & y existoit dès le treizième siècle.

A quelques pas de cette fontaine, en suivant la rue Saint-Denis, on trouve un des bouts de la rue de *la Çossonnerie*; nom dont l'interprétation a été discutée entre les curieux des antiquités de Paris. Les uns prétendent que ce mot *Cossonnerie* équivaut à celui de *Poulaillerie*; d'autres, que c'étoit le lieu où s'assembloient les marchands de cochons. Il y en a plusieurs qui disent qu'il vient des cosses dans lesquelles sont renfermés les pois & les fèves. Les vieux historiens de Paris dissertent sérieusement sur de pareils objets; & leurs recherches profondes les conduisent à penser qu'on vendoit plutôt les cochons dans les rues *au Lard* & *Grognerie*.

Cette rue de la Cossonnerie est une de celles qui conduisent aux *Halles*, établissement très-intéressant pour Paris, & dont l'histoire est assez curieuse. Le roi *Louis-le-Gros* en jetta les premiers fondemens, en établissant un marché sur le territoire de Champeau, dont j'ai déjà parlé. Comme il dépendoit de plusieurs seigneurs, & particulièrement de l'évêque de Paris, le roi s'arrangea avec eux, & laissa au prélat le tiers des droits sur les denrées qui se débiteroient dans ces nouvelles halles. Les évêques & archevêques en jouirent pendant très-long-temps ; & ce ne fut qu'au dix-septième siècle qu'on abonna ce revenu, ainsi que le produit de l'exercice de la justice que le prélat avoit sur tout l'ancien territoire de Champeaux.

Philippe-Auguste ayant fait entourer de murs ce marché, y transporta une foire qui se tenoit tous les ans, pendant quinze jours, auprès de Saint-Ladre ou Saint-Lazare, à-peu-près où est aujourd'hui la foire Saint-Laurent ; & à cette occasion on bâtit de nouvelles halles, c'est-à-dire, des appentis couverts, où les marchands étoient à l'abri des injures du temps, aussi-bien que leurs marchandises. Insensiblement ces marchands s'accoutumèrent à y rester toute l'année, au lieu de n'y venir qu'en temps de foire. On imposa sur ce qu'ils vendirent des droits qui ne les dégoûtèrent pas, parce qu'ils étoient légers. La vente des comestibles avoit des jours fixés ; & l'on en fixa aussi d'autres pour la vente de certaines marchandises d'un autre genre.

Dans la suite, on multiplia les halles, pour qu'on pût vendre tous les jours. On en fit pour chaque espèce de marchandise, & l'on perça des rues auxquelles on donna les noms de ces différens objets de commerce. De là viennent ceux que portent encore aujourd'hui les rues des halles ; telles que celles de *la Lingerie*, de *la Toilerie*, de *la Corderie*, de *la Friperie*, de *la Poterie*, &c.

Aux treizième & quatorzième siècles, sous Saint Louis & ses successeurs, les murailles, dont les halles avoient été enfermées sous Philippe-Auguste, ne purent plus les contenir ; & l'on abattit toutes celles qui empêchoient que ce quartier ne fût agrandi. Dès le quatorzième siècle, on avoit fixé des cantons particuliers pour la vente de la marée & celle du poisson d'eau douce. Dès les premières années du quinzième, on établit une boucherie, que l'on appela *boucherie de Beauvais* : il en reste encore quelques étaux du côté de la rue Saint-Honoré.

Cependant l'agrandissement de Paris rendant encore le quartier des halles embarrassé, mal sain & incommode, on décida de faire de nouvelles constructions, & une nouvelle distribution des rues & de leur destination. Elle fut ordonnée par François I, & ne fut exécutée que sous son successeur Henri II. Depuis cette époque, les mêmes raisons ont engagé à faire de nouveaux arrangemens. Le meilleur est celui par lequel on a transporté la halle au blé, de ce quartier sur les ruines de l'ancien hôtel de Soiſſons. Je ne tarderai pas à en parler.

Le *pilori*, qui eſt au milieu des halles, tire ſon nom d'un vieux puits qui avoit appartenu à un particulier nommé *Lori* : auſſi les anciens titres l'appellent-ils *puteus Lori*. C'eſt une eſpèce de lieu patibulaire, dépendant de la juſtice royale, qui ne ſert point à des exécutions ſanglantes. On y expoſe ſeulement, en les notant d'infamie, des criminels du ſecond ordre, tels que les banqueroutiers frauduleux, certains fauſſaires, & les bigames, ou ceux qui ont épouſé deux femmes vivantes à la fois. Nous avons cependant dans l'hiſtoire quelques exemples que l'on a fait des exécutions aux halles. La plus fameuſe eſt celle de Jacques d'*Armagnac*, qui y eut la tête tranchée le 4 août 1477.

Un peu au-deſſus des halles, on trouve la grande & la petite rue de *la Truanderie*. Ce nom vient du mot *truand*, qui, en vieux françois, ſignifie *gueux*, *mendiant*. Auſſi s'appelle-t-elle en latin *via mendicatrix*.

Non loin de cette rue, eſt l'égliſe de *Saint-Jacques-de-l'Hôpital*, moins ancienne comme ſimple chapelle, que Saint-Euſtache comme paroiſſe. Les pélerins de Saint-Jacques en Galice avoient déjà leur confrérie, qui s'aſſembloit même aſſez souvent à Saint-Euſtache, mais qui n'y poſſédoit point de chapelle. Lorſque, vers 1320, ils voulurent faire élever celle-ci, ils éprouvèrent beaucoup de difficultés; & cet établiſſement n'eut lieu que par la protection du roi Philippe-de-Valois, qui autoriſa des quêtes dont le produit fut aſſez conſidérable. Dès-lors les confrères de Saint-Jacques y établirent un premier eccléſiaſtique, qui fut appelé *tréſorier*, & quatre chapelains qui par la ſuite ſe multiplièrent & ſe qualifièrent de chanoines. Il fut, dès ce temps-là, réglé que le tréſorier ſeroit à la nomination de l'évêque, & les chapelains à celle du tréſorier.

On voit que pluſieurs reines & princeſſes mirent à la fois la première pierre à l'édifice de l'égliſe qui ſubſiſte encore aujourd'hui, & qui fut finie en 1323. Ces reines étoient douairières des enfans du roi Philippe-*le-Bel*. Au commencement du quinzième ſiècle, les chanoines furent portés au nombre de douze. On y ajouta des chapelains, qui, à la fin du même ſiècle, furent ſupprimés, & auxquels on en ſubſtitua d'autres par la ſuite. On accorda au tréſorier de ce petit chapitre le droit d'exercer les fonctions curiales dans l'enceinte ou cloître de cet hôpital; car c'en étoit véritablement un, où l'on recevoit les pèlerins qui alloient à Saint-Jac-

SUITE DE L'ISLE-DE-FRANCE. 211
ques en Galice, ou qui en revenoient. Ceux qui mouroient dans cet hôpital, étoient inhumés dans l'église, ou dans un petit cimetière qui en dépendoit.

C'est une ancienne tradition adoptée par tous nos auteurs du seizième siècle, que S.-Jacques de l'Hôpital a été fondé par Charlemagne. Mais cette opinion est fausse & romanesque; car elle ne porte que sur la chronique de l'archevêque *Turpin*, qui suppose que cet empereur fit un ou plusieurs voyages à Saint-Jacques de Compostelle, & établit, à son retour, un hôpital pour les pélerins de ce lieu de dévotion. Cependant c'est sur ce prétexte, que l'église & le chapitre portent encore sur leur sceau, d'un côté la figure de Charlemagne, & de l'autre l'apôtre Saint Jacques. Ce qui contribua beaucoup à enrichir cet hôpital, c'est qu'au quatorzième siècle, le pape ayant attaché de grandes indulgences au pélerinage de Saint-Jacques en Galice, déclara que l'on gagneroit ces indulgences sans y aller, en donnant à l'hôpital Saint-Jacques les sommes qu'on auroit pu dépenser en y allant; ce qui fit bâtir très-promptement l'église & les salles nécessaires pour les pélerins. Au quinzième siècle, deux autres confreries de pélerins, de Saint-Claude en Franche-Comté & de Saint Nicolas en Lorraine, se joignirent à celle Saint-Jacques, & groſſirent encore les fonds de cet hôpital.

En 1652, on y fit de grandes réparations. Mais l'égliſe reſta telle qu'elle étoit, c'eſt-à-dire, d'une très-médiocre ſtructure, tant à l'extérieur que pour l'intérieur. Dans le courant de ce même dix-ſeptième ſiècle, l'hôpital de Saint-Jacques fut uni à l'ordre de Saint-Lazare. Il lui fut enſuite ôté, & rendu à la confrérie des pélerins qui ſe trouva ſubſiſter encore. Pendant la minorité de Louis XV & la régence du duc d'Orléans, il fut de nouveau remis à l'ordre, qui s'arrangea avec les ſucceſſeurs des pélerins. Depuis cette époque, ces biens lui ont été encore ôtés, & mis en ſequeſtre; & il paroît actuellement que la deſtruction de cet hôpital eſt abſolument décidée.

La rue *Comtesse d'Artois*, qui n'en eſt pas bien éloignée, s'appelle ainſi de Marguerite, comteſſe d'Artois & de Flandres, qui avoit dans cet endroit un hôtel qu'on nommoit *hôtel d'Artois*. Elle en avoit, dans le quartier Saint-Euſtache, un autre, qui portoit le nom d'*hôtel de Flandres*. Philippe-le-Hardi, fils du roi Jean, & premier duc de Bourgogne, ayant épouſé cette princeſſe, choiſit, pour ſon habitation, l'hôtel d'Artois, qui devint ainſi l'hôtel de Bourgogne, dont je parlerai ailleurs.

C'est tout auprès de cette rue que commence le quartier *Saint-Eustache*, borné au midi par la rue Saint-Honoré ; à l'occident & au nord, par la place des Victoires & les rues qui l'avoisinent. La paroisse qui lui a donné son nom est une des plus étendues & des plus peuplées de Paris, renfermant plusieurs quartiers, où elle a des succursales ; mais elle n'est pas de la plus haute antiquité. Au commencement du treizième siècle, ce n'étoit qu'une petite chapelle dédiée à *Sainte-Agnès*. On prétend qu'elle avoit été fondée par un financier du temps de Philippe Auguste, nommé *Jean d'Alais*, qui s'étant fait scrupule d'avoir été l'auteur d'un impôt sur le poisson, dont sans doute il s'étoit rendu le fermier, & qui lui avoit rapporté beaucoup d'argent, fit bâtir une chapelle pour racheter ce péché. Il voulut même, dit-on, par humilité, n'être enterré ni dans l'église, ni dans le cimetière, mais comme un malheureux publicain, au fond d'un égoût couvert d'une pierre que l'on voyoit encore, il n'y a pas long-temps, dans la rue Montmartre, près de Saint Eustache, & que l'on appeloit le *Pont-Alais*.

Peu de temps après la construction de la chapelle de Sainte-Agnès, on en fit une succursale de l'église de Saint-Germain-l'Auxerrois. Dans le courant de ce même siècle, cette église changea de nom, & s'appela *Saint Eustaché*, sans qu'on sache si ce nom lui vient ou de Saint Eustache, dont les reliques furent apportées de Rome à Saint Denis au douzième siècle, ou de Saint Eustase, abbé de Luxeuil. Quoi qu'il en soit, elle fut érigée en cure, en 1264, & la nomination du curé attribuée alternativement à l'évêque & au doyen de Saint Germain-l'Auxerrois. Mais Ste-Agnès est toujours regardée comme la première patrone de cette paroisse, & l'on y chomme sa fête.

L'église actuelle ne fut commencée qu'au seizième siècle. La première pierre de la nef fut posée en 1532. Successivement on éleva & l'on bénit diverses chapelles jusqu'en 1550. L'architecture n'en est pas trop gothique : elle est hardie, sans être élégante. Les voûtes & les pilastres sont très-exhaussés & chargés de moulures, mais de mauvais goût. Ce ne fut qu'en 1624 que l'on commença à travailler au chœur, qui fut achevé en moins de vingt ans, en grande partie par les libéralités du chancelier *Seguier*, & de *Bullion*, surintendant des finances. Le portail fut projetté dès le temps de *Colbert*, qui donna même pour cet effet, en 1688, une somme de vingt mille liv. Mais comme elle n'étoit pas suffisante, on la mit en dépôt dans le trésor de la fabrique, & on la fit valoir ; de sorte que quatre-vingts ans après, elle se trouva quadruplée par le produit des intérêts, & portée à cent onze mille livres. On commença le portail, qu'on fut obligé, au bout de quelques années, d'interrompre. Enfin on le reprit en 1772 ; mais il n'est pas encore achevé.

On a aussi projeté de faire devant cette église une place, aux dépens de quelques maisons des rues du Jour & Coquillière. Elle n'est point encore exécutée. On a seulement arrangé au coin des rues du Jour & Trainée, quelques maisons pour le curé & les prêtres de la communauté de la paroisse. L'extrémité ou fond de cette église s'étend jusqu'à la rue Montmartre. Des deux portes collatérales, l'une conduit dans la même rue Montmartre par un passage, & l'autre donne vis-à-vis la rue des *Prouvaires*. Cette dernière rue s'appelloit ainsi dès le treizième siècle : dans l'ancien françois le mot *prouvaire* vouloit dire *prêtre*.

Au reste, c'est dans l'église saint-Eustache que faisoient leurs dévotions ces fameux confrères de la passion, qui exécutoient des représentations morales & dévotes, que l'on appeloit *mystères*, & qui ont donné naissance à nos tragédies & à toutes nos pièces de théâtre. Les confrères s'étoient établis sur les ruines de l'hôtel de Bourgogne, qui étoit effectivement situé en partie sur cette paroisse, mais dans le quartier saint-Denis.

La rue *du Jour*, qui est vis-à-vis le portail de cette église, doit s'appeler rue *du Séjour*. Le roi Charles VI y avoit ce que l'on appeloit anciennement un *séjour*, c'est-à-dire, une petite maison où il logeoit ses écuyers, peut-être ses veneurs & ses chevaux de chasse & de relais. Avant que ce *séjour* fut bâti, cette rue s'appeloit, comme on le voit dans les anciens titres, *Raoul la Rissole*, sans doute du nom d'un particulier.

Le nom de la rue *du Four*, à laquelle aboutit la précédente, indique que l'évêque de Paris avoit autrefois dans cet endroit un four banal, ou un tribunal de sa justice. Pour le distinguer des autres, on l'appeloit *Four* ou *For de la couture-l'évêque*. Cette couture ou culture étoit un fief de l'évêché, mais fief de campagne, hors de l'enceinte de la ville.

Tout auprès de cette rue, est la *halle au blé*, édifice très-moderne, & actuellement le plus intéressant de tout ce quartier. Le terrain qu'il occupe, s'appeloit, au seizième siècle, l'*hôtel de la Reine*. Il a été connu depuis sous le nom d'*hôtel*

SUITE DE L'ISLE-DE-FRANCE. 217
de *Soissons* : en voici l'histoire en peu de mots.

Au treizième siècle, cet hôtel appartenoit au seigneur de *Nesle*, & en portoit le nom. Saint Louis & la reine Blanche l'achetèrent, en 1232, des sires de Nesle d'alors. Il resta entre les mains de nos rois jusqu'à ce que Philippe de Valois le donna à Jean de Luxembourg, roi de Bohême, père de Bonne de Luxembourg, femme du roi Jean. Depuis ce moment, on l'appela *hôtel de Bohême*, ou *de Behaigne*, comme on disoit dans ce temps-là. Cependant il passa aux ducs d'Orléans, descendans du roi Jean & de la reine Bonne. Ces princes le partagèrent, pour ainsi dire, avec une communauté de filles pénitentes, qu'ils eurent la charité d'y établir. Catherine de Médicis se trouvant maîtresse de l'hôtel d'Orléans, voulut l'occuper tout entier, & envoya ces bonnes filles à saint-Magloire, rue saint-Denis, où elles sont encore. C'est alors que ce lieu prit le nom d'*hôtel de la reine*.

Il n'en reste plus d'autres vestiges qu'une certaine colonne d'une forme assez singulière, au haut de laquelle on monte par un escalier en ligne spirale. On prétend que c'est là que Catherine de Médicis faisoit ses observations astronomiques & même astrologiques, avec le savant *Luc Gauric*,

Tome XLII. K

qui prenoit hardiment la qualité de son premier astrologue. Après Catherine de Médicis, cet hôtel fut occupé par différentes princesses, & enfin vendu à Charles de Bourbon, comte de Soissons. La branche de Savoie-Carignan ayant hérité des biens de la maison de Bourbon-Soissons, devint propriétaire de cet hôtel, qui conserva toujours le même nom. Il y a environ quarante ans qu'il étoit fameux par la liberté qu'on avoit accordée d'y jouer des jeux défendus.

En 1755, les créanciers du feu prince de Carignan ayant été mis en possession de cet hôtel, le firent démolir, & en vendirent les matériaux & le terrain à la ville de Paris, qui y a établi la halle au blé; ouvrage dont l'architecture est aussi digne de l'admiration des étrangers, que l'objet en est intéressant pour les citoyens de la capitale. Tout autour de cette halle, on a percé plusieurs rues qui portent le nom des magistrats du premier & du second ordre, qui ont présidé à cette construction, & dont la mémoire doit être éternisée par ce monument.

A l'une de ces rues, touche, par un bout, la rue Plâtrière. Les hôtels & les grandes maisons que l'on y remarque, communiquent avec l'ancienne rue Coqhéron. Le premier que l'on y trouve est l'hôtel de

Bullion, bâti, il y a cent cinquante ans par le surintendant des finances de ce nom. Il passoit alors pour très-magnifique : aujourd'hui il est si abandonné, que les vastes salles qu'il contient, ne servent plus qu'à faire des ventes publiques.

L'autre hôtel, & le plus beau de tous, est celui où est actuellement la poste aux lettres. Il a été bâti sur les ruines d'un hôtel de Flandres, qui appartenoit, dès la fin du treizième siècle, aux comtes de ce nom. Le roi Charles VII le donna, en 1487, à Guillaume de la Tremouille. Sous le règne de Henri III, il fut possédé par Jean de Nogaret, premier duc d'Epernon, & favori de ce monarque. Au dix-septième siècle, il passa à un riche contrôleur des finances, nommé *Hervard*. Dans le siècle présent, il a appartenu au garde des sceaux d'Armenonville, & au comte de Morville, son fils, dont les héritiers l'ont vendu à l'administration générale des postes.

La communauté des *filles de sainte Agnès*, dont l'entrée est dans cette même rue Plâtrière, n'a pas plus de cent ans d'ancienneté. Les sœurs de cette maison sont sous la direction du curé de saint-Eustache. Elles ne vivent que du profit qu'elles peuvent faire sur leurs pensionnaires. D'ailleurs elles s'occupent à instruire des petites filles, tant dans la religion, qu'à toutes fortes d'ouvrages propres à leur faire gagner leur vie.

Avant d'arriver à une des extrémités de cette rue, on trouve la rue Verderet, au bout de laquelle on entre dans celle de *la Jussienne*, ainsi nommée de la *chapelle de sainte-Marie-Egyptienne*, dite vulgairement *la Jussienne*, qui est située au coin de cette rue & de celle de Montmartre. On croit généralement que cette chapelle est un reste de l'ancien établissement des augustins. Mais il paroît qu'avant même que ces religieux y vinssent, il y avoit eu une chapelle, auprès de laquelle habitoit une *recluse* ou *hermitesse*, qui s'étoit fait appeler l'*Egyptienne*, parce qu'elle faisoit pénitence de ses péchés dans cette retraite, comme sainte-Marie-Egyptienne avoit pleuré les siens dans les déserts de la Thébaïde. D'ailleurs cette Egyptienne de la rue Montmartre n'étoit point du tout d'Egypte: on sait qu'elle étoit née à Blois. Les augustins peuvent s'être servis de cette chapelle, lorsqu'ils vinrent dans ce quartier vers 1260. Mais lorsqu'ils se retirèrent, elle reprit son ancienne destination.

Il paroît que le corps des marchands drapiers a eu quelques droits sur cette chapelle, & que sa confrérie y a été établie. Il y a divers deux autels en titre de bénéfices, dont les chapelains sont obligés de dire ou de faire acquitter un certain nombre de messes. La vie de sainte Marie-Egyptienne est peinte sur les vitrages, & les deux autels sont dédiés, l'un à saint-Christophe, l'autre à saint-Nicolas.

Vers le milieu de la rue des vieux augustins, parallèle à celle de la Jussienne, est la rue *du Petit Reposoir*, qui, au seizième siècle, portoit un vilain nom. Elle s'appeloit *la rue Breneuse*, & la continuation, passé la rue des Fossés-Montmartre, *rue vuide-Gousset*, parce qu'on couroit risque d'y être détroussé par les filous, attendu qu'elle étoit petite & étroite. A présent, elle est très-large, mais toujours fort courte.

Cette rue du Petit-Reposoir conduit à la *place des Victoires*, construite, en 1635, par les ordres du duc de la Feuillade, en l'honneur de Louis XIV, sur les ruines de plusieurs beaux hôtels, entr'autres de celui de la Ferté Senneterre, & de celui de la maison d'Emery, qui de financier étoit devenu surintendant des finances. Quelqu'ardeur qu'on mit à finir cette place, elle ne fut achevée qu'en 1691. L'inauguration en fut faite avec un faste surprenant, mais assorti au dessein & à la magnificence de la statue pédestre de Louis XIV, que l'on y voit encore. Le monarque y est couronné par la victoire; ce qui a fait donner à cette place le nom qu'elle porte. D'ailleurs les inscriptions qu'on lit sur le piédestal, les esclaves enchaînés, tout annonce que ce monument est fait pour célébrer les victoires du plus grand roi qu'ait eu la France. Du reste la place est petite. L'architecture qui décore les maisons est belle, mais bien loin d'être aussi imposante que celle de la place Vendôme, dont je parlerai ailleurs.

En face de la rue des Fossés-Montmartre, derrière la statue de Louis XIV, au bout d'une petite rue qui s'appelle encore *de la Vrillière*, est l'*hôtel de Toulouse*, appartenant à M. le duc de Penthièvre. Le bâtiment est beau, & l'intérieur renferme des tableaux & autres objets dignes de la curiosité des étrangers. Cet hôtel fut bâti en 1620, par Raymond-Phelippeaux de la Vrillière, secrétaire d'état, & successivement embelli par les descendans de celui-ci, qui ont possédé la même charge jusqu'à nos jours. Cependant, en 1705, la Vrillière le vendit à un maître des requêtes, nommé *Rouillé*, fils d'un fermier-général des postes, & de qui le comté de Toulouse, second des fils légitimés de Louis XIV, l'acheta, en 1713.

A la place des Victoires aboutissent deux rues, dont l'une très-longue, & commençant près de la place Vendôme, s'appelle *rue Neuve des Petits-Champs* : l'autre qui commence à la rue Saint-Honoré, & qui est toute entière dans le quartier Saint-Eustache, porte le nom de *Croix des Petits-Champs*. Ces noms indiquent qu'autrefois l'emplacement de ces rues fut un terrain cultivé. Mais c'étoit avant que l'enceinte de Paris fut étendue par delà ; ce qui n'eut lieu qu'au quinzième siècle.

Vers le milieu de cette dernière rue, on entre dans celle du Bouloy, où l'on voit des hôtels & de grandes maisons, qui communiquent avec la rue de Grenelle. Il y a eu autrefois un couvent de carmélites. Mais ces religieuses ne s'y établirent qu'au dix-septième siècle, & peu d'années après elles en sortirent.

Entre cette rue & celle de Grenelle, est *l'hôtel des fermes* du roi, autrefois celui du chancelier *Séguier*. L'académie françaife y tint ses séances depuis la mort du cardinal de Richelieu jusqu'en 1673, que Louis XIV voulut bien la loger au Louvre. C'est dans ce même hôtel que la reine Christine fit à l'académie l'honneur de venir la visiter, & lui donna son portrait, que l'on voit encore dans la salle actuelle des séances de cette compagnie. A la place des beaux esprits du siècle de Louis XIV, se sont établis les gros financiers du siècle de Louis XV. Les fermiers-généraux tiennent leurs assemblées dans l'ancien hôtel de Séguier, & y ont placé leurs bureaux. Ce qui formoit autrefois le jardin, a été arrangé commodément pour la douane.

Le dernier quartier qui se trouve tout entier dans l'intérieur de la partie septentrionale de Paris, & dont il me reste, madame, à vous parler, est le quartier *du Louvre* ou *de saint-Germain-l'Auxerrois*. Il s'étend depuis la rue Fromenteau, à l'occident, vis-à-vis le palais royal, jusqu'aux rues du Roule & de la Monnoie, à l'orient, entre les quais de l'Ecole & du Louvre, au midi, & la rue saint-Honoré, au nord.

En prenant cette dernière rue, du côté du Palais-Royal, on trouve d'abord à gauche *l'église collégiale de saint-Honoré*, & le cloître dont elle est environnée. La fondation n'en remonte qu'au commencement du treizième siècle. En 1203, *Renaud Cherei*, & Sibille, sa femme, firent bâtir en cet endroit, qui n'étoit qu'un champ à travers lequel passoit le chemin de Clichy, une chapelle, qu'ils dédièrent à saint Honoré, évêque d'Amiens. Ils y établirent un seul chapelain. Mais bientôt l'évêque de Paris laissa la liberté à ceux qui le voulurent d'y fonder des prébendes, dont ils pourroient jouir eux-mêmes pendant leur vie, & qui, après leur mort, seroient à la disposition du prélat. En 1257, le nombre de ces prébendes fut fixé à douze, dont six à la nomination d'évêques, & six à celle du chapitre de saint-Germain-l'Auxerrois.

En 1300, on bâtit la tour & le clocher qui subsistent encore, & l'on projetta d'agrandir l'église de saint-Honoré, qui est restée trop petite, non-seulement pour le chapitre, mais encore plus pour le peuple qui voudroit y assister à l'office. On y voit le tombeau du fondateur & de la fondatrice, & un mausolée élevé de nos jours au cardinal *Dubois*, que des circonstances singulières élevèrent à la place de premier ministre pendant la jeunesse du roi Louis XV. On conserve encore dans cette église quelques reliques de saint Honoré, mais non pas, à beaucoup près, le corps entier; car la plus grande partie est à Amiens.

Les prébendes du chapitre de saint-Honoré ont été pendant long-temps d'un très-petit revenu. On avoit même été forcé d'en réduire le nombre, parce qu'il n'y avoit de bâtimens aux environs de l'église, que ce qu'il en falloit pour loger les chanoines, & que les rues voisines n'étoient point encore construites. Mais le voisinage du Louvre y ayant attiré du monde, insensiblement on a bâti des maisons sur la censive de ce

K 5

chapitre. Les chanoines ont même tiré parti des maisons de leur cloître, & leurs revenus font augmentés au point que ce font aujourd'hui d'assez bons bénéfices.

Au quinzième siècle, *Geoffroi Cœur*, fils du fameux Jacques Cœur, s'avisa de doter & de fonder des bourses dans un petit collége joint au chapitre saint-Honoré. Il y établit jusqu'à treize boursiers, & fit bâtir pour ce collége une petite chapelle, dans laquelle il est enterré. Le collége s'appela *des Bons-Enfans*, & la chapelle fut dédiée à *saint Clair*. Cet établissement ne s'est pas soutenu. Le collége, hors de l'université, est tombé : le nom seul est resté à la rue dans laquelle il étoit situé. La chapelle subsiste dans le passage de la rue des Bons-Enfans à celle de saint-Honoré, & l'on y dit encore quelquefois la messe. L'église collégiale est paroisse pour le cloître ; & le chantre, qui est le chef du chapitre, y exerce lui-même, ou y fait exercer par quelque chanoine les fonctions curiales.

Non loin de cette église, mais de l'autre côté de la même rue, on voit celle des *Prêtres de l'Oratoire*, institués en 1612. Ce fut en 1621 que l'on posa la première pierre de cette église, qui fut achevée en 1630. Mais le portail ne fut construit que long-temps après, & fini en 1745. La maison s'appeloit l'*hôtel du Bouchage*, dont je dirai un mot tout-à-l'heure. Comme elle étoit assez vaste, les prêtres de l'Oratoire l'habitèrent pendant long-temps, en y faisant seulement des réparations. Mais enfin, elle a été, de nos jours, entièrement rebâtie. L'intérieur de l'eglise est d'une bonne architecture italienne. On y remarque le tombeau du cardinal *de Bérulle*, fondateur de cette congrégation, & mort, en 1629, en disant la messe. J'ai dit ailleurs qu'on lui avoit élevé deux autres monumens, l'un dans l'église de l'Institution, l'autre dans celle des carmelites du faubourg saint-Jacques. Ce qu'il y a de plus curieux dans cette maison de l'Oratoire, c'est la bibliothèque, qui, sans être bien nombreuse, contient une suite de bons livres, & même des manuscrits précieux.

L'ancien hôtel *du Bouchage*, avoit été possédé par Robert de France, comte de Clermont, tige de la maison de Bourbon. Une partie fut vendue au connétable de saint-Pol : le reste passa à la branche de Bourbon-Montpensier, fut acquise, à la fin du quinzième siècle, par le cardinal de Joyeuse, & prit alors le nom d'hôtel du Bouchage. La duchesse de Guise, héritière de la maison Joyeuse, la vendit au cardinal de Bérulle, qui y plaça ses disciples.

A côté de cet hôtel, il y en avoit un

autre ancien, bâti par les ordres de Philippe de France, fils de Philippe le Hardi, & chef de la maison d'Evreux. Il appartint à cette maison, tant qu'elle subsista, & après son extinction, à celle de Clèves. Catherine de Clèves, duchesse douairière de Guise, y demeura, & le fit passer à son fils le duc d'Aumale. Lorsqu'il fut démoli, il appartenoit au premier maréchal de Grammont.

On trouve, à peu de distance de là, un grand & vaste hôtel, qui a été autrefois appelé *hôtel d'Estrées*, & habité par la belle Gabrielle, maîtresse de Henri IV. C'est en y entrant, au mois de décembre 1694, que ce bon monarque fut blessé par Jean Chatel. Au dix-septième siècle, il fut vendu au maréchal de Schomberg, & en prit le nom. Le chancelier d'Aligre en fit ensuite l'acquisition, & lui donna le sien. Pendant long-temps, le grand conseil y a tenu ses séances.

La rue *des Poulies*, située au-dessous de l'Oratoire, tire son nom des *pouillaux*, espèce de petits arbres qui croissoient dans les champs, à travers lesquels cette rue étoit percée: elle étoit connue dès l'an 1204.

C'est dans cette rue, & dans la voisine, nommée *rue d'Autriche*, que le fameux Enguerrand de Marigny avoit fait bâtir un superbe hôtel, que l'on appeloit *hôtel de*

Longueville, parce que le comté de ce nom appartenoit à ce seigneur. Ses biens ayant été confisqués, passèrent à Charles de Valois, dont le fils monta, peu de temps après, sur le trône, sous le nom de Philippe de Valois. Ce monarque donna cet hôtel au comte d'Alençon, qui en possédoit déjà un à côté, bâti, en 1250, par Alphonse de France, comte de Poitiers, frère de saint Louis. Les deux hôtels ayant été réunis, furent distingués par les titres de grand & de petit hôtel d'Alençon.

En 1470, René, duc d'Alençon, vendit ces hôtels, pour être joints à celui de Bourbon, que l'on appeloit ordinairement *le Petit Bourbon*, & que les ducs de Bourbon avoient commencé à habiter, dès le temps de Philippe *le Bel*. Il fut fort augmenté sous le règne de Charles V, mais surtout à la fin du quinzième siècle & au commencement du seizième, jusqu'à la révolte du connétable de Bourbon. Alors il fut ordonné que son hôtel seroit démoli; ce qui fut exécuté en 1527. On n'en conserva qu'une grande salle ou galerie, dans laquelle on donna, sous Henri III, de grands ballets. En 1614 & 1615, les états-généraux du royaume s'y assemblèrent; ce sont les derniers qui aient été tenus. On y donna encore des fêtes lors du mariage de Louis XIII, & l'on y joua la comédie au commencement du règne de Louis XIV. *Molière* fut quelque temps à la tête de la troupe du petit Bourbon. Enfin cette salle fut démolie lors de la construction du Louvre.

Après la rue des Poulies, on trouve, toujours du même côté, d'abord la rue de l'Arbre-Sec, à l'entrée de laquelle est la croix du *Tiroir* ou *Trahoir*, & ensuite la rue du Roule. On croit qu'entre ces deux rues, territoire de saint-Germain l'Auxerrois, s'étendoit autrefois un fief nommé *le château Fétu*. L'étymologie la plus raisonnable du nom de croix du *Tiroir* ou *Trahoir*, c'est qu'il y avoit dans cet endroit des marchands d'étoffes ou de peaux, qui tiroient & étendoient leurs marchandises. L'opinion populaire la plus répandue, quoique mal fondée, est que ce fut là que la reine Brunehaut, mère de Clovis II., fut tirée à quatre chevaux, en 622. Mais les gens instruits savent que ce fut en 613 que Brunehaut fut mise à mort auprès de Châlons-sur-Saône, par ordre du roi Clotaire II. On fait souvent des exécutions devant cette croix, soit lorsque la place de Grève est embarrassée, soit lorsque ces exécutions se font par l'autorité de quelques commissions extraordinaires. Au pied de la croix du Trahoir est une belle fontaine, dont l'eau est tirée d'Arcueil, par conséquent de l'autre côté de la rivière.

Le nom de la rue du *Roule*, qui commence à l'extrémité orientale de la rue Saint-Honoré, vient de *roue, rouliers, roulage*, parce que c'étoit la plus grande route & la plus grande rue par laquelle les voitures roulantes puſſent entrer dans Paris de ce côté-là. Il ne paroît pas que ſon nom ait rien de commun avec le village du Roule, à préſent faubourg, dont je parlerai ailleurs. Cette rue, large & belle, comme elle eſt aujourd'hui, ne fut formée qu'en 1691. Elle a pour continuation celle de la Monnoie, & finit au bout de la rue *des Foſſés-ſaint-Germain-l'Auxerrois*, qui ſe prolonge juſqu'à la colonnade du Louvre, à côté de l'égliſe paroiſſiale de ce quartier.

Il ſembleroit que le nom de cette dernière rue indique qu'elle eſt bâtie ſur les anciens foſſés qui renfermoient l'égliſe & le faubourg de ſaint-Germain-l'Auxerrois. Mais cette enceinte s'étendoit plus loin; & il faut remonter plus haut pour trouver cette étymologie. Il eſt queſtion des foſſés ou tranchées que firent les Normands, lorſqu'ils aſſiégèrent Paris, au neuvième ſiècle.

On croit que l'égliſe de *ſaint-Germain-l'Auxerrois* eſt de la même ancienneté que celle de ſaint-Germain-des-Prés, & qu'elle a de même pour fondateur le roi Childebert & la reine Ultrogote. Suivant cette opinion, elle auroit été bâtie du vivant de faint Germain, évêque de Paris, & dédiée d'abord, comme celle de l'abbaye faint-Germain, à faint Vincent, ou à quelqu'autre faint. Cependant rien n'indique qu'elle ait porté d'autre nom que celui de faint-Germain. Il faut du moins qu'elle ait été bâtie en fon honneur par quelque roi de la première race, puifqu'on fait que faint Landry, évêque de Paris, y fut enterré.

Cette églife fut d'abord appelée *saint-Germain-le-Rond*, à caufe de fa première forme ; enfuite *saint-Germain-le-Neuf*, pour l'oppofer à faint-Germain-le-Vieux dans la Cité, & à l'abbaye faint-Germain ; enfin *saint-Germain-l'Auxerrois* ; ce qui a fait croire qu'elle étoit dédiée, non à faint Germain, évêque de Paris, mais à faint Germain, évêque d'Auxerre.. La grande queftion de favoir lequel de ces deux faints eft le patron de cette paroiffe royale, a été favamment difcutée. Mais je n'ai garde de répéter toute l'érudition qui a été étalée à ce fujet. Ce qu'il y a de fûr, c'eft que pendant long-temps on n'y a confervé aucune relique de l'un ni de l'autre faint Germain. Cependant, il femble que celui d'Auxerre l'a emporté, puifque le nom de faint Germain l'Auxerrois eft refté à cette églife.

Un titre de la fin du septième siècle marque que c'étoit alors une *Ba lique*, c'est-à-dire, une église considérable, & que le clergé qui la desservoit, avoit à sa tête un abbé, nommé *Landebert*. Mais ce nom d'*abbé* ne prouve point que saint-Germain-l'Auxerrois fût un monastère: ceux qui la desservoient étoient chanoines, dont le supérieur que l'on appelle aujourd'hui *doyen*, s'appeloit *abbé*.

Sous le règne de Charlemagne, cette église étoit la première de toutes celles de la partie septentrionale de la ville de Paris. Elle étoit soumise à l'évêque; & c'est comme patron & supérieur de cette église, que l'évêque de Paris avoit une mouvance aussi étendue sur le bourg qui se forma autour de saint Germain l'Auxerrois, & sur les campagnes des environs. Une charte de Louis *le Débonnaire* nous apprend que cette mouvance, qui commençoit à saint-Merry, s'étendoit si loin, qu'elle comprenoit *la grange Bataillère*, à présent dite, par corruption, *Batelière*.

A la fin du neuvième siècle, les Normands, après avoir fait plusieurs irruptions dans Paris, en formèrent le siége, & ruinèrent l'ancienne église de saint Germain-le-Rond. Cent ans après, elle fut rétablie par le roi Robert, sous le nom de saint-Germain-l'Auxerrois, mais toujours desservie par des chanoines, dont le chapitre étoit regardé comme le second de Paris, celui de la cathédrale étant le premier. La cure y fut aussi conservée, & s'étendit si fort, à proportion de l'agrandissement de Paris, que de cette cure principale en sont émanées successivement six autres, qui sont celles de sainte-Opportune, de saint-Landry, des Innocens, de saint-Eustache, de saint-Roch, & de la Magdeleine de la Ville-l'Evêque. Le chapitre collégial de saint-Germain-l'Auxerrois a donné naissance à quatre autres, qui sont ceux de sainte-Opportune, de saint-Honoré, de saint-Thomas & de saint-Nicolas-du-Louvre. Le terrain où a été bâtie la tour du Louvre, étoit dans la censive de l'évêque & du bourg de saint-Germain-l'Auxerrois; & ce n'est qu'en vertu d'arrangemens successivement faits, que nos rois en ont exempté leur palais.

On ne voit plus rien dans cette église, qui soit du siècle du roi Robert. Ce qu'il y a de plus ancien, est le portail, qui est du temps de Philippe *le Bel*. On y remarque les statues de deux évêques, que l'on croit être les deux saints Germains, évêques d'Auxerre & de Paris, & celles de sainte Geneviève, d'un roi & d'une reine habillés suivant le costume de ceux de la première race. Le clocher est du douzième siècle ; le chœur & les vîtraux sont du quatorzième, ainsi que la nef & une partie des chapelles, dont les plus récentes sont des quinzième & seizième siècles. La voûte de l'église fut peinte, dès le temps de Charles VII, sur un fond d'azur, chargé d'étoiles & de fleurs de lis d'or. Cette peinture coûta quarante mille livres, somme très-considérable dans ce temps-là.

Il y avoit entre le chœur & la nef un grand jubé d'une construction ancienne & gothique, mais qui avoit été orné de belles sculptures par Jean Gougeon. Il a été détruit, au grand regret des amateurs d'antiquités ecclésiastiques. Le grand-autel est fort décoré, & la sacristie remplie de riches ornemens. Il y a aussi quelques beaux tableaux dans l'église. Les principales reliques sont le corps de saint Landry évêque de Paris, mort au septième siècle, & qui fut mis dans une châsse, au douzième, par l'évêque Maurice de Sully ; celui de saint Vulfran, diacre du même diocèse & du même temps, différent de saint Vulfran, archevêque de Sens, & un bras de saint Germain d'Auxerre, mais qui ne fut donné à cette église-ci qu'au quinzième siècle.

On y voit les sépultures de trois chanceliers de France ; François *Olivier*, mort en 1560 ; *Pomponne de Bellièvre*, mort en 1607, & Etienne d'*Aligre*, mort en 1677. Claude *Fauchet*, un de ceux qui ont fait sur notre histoire, & sur notre ancienne littérature les plus curieuses recherches, y est aussi enterré. Il étoit premier président de la cour des monnoies, & cependant il mourut *sans sou ni maille*, quoiqu'il ne fût ni fastueux ni prodigue. Le poète *Malherbe* y a aussi sa sépulture, ainsi qu'un grand nombre d'hommes illustres dans les sciences, les lettres & les arts, des dix-septième & dix-huitième siècles.

Le chapitre de saint-Germain l'Auxerrois a long-temps joui de l'honneur d'être regardé comme la première fille de l'évêque de Paris. Il étoit composé d'un doyen qui prêtoit autrefois une espèce de serment & d'hommage à l'archevêque : il étoit cependant électif par le chapitre, aussi bien que le chantre, qui étoit la seconde dignité. Il y avoit de plus treize canonicats conférés par l'évêque, & onze chapelles conférées par le chapitre. Le curé n'étoit qu'un vicaire perpétuel, qui faisoit ses fonctions dans une chapelle particulière. Mais les chanoines officioient dans la grande église & dans le chœur, & étoient les curés primitifs. En 1744, le chapitre fut uni à celui de Notre-Dame ; & il fut réglé que les dignités & les canonicats seroient éteints à mesure que ceux qui en étoient pourvus, mourroient. Depuis cette époque, le curé & le clergé sont sur le pied de ceux des autres paroisses de Paris. Comme cette église est la paroisse du Louvre, il y a eu plusieurs enfans de nos rois qui ont été baptisés, mais aucun de ceux qui sont montés sur le trône.

Le quai de l'Ecole, qui en est voisin, s'appelle ainsi, parce qu'il y avoit anciennement des écoles auprès de l'église de saint-Germain-l'Auxerrois, comme il y en avoit auprès de celles de la cathédrale & de saint-Germain-des-Prés. Mais l'établissement de ces écoles remonte bien haut, puisqu'elles ne cessèrent que lors de celui de l'université, au treizième siècle. La continuation de ce quai s'appelle *quai du Louvre*, parce qu'elle s'étend le long des galeries de cette ancienne demeure de nos rois.

Le *Louvre* tire, dit-on, son nom d'un mot saxon *Lower*, qui signifie *château*. On convient généralement que la grosse tour fut bâtie par Philippe Auguste, vers l'an 1204; & comme on l'appela alors *la tour neuve*, il est douteux s'il n'y en avoit pas une plus ancienne. Quoi qu'il en soit, Philippe-Auguste ayant affranchi cette tour des redevances auxquelles elle pouvoit être assujettie envers l'évêque de

Paris & autres seigneurs moins considérables, en fit le lieu principal de sa mouvance, & voulut que les grands fiefs de la couronne relevassent de la tour du Louvre; ce qui a encore lieu, quoique le matériel de la grosse tour ait été abbattu sous le règne de François I, en 1527.

Depuis Charles V, nos rois avoient constamment habité le Louvre. En 1528, François I y commença un nouveau bâtiment, qui ne fut achevé que vingt ans après, sous le règne de Henri II. Ce bâtiment subsistoit à la fin du seizieme siècle. Mais au dix-septième, Louis XIII en fit commencer un nouveau, en 1624. Enfin, Louis XIV fit élever, en 1665, le superbe édifice que l'on y voit encore, & qui, en 1670, fut mis au point où il est resté depuis. Tout ce qu'on a pu y faire de nos jours, a été de dégager l'architecture extérieure, de mettre plus en évidence la colonnade, & de perfectionner quelques pièces au-dedans. On appelle encore le *vieux Louvre*, ce qui est du temps de François I; le *gros pavillon*, ce qui a été bati du temps de Louis XIII, & donne sur la place du Louvre, & qui joint ensemble les deux ailes de ce palais, dont la plus récente, appelée le *nouveau Louvre*, est terminée du côté de saint-Germain-l'Auxerrois, par cette belle *colonnade*, du dessin de Claude *Perrault*.

Les *galeries* qui joignent le Louvre aux Tuileries, furent commencées sous le règne de Henri II, & terminées à la fin du seizième siecle. Les premiers desseins en furent donnés par Sébastien *Serlio*, fameux architecte italien. On suivit ensuite ceux de Pierre *Lescot*, excellent architecte français, qui mourut en 1578. Louis *de Foix*, aussi architecte, né français, mais qui avoit travaillé long-temps en Espagne, acheva ces constructions. Sous le règne de Louis XIV, ces galeries furent destinées aux logemens d'un nombre d'artistes illustres, & l'on y établit l'imprimerie royale, ainsi que la monnoie des médailles, unique dans tout le royaume.

La tour de ce château n'étoit point comprise dans la première enceinte de Philippe Auguste : elle étoit même encore bien loin des portes de la ville. Mais le Louvre y étoit enfermé, lorsque Charles V s'y établit & en fit son séjour ordinaire. En 1364, première année de son règne, il y avoit en avant du Louvre, sur la rivière, un autre château, que l'on appeloit le *Châtel du Bois*. Il fut démoli par ordre de Charles VI ; & il n'en resta qu'une tour, qui fut détruite sous Henri II, lorsqu'on voulut commencer les galeries.

On montroit encore, il n'y a pas long-temps, la salle où Catherine de Médicis donnoit des festins, des bals, des ballets & des comédies. Elle avoit servi depuis pour les cent suisses de la garde du roi, & étoit ornée de magnifiques sculptures. Mais on croit que depuis quelque temps elle a été coupée, pour différens logemens particuliers. On remarquoit dans cette salle & dans les pièces voisines, des inscriptions en l'honneur de Henri II. On y voyoit de différens côtés le croissant que ce monarque avoit pris pour devise, par galanterie pour Diane de Poitiers, sa maîtresse. La politique Catherine de Médicis ne faisoit pas semblant de s'appercevoir de l'intention que son époux avoit eue, & souffroit que l'on plaçât des croissans jusques sur les monnoies de Henri II.

L'appartement qui suivoit cette salle, étoit occupé par la reine Anne d'Autriche; & au dix-huitième siècle, vers 1720, il fut accommodé pour l'infante d'Espagne, qui avoit été destinée à épouser Louis XV, & qui est morte, il y a quelques années, reine de Portugal. Cet appartement contenoit bien des objets de curiosité en peinture, sculpture, &c. Une partie a été enlevée; le reste est négligé & gâté. Auprès de cet appartement, qui à présent a différentes destinations, est un jardin en terrasse, que l'on appelle encore *Jardin de l'Infante.*

Le vestibule, qui forme le dessous du gros pavillon bâti par ordre de Louis XIII, est orné de deux rangs de colonnes d'une très-bonne architecture : c'est par-là que l'on passe de la place du Louvre dans la grande cour. A droite & à gauche de ce vestibule, sont deux escaliers, dont l'un mène à la chapelle du Louvre, placée à un premier étage fort élevé, d'ailleurs assez petite & sans aucun ornement. C'est dans les salles qui sont au rez-de-chaussée, près de ce même escalier, que s'assemblent l'académie française, & celle des inscriptions & belles-lettres. L'autre escalier conduit aux salles occupées par l'académie royale des sciences. Dans d'autres salles, s'assemblent les académies d'architecture, de peinture & de sculpture.

Le cabinet des tableaux du roi, celui des antiques, & même la bibliothèque royale ont été long-temps conservés dans le Louvre, aussi-bien qu'une belle collection de plans en reliefs. Cette dernière a été transportée aux Invalides ; & les tableaux du roi doivent en prendre la place. Le Louvre contient d'ailleurs plusieurs dépôts précieux de papiers.

C'est à ce château royal, que finit le dernier des huit quartiers qui ne sortent point des limites de la partie septentrionale de Paris. La description des autres va faire la matière de la lettre suivante.

Je suis, &c.

A Paris ce 1787.

LETTRE DCCI.

SUITE DE L'ISLE-DE-FRANCE.

LES six quartiers de la partie septentrionale de Paris, qu'il me reste, madame, à vous faire connoître, s'étendent jusques dans les faubourgs, qui tous, à l'exception d'un seul, portent le nom du quartier auquel ils sont annexés. Je vais commencer par le plus occidental, comme étant contigu au quartier du Louvre, par lequel j'ai terminé ma dernière lettre. C'est le quartier du *Palais-Royal*, qui comprend le faubourg Saint-Honoré. Il est borné à l'orient par ceux du Louvre & de Saint-Eustache; au midi, par la rivière; à l'occident, par le nouveau mur dont on vient d'entourer Paris; au nord, & en partie aussi à l'orient, par le quartier Montmartre. Plus de la moitié de la longue rue de Saint-

SUITE DE L'ISLE-DE-FRANCE. 243

Honoré, & celle du faubourg de ce nom, qui en est la continuation, coupent ce quartier dans toute sa longueur. Voici d'abord ce que l'on y trouve de plus remarquable entre ces deux rues & la rivière.

En sortant du Louvre par la place, devant le gros pavillon, on trouve une île de maisons, entre les rues Fromenteau & Saint-Thomas du Louvre. Chacune de ces rues aboutit à un guichet, qui, passant par dessous les galeries du Louvre, conduit à un port connu sous le nom de *Port Saint-Nicolas*; nom qui ne peut lui avoir été donné qu'à cause de la petite église de Saint Nicolas du Louvre, placée de l'autre côté de ces galeries. Elle subsiste encore: mais le chapitre, qui y étoit attaché, est à présent, ainsi que celui de Saint Thomas, confondu avec celui de Saint Louis-du-Louvre.

Ces deux chapitres furent fondés en même temps par *Robert*, comte de Dreux, fils du roi Louis-*le-Jeune*. Mais celui de Saint Nicolas étoit proprement un collége, ou du moins étoit destiné à des écoliers, qui étoient au nombre de quinze, & avoient à leur tête un maître ou proviseur, un chapelain & un clerc. Tous étoient à la nomination de l'évêque de Paris. On prétend que Saint Yves, Breton, avoit étudié dans ce petit collége. Par la suite,

L 2

tous les colléges ayant paffé dans le quartier de l'Univerſité, celui-ci, comme celui des Bons-Enfans de Saint-Honoré, dont j'ai déjà parlé, devint purement chapitre. Jean *du Bellay*, évêque de Paris, régla, en 1551, qu'il ſeroit compoſé d'un prévôt & de dix chanoines. Il exiſta juſqu'en 1744, qu'après la chute de l'égliſe de Saint Thomas, il fut réuni, comme je le dirai dans un moment. Cependant la chapelle de Saint-Nicolas-du-Louvre ſubſiſte encore telle qu'elle fut bâtie en 1218. Ainſi il eſt facile de juger qu'elle n'eſt point belle, & que l'architecture n'en eſt pas de bon goût.

L'égliſe *de Saint-Louis du Louvre* eſt à-peu-près à la même place où étoit, il y a quarante ans, celle de *Saint-Thomas*. Celle-ci avoit pour patron Saint-Thomas de Cantorbéry, & fut dédiée, quelques années après ſa mort, ou, comme on l'appela alors, ſon martyre. *Robert*, comte d'Evreux, en fut le fondateur ; & l'on prétend qu'il n'y établit d'abord que quatre chanoines, dont néanmoins le nombre augmenta bientôt. La nomination de ces bénéfices appartint aux ducs de Bretagne, deſcendans du comte de Dreux ; & le roi en jouit enſuite à titre d'héritier de ces ducs.

La vieille égliſe, bâtie du temps de la

fondation, subsista jusqu'en 1739. Elle étoit d'une construction gothique; & l'on ne peut pas dire qu'elle n'étoit pas solide, puisqu'elle a duré plus de cinq cents cinquante ans. Cependant, comme elle étoit plus grande que l'église de Saint Nicolas, & que la voûte avoit plus de portée, elle croula enfin le 15 octobre 1739, dans le moment même où les chanoines délibéroient sur les moyens de la soutenir & de la réparer: il y en eut plusieurs d'écrasés sous les ruines. On remarquoit dans cette église le tombeau du fameux poëte *Mellin Saint-Gelais*, mort au seizième siècle.

Le feu roi Louis XV, à la sollicitation du cardinal de Fleuri, voulut bien faire rebâtir cette église, & réunir le chapitre de Saint Nicolas à celui de Saint Thomas sous le nom de Saint Louis-du-Louvre. L'église fut achevée & dédiée en 1744. Cinq ans après, on réunit encore à ce chapitre celui de Saint-Maur-les-Fossés près Paris; réunion qui ne contribua pas peu à l'enrichir. Ce chapitre, composé de douze chanoines & de trois dignités, est paroisse pour son cloître, formé par quelques rues & quelques maisons autour & aux environs de la nouvelle église, & où l'on compte environ deux cents cinquante habitans. C'est dans cette nouvelle église de saint-Louis, qu'est le tombeau du cardinal de Fleuri, exécuté par *Bouchardon*, & assez beau. On a placé au-dessus de l'autel la châsse de Saint Babolin, premier abbé de saint Maur-les-Fossés, dont l'église a été absolument détruite.

En remontant la rue saint Thomas-du-Louvre, vers le palais royal, on trouve l'ancien hôtel de *Longueville*, qui appartient à présent aux fermiers généraux. Il passoit, au dix-septième siècle, pour être très-beau, & l'on y voyoit des plafonds peints à fresque par *Mignard*. Au commencement de celui-ci, le cardinal de *Janson*, grand aumônier de France, & le cardinal de *Polignac* y ont demeuré.

A côté de cet hôtel étoit autrefois celui de *Rambouillet*, si connu au commencement de ce siècle. Vous avez sûrement entendu dire, madame, combien il étoit renommé, tant pour le goût & la magnificence des ameublemens, que pour le ton & l'esprit des conversations qui s'y tenoient habituellement. Mais depuis un siècle, tout est bien changé dans l'un & l'autre genre.

L'ancien hôtel de Longueville, où est aujourd'hui la ferme du tabac, a aussi une porte d'entrée dans la place du Carrousel, qui est devant le château royal *des Tuileries*. Ce palais a été ainsi nommé, parce qu'effectivement il y avoit autrefois en cet endroit plusieurs tuileries, qui ont fourni, pendant trois ou quatre cents ans, la plus grande partie des tuiles qu'on employoit à Paris. En 1564, la reine Catherine de Médicis ayant acheté ces bâtimens & les terres voisines, y fit commencer un édifice, & même tracer un jardin, dont la forme & l'étendue s'arrangeoient avec l'enceinte & les fortifications de Paris. Mais ces beaux projets furent peu suivis, jusqu'à ce que sous le règne de Henri IV, les galeries du Louvre ayant été prolongées, pour que ce Louvre fût joint au nouveau palais des Tuileries, on s'en occupa plus sérieusement.

Ce ne fut cependant pas encore sous le règne de Henri IV, ni sous celui de Louis XIII, que ce palais fut achevé : la gloire en étoit réservée à Louis XIV. Sous le ministère de *Colbert*, il s'étendit autant qu'il l'est à présent du côté de la rue Saint-Honoré. On y bâtit des cours particulières pour les écuries, & un logement ou hôtel pour le grand écuyer de France. On eut soin de laisser devant le palais une grande & belle place vide, où s'exécuta le brillant *Carrousel* de 1661, d'où elle a pris son nom. Cette place a été depuis bien rétrecie par une infinité de constructions, plus avantageuses à différens particuliers, que conformes à la grandeur du palais & du souverain qui pourroit l'habiter.

Sous le même règne, le fameux André *le Nostre* fut chargé de la disposition du jardin des Tuileries. Il surmonta tous les obstacles que pouvoient lui opposer l'inégalité & la mauvaise qualité du terrain, & en fit le plus beau jardin de l'Europe. Il est accompagné de deux terrasses, dont l'une porte le nom des Feuillans & des Capucins; l'autre s'étend le long du quai des Tuileries. D'après ce que je vous ai dit, madame, au commencement de ma première lettre sur Paris, vous ne devez pas vous attendre que j'entre ici dans le détail des beautés que contient l'intérieur du palais des Tuileries, ni de la salle du spectacle, qui y étoit jointe, il n'y a que quelques années: celle-ci, renommée autrefois sous le titre de *salle des machines*, a éprouvé de nos jours plusieurs révolutions: l'intérieur du palais même a eu bien des destinations différentes. Je ne m'arrêterai pas non plus à décrire les statues qui ornent le jardin : les unes font tout-à-fait modernes; les autres font d'excellentes copies d'après l'antique. La vestale sur-tout est un chef-d'œuvre.

Entre ce qui forme aujourd'hui le jardin des Tuileries, & la rivière, il y avoit une porte, élevée en 1659, & détruite en 1730. On l'appeloit *porte de la Con-*

férence; nom qui lui étoit venu de celles qui se tenoient pour la paix des Pyrenées, lorsqu'elle fut construite. Plus anciennement, à-peu-près vis-à-vis du lieu où est aujourd'hui le gros pavillon des Tuileries & le Pont-Royal, étoit une autre porte que l'on appeloit *Porte-neuve*. Elle faisoit partie de l'enceinte de Paris, finie sous le roi Charles IX en 1566.

Le jardin des Tuileries étoit autrefois borné par un mur, par-delà lequel il y avoit un fossé. Lorsqu'il eut été mis par *le Nostre* dans l'état où il est aujourd'hui, on abattit le mur, afin que rien ne gênât la vue du château. En 1716, on fit sur le fossé un pont tournant, qui forma une nouvelle entrée aux Tuileries. Par delà le fossé, il y avoit une garenne & des jardinets. Catherine de Médicis y avoit fait planter trois allées d'arbres, qui furent appelées dès-lors du nom de *Cours-la-Reine*. En 1670, on accompagna ces premières allées de quelques autres; on coupa les prairies voisines, & l'on en fit des promenades auxquelles on donna, en 1723, le nom des *Champs Elysées*. Le nom du *Cours de la Reine* passa à un nouveau cours, plus proche de la rivière, & qui fut séparé, par un fossé, du grand chemin de Versailles, entre lequel & la rivière est le port aux marbres & aux pierres.

En 1748, on conçut le projet de former une *place* sur l'esplanade, entre le pont-tournant & les Champs-Elysées : mais l'exécution en a été lente. Ce n'est qu'en 1754 que la première pierre en fut posée. En 1757, on résolut d'y poser une statue équestre de *Louis XV*; & l'inauguration en fut faite, en 1763, avec les cérémonies accoutumées. Cette place est actuellement entièrement finie. Une bonne partie n'est formée que par des fossés bien revêtus en pierre, & ornés de balustrades. Mais le côté du septentrion offre des bâtimens d'une riche architecture extérieure, séparés par une large & belle rue que l'on a nommée la rue *Royale*. C'est-là qu'est le garde-meuble de la couronne.

Je reviens au même endroit d'où je suis parti, c'est-à-dire, à la rue Fromenteau. Entre le bout de cette rue, du côté du Palais-Royal, & celui de la rue de Saint-Thomas-du-Louvre, s'étend une place, au fond de laquelle il y a un château d'eau qui contient des réservoirs d'eau de la Seine & d'Arcueil. Vis-à-vis ce monument est la principale porte d'entrée du *Palais-Royal*, qui a donné son nom à tout le quartier.

Le cardinal de Richelieu jetta, en 1629, les fondemens de ce palais, qui fut d'abord appelé *Hôtel de Richelieu*. Bientôt ce premier miniftre l'augmenta, & l'étendit jufques fur le terrain autrefois occupé par les murs & les foffés de la ville. Les uns furent rafés, les autres comblés; & l'on fit à leur place un jardin pour le nouvel édifice, qui fut nommé *Palais Cardinal*; nom qui fut même placé fur la porte, & qui y eft refté long-temps. Quoiqu'il fût achevé en 1636, le cardinal ne ceffa jufqu'à fa mort de l'embellir. Il penfa, dès 1639, à en faire préfent à Louis XIII, & confirma cette donation par fon teftament de 1642, n'en réfervant pour lui que l'ufufruit, & pour fon neveu le duc de Richelieu, la conciergerie ou gouvernement de ce palais, qui prit alors le nom de *Royal*.

Cependant le premier miniftre avoit laiffé à fon principal héritier un terrain fur lequel il devoit bâtir un hôtel particulier, qui auroit pû en même-temps fervir de conciergerie ou logement du gouverneur du Palais-Royal. Le duc de Richelieu, au lieu de faire bâtir l'hôtel & de prendre poffeffion du gouvernement, vendit le terrain à différens particuliers. Ceux-ci le revendirent à d'autres; & c'eft ainfi que fe font élevées la plûpart des maifons de la rue de Richelieu, qui avoient, il n'y a pas long-temps, vûe fur le Palais-Royal.

Louis XIV étant encore enfant, la reine

régente, sa mère, & *Monsieur*, frère du roi, habitèrent assez long-temps ce palais. Après le mariage de ce monarque, leurs majestés passèrent aux Tuileries. Il paroît que *Monsieur* resta seul au Palais-Royal. Mais ce ne fut qu'en 1692 que le roi le donna à son frère en propriété & comme augmentation d'appanage. Depuis ce temps, il n'a cessé d'appartenir à la maison d'Orléans. Il seroit trop long, & peut-être superflu, de faire ici l'histoire des révolutions qu'a éprouvées l'intérieur de ce palais depuis sa construction. Elles ont été très-considérables, & toujours regardées par le public comme très-intéressantes pour lui.

Il y a eu long-temps à côté du Palais-Royal un théâtre, bâti par les ordres du cardinal de Richelieu, & où il faisoit représenter des pièces dramatiques, auxquelles il se piquoit d'avoir part : on continua, sous le ministère de Mazarin, d'y donner des fêtes en musique & à machines. *Monsieur*, frère du roi, abandonna ensuite ce théâtre à la troupe de *Molière*, qui prit le titre de *Troupe de Monsieur*. En 1673, à la mort de *Molière*, il fut entièrement cédé à *Lully*, avec le privilège de l'opéra. Les directeurs & même les acteurs de ce spectacle forment l'*Académie royale de musique*, qui n'a cessé d'y donner des représentations pendant quatre-vingt-dix ans.

En 1763, cette salle fut entièrement consumée par un incendie. Mais on entreprit peu de temps après de la rebâtir; & elle fut ouverte au public en 1770. Celle-ci n'a duré qu'à-peu-près onze ans; car en 1781, un accident pareil au premier, a privé ce quartier de l'agrément d'avoir l'opéra dans son sein. Cependant on voit encore, dans la rue Saint-Nicaise, une maison sur la porte de laquelle on lit, écrit en lettres d'or sur un marbre noir : *Académie royale de musique*. C'est-là que s'assembloient les directeurs, que se faisoient les premières répétitions, & que se tenoient les écoles de danse & de chant : il y avoit un petit théâtre. Le peuple du quartier appeloit cette maison, le *Magasin de l'Opéra*.

Presqu'à côté du Palais-Royal, commence la rue de *Richelieu*, qui se prolonge jusqu'aux boulevards, & qui est remplie de fort beaux hôtels. Vis-à-vis de cette rue, est l'ancien emplacement des *Quinze-Vingts*, dont l'enclos s'étendoit, il n'y a pas long-temps, derrière l'hôtel de Longueville, entre les rues saint-Honoré, saint-Nicaise & saint-Thomas-du-Louvre. Mais depuis peu d'années, ce pieux établissement a été transféré au faubourg saint-Antoine. Il remonte au temps de saint Louis, qui l'institua, en 1260, pour trois cents chevaliers, à qui les Sarrazins avoient crevé les yeux. Par la suite on se relâcha sur la qualité de chevalier & de militaire, & l'on se borna à de pauvres aveugles, auxquels on accorda quelques rentes. Mais bientôt après, ce revenu ne s'étant pas trouvé suffisant, on leur donna la permission de quêter dans les églises & dans certaines places de Paris.

D'ailleurs cette maison jouissoit d'assez grands priviléges, entr'autres, de celui de l'exemption des maîtrises. Saint Louis l'avoit soumise à la direction & à l'administration de son grand aumônier; & les papes l'avoient successivement déclarée exempte de la jurisdiction de l'évêque de Paris, avec permission au chapelain établi par le grand aumônier, d'y célébrer l'office, & d'y exercer les fonctions curiales dans l'enceinte du cloître. Nos anciens auteurs rapportent plusieurs bulles, les unes gracieuses, c'est-à-dire favorables à cet hôpital; les autres fulminantes, c'est-à-dire, menaçantes, & prononçant des anathêmes contre tous ceux qui troubleroient les Quinze-Vingts dans leurs possessions, attaqueroient leurs priviléges, &c.

Malheureusement, depuis peu, l'église s'est trouvée trop ancienne; & l'on a cru qu'elle menaçoit ruine. On avoit rétabli une partie des bâtimens: mais la vieille église étoit restée. On a enfin résolu, non-seulement de la raser, mais de vendre tout le terrain qu'occupoit ce grand établissement, & de le transférer à l'autre extrêmité de Paris. Il y avoit dans les Quinze-Vingts une seconde chapelle qui servoit autrefois à l'infirmerie des aveugles. Elle étoit dédiée à *Saint Nicaise*, évêque de Reims; & c'est de-là que vient le nom de la rue qui va de la place du Carrousel à la rue saint-Honoré. Cette chapelle a été abattue comme le reste. On a percé sur tout ce terrain de belles rues, & bâti de belles maisons.

Nos auteurs du seizième siècle remarquent 1°. que saint Louis n'assigna que quinze livres de rente pour la subsistance du chapelain des Quinze-Vingts, & vingt sous pour le luminaire de la chapelle; 2°. que le portail de l'église qui a été détruite, étoit ce qu'il y avoit de plus ancien, & que la statue de saint Louis, que l'on y voyoit, étoit, quoique grossière, très-ressemblante, ayant été faite sous le règne de *Philippe-le-Hardi*, son fils, par des gens qui avoient connu St. Louis même. Le reste de l'église étoit du quatorzième siècle, & les vitrages du quinzième. Au reste, cette église fut d'abord dédiée à *saint Remi* par saint Louis. Mais après la canonisation de ce saint roi, il fut reconnu pour en être le patron, aussi bien que le fondateur.

En avançant dans la rue saint-Honoré, on trouve, du même côté que le Palais-Royal, église paroissiale de *saint Roch*, qui, au seizième siècle, n'étoit qu'une simple chapelle bâtie, vers 1522, par un marchand de bestiaux de Paris, nommé *Jean Dinochau*, & dédiée en l'honneur de Jesus-Christ & des cinq plaies. Cinquante ans après, *Etienne Dinochau*, son neveu, augmenta cette fondation, & donna à la chapelle deux nouveaux patrons, la sainte Vierge & *saint Roch*. Peu de temps après, le voisinage commençant à se garnir de maisons, mais étant toujours hors de la ville, la chapelle devint une succursale, & s'agrandit avec d'autant plus de facilité, qu'un Espagnol avoit fondé tout auprès pour les écrouelleux un petit hôpital qu'il avoit dédié à *saint Roch*, & que l'évêque de Paris avoit accordé des indulgences à ceux qui contribueroient à la construction de cet édifice.

En 1580, cette église fut entièrement achevée, & en 1584, on y joignit une ancienne chapelle dédiée à sainte Susanne, & qui y étoit tout-à-fait contiguë. On l'appeloit autrement la *chapelle de Gaillon*, parce qu'elle dépendoit d'un hôtel de ce nom. Au dix-septième siècle, on détruifit cet hôtel, & l'on forma des deux chapelles une seule églife, qui fut enfin érigée en cure en 1629. On en laiffa la nomination au chapitre de faint Germain-l'Auxerrois, curé primitif. En 1653, Louis XIV & la reine Anne d'Autriche posèrent la première pierre de l'églife actuelle. Mais on y travailla fi lentement, que ce ne fut que quatre-vingt-fept ans après, c'eft-à-dire, en 1740, qu'elle fut entièrement achevée.

Depuis le commencement de ce fiècle, ce quartier s'étant infiniment aggrandi & peuplé, & plufieurs financiers très-riches fe trouvant au nombre des paroiffiens, on n'a ceffé d'ajouter de nouveaux ornemens à cette églife. Quelques-uns ont été critiqués, mais la plûpart juftement admirés. Les chapelles qui font derrière le chœur, font éclairées & décorées d'une façon très-ingénieufe. On y remarque de différens côtés de fort beaux tableaux & d'excellens morceaux de fculpture. On y voit auffi les fépultures de plufieurs grands hommes, à la tête defquels il faut mettre *Pierre Corneille*, mort en 1684.

Cette églife eft au pied de ce que l'on appelle *la butte faint Roch*, parce qu'effectivement il y avoit là une hauteur formée de décombres & de terres rapportées. C'étoit en quelque manière une pièce de fortification; & elle entroit dans le fyſtême de défenſe de Jean du Bellay, évêque de Paris, lorſque ce prélat, gouverneur, fortifia la ville contre les attaques des Autrichiens ou Eſpagnols qui la menaçoient pendant que le roi François I faiſoit la guerre en Italie. Elle pouvoit être regardée comme une redoute élevée ou un cavalier en avant des remparts. En 1566, la crainte pour Paris étant diſſipée, on bâtit des moulins & des maiſons autour de cette butte & deſſus. Mais ce ne fut que cent ans après, en 1666, qu'on réſolut de l'applanir. Différens particuliers ſe chargèrent de cette entrepriſe, & eurent la permiſſion d'y bâtir à la place des rues & des maiſons. Ils le firent avec ſuccès; car la plûpart de ces rues ſont larges & bien bâties. Celle du milieu qui eſt encore la plus élevée, a conſervé le nom de *rue des Moulins*.

Dans la rue ſaint Roch, qui règne le long de cette égliſe, il y a une petite communauté qu'on appelle de *ſainte Anne*. Elle eſt adminiſtrée, depuis 1686, par des ſœurs de la charité, qui s'occupent de l'inſtruction des jeunes filles.

Par de là cette même égliſe, & dans la rue ſaint Honoré, on trouve le couvent des *jacobins réformés*. Le père *Sébaſtien Michaëlis*, auteur de leur réforme, étoit venu, en 1611, au chapitre général de son ordre, qui se tenoit à Paris, & avoit proposé aux jacobins de la rue saint Jacques de reprendre l'esprit de leur ancien institut. Mais ses exhortations furent infructueuses pour le plus grand nombre. Alors le père Michaëlis se borna à faire adopter sa réforme par quelques-uns, & il obtint la permission d'avoir dans Paris une maison religieuse à part, ainsi réformée : c'est celle dont il s'agit ici. Les lettres-patentes sont de 1612, & furent enregistrées en 1613. Jean François de *Gondi*, évêque de Paris, contribua à cette fondation pour une somme assez considérable. Du *Tillet de la Bussière*, greffier en chef du parlement, donna à ces religieux la plus grande partie du terrain qu'ils occupent aujourd'hui, & sur lequel ils ont fait par la suite bâtir quelques maisons.

L'église de ces jacobins, bénite en 1625, & dédiée à l'annonciation de la sainte Vierge, est petite : mais l'architecture en est assez jolie. La plus belle chapelle est dédiée à saint Hiacinthe, dominicain polonais, auquel la reine Marie de Médicis avoit une dévotion particulière. La reine Anne d'Autriche n'y en avoit pas moins : elle fit venir de Pologne des reliques de ce saint, qu'elle plaça dans cette chapelle, qui fut fort embellie à cette occasion.

On remarque dans cette église, 1°. le tombeau du maréchal de *Créqui*, mort en 1687 : sa veuve, morte en 1713, le fit élever avec beaucoup de magnificence : la statue du maréchal, qui est en marbre blanc, est très-belle : 2°. celui des *Felibien*, père & fils, dont le premier, mort en 1695, est particulièrement connu par des ouvrages sur la peinture & sur les arts : 3°. celui de Nicolas *Mignard*, premier peintre de Louis XIV. Il lui a été élevé par la comtesse de Feuquières, sa fille, & il a été long-temps sans être achevé : mais il mérite la curiosité, & même l'admiration des étrangers.

En suivant toujours la rue saint Honoré, du même côté, on arrive à la place vulgairement dite de *Vendôme*, & qui doit s'appeller de *Louis le Grand*. Le premier nom vient de ce qu'elle a été élevée sur les débris de l'hôtel de César, duc de Vendôme, fils naturel de Henri IV. Louis XIV acheta cet hôtel en 1687, & en ordonna la démolition. La ville de Paris fit la dépense de former une suite de façades, derrière lesquelles on devoit bâtir des maisons, dont une partie auroit été destinée à des usages publics. La bibliothèque du roi devoit y être placée ;

les académies devoient s'y assembler ; l'hôtel des ambassadeurs extraordinaires devoit y être construit &c. &c. Tel étoit le projet du ministre Louvois : mais il se trouva dans l'exécution une grande difficulté. Suivant ce premier arrangement, le roi ou la ville auroient été chargés de toute la dépense, puisqu'après qu'ils avoient fait les façades, les édifices publics n'eussent pu être qu'à leurs frais ; & l'état des finances ne le leur permit pas.

En 1699, au grand étonnement du public, on détruisit toutes les façades ; on en fit d'autres sur un plan plus rétréci, des dessins moins brillans, mais plus analogues à des maisons particulières. On travailla suivant ces nouveaux projets en 1700 & 1701, & l'on commença, en 1702, à bâtir derrière les façades. Ce furent pour la plûpart des financiers, qui, voulant faire leur cour, s'établirent dans cette nouvelle place. La première maison qui y fut élevée, fut celle de *Crozat*, & la plus belle pour *Poisson de Bourvalais*, dont les biens furent confisqués par la chambre de justice, sous la régence du duc d'Orléans. Son hôtel est devenu celui des chanceliers de France.

On voit au milieu de cette place la belle statue équestre de Louis *le Grand*. Elle a été fondue sur les dessins, le modèle & les moules du fameux sculpteur *Girardon*, par Jean Baptiste *Keller*, Suisse, mais établi en France, & fondeur de l'artillerie à l'arsenal. Ce grand ouvrage fut commencé en 1692, & entièrement fini en 1699. La cérémonie du *placement* & de l'inauguration de la statue fut faite alors avec beaucoup d'éclat. Les détails du travail & ceux des fêtes sont également curieux. La statue est posée sur un piédestal de marbre blanc, chargé d'inscriptions latines d'une simplicité & d'une noblesse vraiment admirables. Louis XIV n'y est loué, pour ainsi dire, que par les faits, tous incontestables au fond, mais présentés dans leur plus beau jour. Les merveilles du siècle de Louis XIV sont ramassées dans quatre impressions qui ne font pas quatre pages d'impression. En 1726, le piédestal eut besoin de réparations : on les fit & l'on ajouta quelques ornemens de bronze doré de bon goût, & deux petites inscriptions, qui annoncent qu'ils furent achevés en 1730, sous le règne de Louis XV, après la naissance du dauphin, père de Louis XVI actuellement régnant.

En face de la place Vendôme, & dans la rue saint-Honoré, est le couvent des *feuillans*, dont le portail sert de décoration à cette même place. Ces religieux tirent leur nom de l'abbaye de *Feuillans*, près de Toulouse, de l'ordre de Cîteaux. Elle étoit possédée en règle par un pieux abbé, nommé *Jean de la Barrière*, qui, animé d'un saint zèle, y rétablit, en 1586, l'étroite observance des règles de saint Bernard & de saint Benoît. Le roi Henri III ayant entendu parler avec éloge de cette réforme, fit venir à Paris, en 1587, le réformateur & soixante de ses religieux. Il les plaça d'abord au bois de Vincennes, au lieu où sont aujourd'hui les Minimes ; & peu de temps après, ils se rendirent processionnellement à la maison qu'ils occupent encore, & où on leur avoit préparé à la hâte des logemens qui ne furent perfectionnés, ainsi que leur église, qu'en 1610. On y a ajouté depuis bien des embellissemens.

Henri IV témoigna à ces religieux autant de bontés que Henri III ; & Louis XIII en eut encore pour eux de particulières. C'est lui qui fit bâtir le portail de leur église : il a des beautés, quoiqu'il ait été fort critiqué, aussi bien que les ornemens en menuiserie du grand autel. Plusieurs chapelles contiennent des monumens remarquables. Celle des Rostains est ornée des plus beaux marbres. Dans une autre, on voit le tombeau d'une princesse de *Guémené* : il est de marbre blanc

& de bon goût. La troisième est entièrement peinte à fresque par Simon *Vouët*, peintre estimé. Dans la quatrième est le tombeau de *Marillac*, maréchal de France, à qui le cardinal de Richelieu fit couper la tête en place de Grève en 1632. Enfin, dans la cinquième, est le tombeau de Henri de Lorraine, comte d'Harcourt, grand écuyer de France, mort en 1536, & celui du chevalier d'Harcourt, son fils. Ces princes ont été fameux par leurs exploits de guerre par terre & par mer.

La maison des Feuillans renferme aussi des beautés. On remarque dans le cloître, de grands tableaux représentant la vie & les miracles de saint Bernard, & sur les vitraux ceux du bienheureux Barrière. Depuis que ces religieux sont à Paris, ils ont bien diminué de leurs austérités. Dans les commencemens, ils marchoient toujours nu-pieds. Ils mirent ensuite des sandales, & enfin, au commencement de ce siècle, ils ont eu permission du pape de porter des bas & des souliers.

Près de ce couvent est celui des *capucins*, le premier qu'ils aient eu dans Paris, & le plus considérable de tous leurs établissemens en France. En général, cet ordre ne remonte qu'à l'an 1525, & eut pour instituteur le père *Mathieu Baschi*, qui voulant faire observer la règle de saint
François

François dans toute sa pureté, fit adopter à ces religieux une forme de capuchon pointu, qui caractérisa particulièrement cette réforme, l'usage de porter la barbe, la nudité des pieds, l'habit brun & rapiéceté étant communs à plusieurs membres de l'ordre de saint François. Les constitutions des capucins furent approuvées par le pape en 1536 : mais ils ne s'établirent en France que plus de trente ans après.

Le cardinal de Lorraine s'étant rendu au concile de Trente, vit quelques-uns de ces religieux, & fut si touché de l'austérité de leur vie, qu'il les amena & les établit à Meudon. Ils y restèrent jusqu'à la mort du cardinal, arrivée en 1574. Alors ils passèrent au village de Picpus, où ils demeurèrent quelque temps; &, en 1576, on les établit où ils sont aujourd'hui. Ils y entrèrent au nombre de douze : cependant leur église ne fut dédiée qu'en 1583. Comme elle ne se trouva pas assez vaste, on en rebâtit, en 1603, une nouvelle qui fut bénite en 1610. Les bâtimens de leur maison furent reconstruits à-peu-près dans le même temps, & ils durèrent jusqu'en 1722, que la plus grande partie fut renouvellée. La porte qui donne sur la rue saint-Honoré, ne date que de 1731, & le chœur de leur église fut rétabli en 1735. Tout fe reffent dans cette maifon de la fimplicité de l'ordre.

Ce qu'il y a de plus remarquable dans l'églife, ce font les tombeaux des deux plus fameux capucins du dix-feptième fiècle. Le premier eft le père *Ange de Joyeuse*, mort en 1608, âgé feulement de quarante-fix ans. Il avoit été deux fois dans le fiècle, revêtu des plus hautes dignités, duc, pair, maréchal de France, chevalier des ordres du roi, grand-maître de la garde-robe, gouverneur de plufieurs provinces, enfin du Languedoc. Il mourut en Piémont, en traverfant les Alpes à pied, & fon corps fut rapporté dans le couvent de Paris, où il avoit fait profeffion. Le fecond eft le fameux père *Joseph*, mort en 1638, favori du cardinal de Richelieu, & regardé comme fon bras droit dans le miniftère. Il eft dit dans l'épitaphe de ce capucin qu'il étoit défigné au cardinalat.

Prefqu'attenant ce couvent des capucins, eft celui de *l'assomption*, dont l'origine remonte jufqu'à ces vieilles audriettes qui demeuroient près de la Grève, & dont j'ai parlé en parcourant ce quartier là. Elles follicitèrent elles-mêmes leur réforme au commencement du dix-feptième fiècle. De fimples hofpitalières qu'elles étoient, elles voulurent devenir religieuses. Le cardinal de la Rochefoucault, grand aumônier de France, entra dans leurs vues; & comme la maison qu'elles occupoient près de la Grêve n'auroit jamais pu faire qu'un couvent très-mal sain, le cardinal les transporta dans la maison qu'il occupoit lui-même, au lieu où elles sont aujourd'hui, & que l'on appelloit encore *faubourg saint-Honoré*. Elles devinrent propriétaires de cette maison en 1623. Leurs nouvelles constitutions, conformes à la règle de saint Augustin, & leur établissement furent confirmés par bulle du pape, & par lettres-patentes en 1657.

Quelques années après, leur chapelle ne se trouvant pas assez grande pour une communauté aussi nombreuse, elles achetèrent une maison voisine; & non-seulement elles augmentèrent leur couvent, mais encore elles élevèrent l'église actuelle, qui fut commencée en 1670 & finie en 1676. L'architecte voulut imiter le panthéon de Rome : mais le sien est trop massif, & n'est pas assez élevé. Tous les ornemens extérieurs de cette église ont été très-critiqués, & l'intérieur ne l'a pas été moins. Ce qu'il y a de meilleur, est la peinture à fresque du dôme, qui représente l'assomption. Il y a quelques autres bons tableaux. Le chœur des religieuses est vaste & beau; le plafond en est aussi peint à fresque. Le jardin est grand & assez agréable.

A peu près vis-à-vis l'assomption, est la rue *neuve Luxembourg* qui s'étend depuis la rue saint Honoré jusqu'aux boulevards. Elle est bien bâtie, & composée de belles maisons. Le nom qu'elle porte, vient de ce que le grand maréchal de Luxembourg y avoit fait bâtir son hôtel vers 1675. Il fut vendu, en 1719, par le duc de Luxembourg, son fils, à un architecte qui le fit démolir, & forma sur ce terrain la rue actuelle.

A côté de l'entrée de cette rue dans celle de saint Honoré, est le couvent de la *conception*, dont les religieuses sont du tiers-ordre de saint François, d'une réforme qui a commencé à Toulouse. Elles vinrent à Paris en 1635, & prirent possession de cette maison, qui leur fut cédée par le président *Nesmond*, dont la fille voulut se faire religieuse parmi elles. Peu de temps après, une dame leur donna des rentes, pour les empêcher de quêter, quoique Franciscaines. Elles reçurent ensuite de nouveaux secours; & leur maison fut mise en état de recevoir des pensionnaires, qui actuellement les aident à subsister : elle ne contient d'ailleurs rien de curieux.

A une petite distance de là, on arrive à l'endroit où étoit autrefois la *porte saint-Honoré*; nom qui lui est même resté. Depuis le règne de Louis XIII, cette porte sépare la ville du faubourg. J'aurai bientôt occasion de parler de cette augmentation de Paris, faite, en 1631, par les soins d'un intendant des finances, nommé *Barbier*, qui enveloppa de nouveaux remparts la plus grande partie du quartier du palais royal. Avant cette augmentation la porte saint-Honoré étoit à-peu-près où est aujourd'hui la rue saint-Nicaise. On la démolit pour faire place au marché & à la boucherie des Quinze-Vingts, & on la rebâtit, en 1633, à l'endroit qui porte encore ce nom. L'architecture n'en étoit point belle : elle ne faisoit aucun ornement à la ville, & y causoit plutôt de l'embarras. Mais on s'est long-temps imaginé qu'une grande ville avoit besoin d'être de toutes parts entourée de murs, de fossés, & fermée par des portes. Enfin, on est revenu de ce préjugé; &, en 1732, la porte saint-Honoré fut démolie. Depuis cette époque, l'entrée de la rue a été très élargie, & les deux côtés ont été ornés de belles maisons.

La rue royale, que j'ai nommée plus haut, passe entre cette ancienne porte

Saint-Honoré & le faubourg, devant le commencement des boulevards, & doit se prolonger jusqu'au portail d'un bâtiment projetté, depuis plusieurs années, pour la paroisse de la *Magdeleine de la Ville l'Evêque*. Cette nouvelle église doit être rendue très-belle, & convenable à une paroisse aussi étendue & aussi peuplée que l'est aujourd'hui celle du faubourg saint-Honoré. Mais l'exécution d'un aussi beau plan a été jusqu'à présent très-lente. Quoique les fondemens de cette nouvelle église aient été ouverts & bénits en 1764, elle n'est pas encore bien avancée. En attendant, on continue de faire le service dans l'ancienne paroisse, qui est infiniment trop petite, & qui ne contient de remarquable que quelques traces de son antiquité.

La *Ville-l'Evêque* étoit anciennement un village dépendant de l'évêque de Paris, qui y avoit des granges, une culture, &, comme l'on disoit alors, un *séjour*, c'est-à-dire, une maison de campagne ou de plaisance. On y bâtit une chapelle, dont le chapitre de saint Germain l'Auxerrois a, jusqu'à son extinction, toujours conservé le patronage, lors même qu'elle est devenue paroisse. L'opinion commune est qu'elle n'est paroisse de Paris que depuis 1639. Mais de savans auteurs ont prouvé qu'elle portoit plus anciennement ce titre, & qu'elle avoit un curé dès le treizième siècle. Il y a des actes des quatorzième & quinzième siècles, qui prouvent qu'elle s'étendoit sur la grange-Batelière & les Porcherons.

Le roi Charles VIII, qui régnoit en 1487, fit rebâtir cette église, & y érigea une confrérie sous l'invocation de sainte Marie Magdeleine. Soit que cette confrérie lui eût donné son nom, soit qu'elle l'eût pris de l'ancienne patrone de la chapelle, elle resta cure de village jusqu'en 1639, que la Ville-l'Evêque ayant été déclarée faire partie du faubourg saint Honoré, cette cure fut mise au nombre de celles de Paris. Elle fut rebâtie en 1658 & 1659, telle qu'on la voit aujourd'hui.

Assez près de cette paroisse est le couvent des *bénédictines de la Ville-l'Evêque*, qui est une dépendance de l'abbaye de Montmartre : aussi est-il appellé, dans ses premiers titres, le *petit Montmartre*. Ce fut en 1612 que deux princesses, sœurs de la maison d'Orléans-Longueville, donnèrent des maisons & des jardins qu'elles avoient dans la Ville-l'Evêque, à l'abbaye de Montmartre, qui y établit un prieuré sous le titre de *notre-dame de Grace*. Deux ans après, en 1615, ces dame de *Veny d'Arbouse*, réformatrice du Val-de-Grace, mit auſſi la réforme dans cette maiſon-ci ; & l'abbaye de Montmartre ſuivit cet exemple. Cependant, en 1647, ſur quelques difficultés qui s'élevèrent entre l'abbeſſe de Montmartre & la prieure de la Ville l'Evêque, celle-ci fut entièrement ſouſtraite à l'autorité de la première.

La grande rue du faubourg ſaint-Honoré n'eſt qu'une continuation de la rue ſaint Honoré même. Elle s'appeloit, en 1635, la *chauſſée du Roule*, parce-qu'elle conduiſoit de Paris à ce village, qui fait aujourd'hui partie du faubourg. Ce que l'on nommoit le faubourg, commençoit à l'ancienne porte ſaint-Honoré, près la rue ſaint-Nicaiſe, & finiſſoit au lieu que l'on appelle encore *porte ſaint-Honoré*. Cette rue, garnie de tant de beaux hôtels, aboutit au *Roule*, qui étoit autrefois un petit village, connu, dès le ſeptième ſiècle, ſous le nom de *Romiliacum*. Pluſieurs ſiècles après, on commença à l'appeller *Rothulus* ou *Rollus*, d'où eſt venu le nom de *Roule*.

Au quatorzième ſiècle, il y avoit dans ce lieu un hôpital établi en faveur des pauvres monnoyeurs. On eſt étonné de voir une claſſe d'ouvriers auſſi peu nombreuſe avoir un hôpital à part : auſſi d'autres auteurs disent-ils que c'étoit simplement une maladrerie ou léproserie. Quoi qu'il en soit, cet hôpital voulut avoir une chapelle. L'évêque la lui accorda, mais s'en réserva la nomination, d'autant plus que son fief de la Ville l'Evêque s'étendoit jusqu'au Roule. Ces deux villages ne furent même bien distingués qu'en 1639. Alors l'hospitalité s'étoit déjà entièrement éteinte dans l'hôpital du Roule. La chapelle subsistoit : mais le village étoit en partie de la paroisse de Villiers-la-Garenne, & en partie de celle de Clichy.

En 1697, les habitans du Roule obtinrent enfin que leur chapelle seroit érigée en paroisse ; & cette érection fut consommée en 1699. Cette église fut dédiée à *saint Philippe* & *saint Jacques*. En 1721 ou 1722, le Roule fut uni au faubourg saint-Honoré, ou plutôt érigé en faubourg de Paris. En 1769, cette église se trouvant très-insuffisante pour le grand nombre des paroissiens, il fut ordonné qu'on en construiroit une nouvelle : mais elle n'est point encore achevée.

Le quartier & faubourg *Montmartre*, qui n'existoit point encore à la fin du seizième siècle, est resserré entre ceux du palais royal & des halles, à l'occident & au midi ; celui de saint-Denis, à l'orient, & s'étend, au septentrion, par delà les boulevards, jusqu'au pied du village de Montmartre, & sur le chemin de Clichy-la-Garenne. La plus grande partie du terrain qu'il occupe, n'étoit encore, il y a cinquante ans, ni bâti ni habité. Aujourd'hui, il forme un faubourg percé de belles rues garnies d'hôtels magnifiques, qui n'étoient alors que de petites maisons de plaisir, ou de vraies guinguettes. De cinquante-deux rues que ce quartier renferme à présent, il y en a plus de la moitié hors des remparts, c'est-à-dire dans le faubourg. On n'y voit aucune paroisse, mais seulement quelques chapelles, deux couvens d'hommes & trois de filles.

Voici, madame, l'occasion que j'ai annoncée un peu plus haut, de parler de l'agrandissement de Paris, fait de ce côté là, en 1631. A cette époque, un intendant des finances, nommé, comme je l'ai dit, Barbier, forma & exécuta le projet de reculer les fortifications élevées, en 1553, par le cardinal Jean du Bellay, évêque & gouverneur de Paris. En conséquence, il engloba, dans une nouvelle enceinte, une partie du faubourg Montmartre d'alors, passant par devant la Grange-Batelière, & enveloppa ce que l'on appeloit la *Culture-l'Évêque*, qui étoit un peu en-deçà de la

Ville-l'Evêque; la butte saint-Roch; le faubourg saint-Honoré d'alors, qui fait aujourd'hui partie de la rue de ce nom; enfin tout le palais & le jardin des Tuileries. *Barbier* fit conſtruire la porte *Montmartre*, au coin des deux rues Foſſés-Montmartre & Neuve-Saint-Euſtache, à-peu-près à deux cents toiſes plus loin, vers ce qui fait aujourd'hui l'emplacement de l'hôtel d'Uzès. Il en éleva une autre à quelque diſtance en deçà de la Grange-Batelière : on l'appela *Porte de Richelieu*; & elle donna ſon nom à la rue qui fut tracée derrière, dans l'intérieur de la ville. Encore plus loin, on éleva une troiſième porte au bout de la rue Gaillon, & on l'appela *Porte Gaillon* : ces trois portes ont été détruites.

L'intérieur de cette nouvelle enceinte ſe peupla, & forma le quartier du Palais-Royal dont je viens de parler, & preſque tout le quartier Montmartre que je vais décrire. La partie qui eſt dans l'intérieur de la ville, porte le nom de quartier, & la partie qui eſt au-delà des boulevards, celui de faubourg. Je vais commencer par la première, en rentrant dans la ville, & en me tranſportant près de la place de *Louis le Grand*, dite communément de Vendôme.

En face de cette place, au bout de la

rue Neuve-des-Petits-Champs, est le couvent des *Capucines*, dont le portail sert d'ornement à cette même place, comme celui des Feuillans, du côté opposé, dans la rue saint-Honoré. L'ordre de ces bonnes religieuses n'est pas ancien, & n'a que trois couvens en France, dont les deux autres sont, l'un à Tours, l'autre à Marseille. La reine Louise de Lorraine, veuve de Henri III, projeta d'attirer à Paris des capucines; & par son testament de 1601, elle en chargea le duc de Mercœur, son frère. Ce duc étant mort, le roi Henri IV fit exécuter cette volonté. On acheta l'hôtel de Retz, situé au même endroit où est aujourd'hui ce couvent, dont la première pierre fut posée en 1604. Il fut fini & en état de recevoir ces religieuses en 1606, qu'elles sortirent de la maison des hospitalières de la rue de la Raquette, où la duchesse de Mercœur, douairière, les avoit placées.

Ces capucines sont, conformément à leur institut, de la plus grande pauvreté, & mènent la vie la plus austère. Cependant leur régularité édifiante leur a procuré des aumônes considérables. En 1686 & 1688, on leur fit bâtir un nouveau couvent, où elles ont toutes les commodités qu'elles peuvent souhaiter. Leur église est petite, mais jolie, pour sa destination, & a reçu encore de nouveaux embellissemens lors de la construction de la place Vendôme. Le portail qui a été fait alors, est de très-bon goût.

Il y a quelques tombeaux remarquables dans cette église, & des sépultures plus respectables encore dans le même caveau où l'on enterre les religieuses. Ce sont celles de la reine Louise de Lorraine, veuve de Henri III, & de Marie de Luxembourg, duchesse de Mercœur, sa belle-sœur, la première morte en 1601, la seconde en 1605. Dans l'église sont les mausolées, assez beaux, du duc de Créqui, mort en 1687, & du fameux Marquis de Louvois, secrétaire d'état de la guerre, mort en 1691. Le marquis de Barbezieux & l'abbé de Louvois, ses fils, y sont aussi enterrés.

La rue Neuve-des-Petits-Champs commence près de ce couvent des capucines, & se trouve, à quelque distance de là, coupée par la rue Sainte-Anne, qui est au centre de ce quartier. Celle-ci renferme la petite communauté des *Nouvelles catholiques*, dont l'établissement, formé sous le titre d'*Exaltation de Sainte Croix*, fut autorisé sous ce nom par le pape Urbain VIII, & confirmé par les rois Louis XIII & Louis XIV. Les libéralités de la maison de Créqui, & de quelques personnes pieuses, contribuèrent à la construction de la maison & de la chapelle, dont la première pierre fut posée, en 1671, au nom de la reine Anne d'Autriche. Cette communauté jouit des privilèges, franchises, libertés & exemptions des maisons royales. Les personnes infortunées qui veulent faire abjuration, y sont reçues & instruites gratuitement.

En avançant dans la rue Neuve-des-Petits-Champs, on la trouve encore coupée par la rue de Richelieu, où est la principale porte de l'hôtel actuellement occupé par la *bibliothèque du roi*. Cet immense dépôt des livres, tant imprimés que manuscrits, n'est solidement établi dans cet endroit que depuis 1722. Cependant dès 1666, il y en avoit déjà une partie rue Vivienne. Mais par la suite il a bien fallu multiplier les logemens à proportion du nombre des livres, soit imprimés, soit manuscrits. On a néanmoins toujours déclaré que ce dépôt n'étoit là qu'en attendant qu'il fut transporté au Louvre.

Cette bibliothèque de nos rois ne consistoit autrefois que dans quelques livres d'église. Saint Louis légua la sienne aux jacobins, aux cordeliers de Paris, & à l'abbaye de Royaumont. On prétend que le roi Jean ne possédoit que trois ou quatre livres de dévotion, & cinq ou six de sciences & d'histoire. Charles V fut le premier qui forma une collection de livres un peu estimés. Nous en avons le catalogue dressé, en 1373, par Gilles *Mallet*. Elle contenoit jusqu'à neuf cent dix volumes, renfermés dans une tour du Louvre, que l'on appeloit *Tour de la Librairie*. Les Anglais, maîtres de la France à la fin du règne de Charles VI, emportèrent cette bibliothèque royale en Angleterre. On la rétablit, & on la soutint, mais foiblement sous les règnes suivans.

En 1544, le roi François I en avoit à Blois une d'environ deux mille volumes, & une autre à Fontainebleau. On les réunit; & cette bibliothèque commença à passer pour considérable. Sous le règne de Henri II, on ordonna à tous les imprimeurs & libraires de fournir au roi un exemplaire de tous les livres qu'ils mettoient en vente. Cette obligation contribua à grossir encore la bibliothèque de Fontainebleau. La reine Catherine de Médicis y ajouta beaucoup de livres italiens. Mais toute cette collection fut pillée pendant les troubles. Henri IV ayant pacifié le royaume, en rassembla les débris, & les fit déposer à Paris, d'abord aux cordeliers, ensuite dans le collége de Clermont, vacant par l'absence des Jésuites, &, après le retour de ces pères, dans la rue de la Harpe. Pendant tout le règne de Louis XIII, elle ne fut ni aussi belle, ni aussi nombreuse que l'étoient déjà celles de plusieurs couvens & de quelques particuliers.

Sous le règne de Louis XIV, cette bibliothèque ne contenoit guères plus de dix mille volumes imprimés, & six mille manuscrits. En 1666, elle fut transportée rue Vivienne, & grossie successivement par l'acquisition des manuscrits de MM. *Dupuis*, de M. de *Bethune*, & par les recherches que le ministre Colbert fit faire des livres les plus rares & les plus précieux dans toutes les parties de l'Europe, & dans les pays les plus éloignés, tels que le Levant, & même la Chine. Après être montée à soixante-dix mille volumes, elle a été enfin portée à deux cent mille, par la réunion de plusieurs riches cabinets, & par des acquisitions particulières. On y a joint une précieuse collection d'estampes & de dessins ; une autre encore d'un plus grand prix, de médailles & d'antiques.

On ne peut dire à quel point ce trésor des sciences & de littérature peut être porté. Mais on peut être assuré que quoique les bâtimens destinés à le renfermer, soient très-vastes & très-beaux, ils feront & sont même déjà très-insuffisans pour le contenir & pour le rendre aussi utile qu'il pourroit l'être. Il est aisé de prévoir qu'il en faudra revenir à l'ancien projet de le transporter au Louvre. Cette bibliothèque est ouverte au public deux fois la semaine, les mardis & les vendredis.

L'hôtel de la Compagnie des Indes

tient aux bâtimens de la bibliothèque du roi. Mais il a sa principale entrée dans la rue neuve des Petits-Champs, au coin de la rue Vivienne. Celle-ci tire son nom de *Vivien*, homme fort riche, le premier qui y ait fait bâtir. C'est là qu'est la *Bourse*, lieu de rendez-vous & assemblée des banquiers & des agens de change. Elle est prise sur le terrain du jardin de l'hôtel de la Compagnie des Indes.

Tout près du bout de la rue neuve des Petits Champs & de la place des Victoires, est le couvent des *Augustins déchaussés*, le seul d'hommes du quartier Montmartre. Ces religieux, connus à Paris sous le nom de *Petits Pères*, s'établirent dans cet endroit en 1629. Le roi Louis XIII posa la première pierre de leur église, qui, après avoir été long-temps sans être achevée, fut dédiée sous le nom de *Notre-Dame des Victoires*. Le chœur des religieux, situé derrière le grand autel, est un morceau d'architecture assez estimé. Une des chapelles collatérales, dédiée à Notre-Dame de Savonne (sur la côte de Gênes) est décorée de beaux marbres. C'est l'ouvrage d'un certain frère *Fiacre*, petit Père, dont la reine d'Autriche estimoit beaucoup la piété. Cette reine recommanda, en mourant, à son fils Louis XIV, d'achever la construction de cette chapelle, & ses volontés furent exécutées avec assez de magnificence & de goût.

On remarque dans cette église le tombeau du fameux musicien *Lully*, mort en 1687, âgé de cinquante-quatre ans. Bien des personnes sont étonnées de lire, dans une église habité par des religieux dont la règle est très-austère, une épitaphe qui contient l'éloge des talens d'un homme principalement connu par ses opéra. Mais *Lully* a fait aussi de la musique d'église bonne pour son temps. Le couvent, & sur-tout le réfectoire & la bibliothèque, sont beaux. La dernière est nombreuse, & renferme des livres précieux, parce qu'elle a eu long-temps à sa tête des religieux savans & connoisseurs. Ce n'est que de nos jours que le portail a reçu sa dernière perfection. La cour a été ornée & embellie de grilles. On a même tracé de nouvelles rues & bâti de nouvelles maisons, en prenant quelque chose sur la cour & le jardin, qui avoient déjà été diminués par des bâtimens, dont la location est profitable à ces pères.

La réforme des Augustins déchaussés ne commença qu'à la fin du seizième siècle. Lorsque ces religieux vinrent à Paris, au dix-septième, ils ne portoient ni linge, ni souliers : ils avoient la barbe longue comme les capucins, & de grands capuchons pointus. Ce n'est que sous le pontificat de Benoît XIII, qu'ils ont eu la permission de couper leur barbe & de se chauffer, il y a environ cinquante ans.

La rue *des fossés Montmartre*, une de celles qui aboutissent à la place des Victoires, a été ainsi nommée, parce que les fossés de la ville passoient autrefois par là, lorsque l'enceinte étoit moins étendue, & que la porte Montmartre se trouvoit-à-peu-près dans cet endroit. Elle touche, par son autre bout, à la rue Montmartre même.

Celle-ci n'offre rien autre chose d'intéressant que la petite église de *saint Joseph*, dépendante de Saint Eustache, & dont l'ancienneté ne remonte pas plus haut que 1649. Ce fut alors qu'on y plaça le cimetière de la paroisse, qui étoit auparavant dans la rue du Bouloy. Le fameux *Molière* y fut enterré en 1673, & le bon *la Fontaine* en 1695. Ce cimetière a été transporté de nos jours bien plus avant dans le faubourg.

Vis-à-vis cette église, est une petite rue qui aboutit à la rue Notre-Dame-des-Victoires, qu'on traverse pour entrer dans celle des *Filles saint-Thomas*. Dans cette dernière est le couvent de ce nom, habité par des religieuses de l'ordre de Saint Dominique, d'une réforme qui a pour sa patrone particulière, *sainte Catherine de Sienne*, dominicaine, fameuse par ses révélations. Ces bonnes religieuses furent attirées en

France en 1626, & placées d'abord dans différens quartiers de Paris, jusqu'à leur établissement fixe, qu'elles ne trouvèrent qu'en 1642. Comme elles entrèrent dans cette maison, le jour de la fête de Saint Thomas d'Aquin, grand docteur de leur ordre, elles en donnèrent le nom à leur couvent, où elles reçoivent des pensionnaires. L'église, qui ne fut achevée qu'en 1715, est assez jolie, & le portail d'une forme agréable. Mais la porte du couvent est au contraire fort maussade.

Cette rue des Filles Saint Thomas se prolonge jusqu'à la rue de Richelieu, où commence la rue *neuve saint-Augustin*, ainsi nommée des augustins déchaussés, dont j'ai déjà parlé. Tout au bout de cette rue, & le long d'une partie de celle de Louis *le Grand*, est l'*hôtel de Richelieu*, ci-devant l'*hôtel d'Antin*. Il fut bâti, en 1707, par un riche particulier, nommé *Lacour des Chiens*. Quoique dès sa première construction il fût fort magnifique, on l'appela d'abord, par sobriquet, l'*hôtel de travers*, parce que la disposition en étoit irrégulière, & l'architecture assez bisarre. Le duc d'Antin, surintendant des bâtimens du roi, l'ayant acquis en 1713, y fit de grands embellissemens tant intérieurs qu'extérieurs; & le maréchal duc de Richelieu, l'ayant ensuite acheté à la mort du duc d'Antin, en a fait rebâtir la plus grande partie, & l'a rendu encore plus magnifique & plus commode. Le jardin en est vaste, & orné de statues qui méritent toute l'attention des connoisseurs: ce sont, pour la plûpart, des antiques apportées du château de Richelieu. A l'extrémité du jardin, du côté du boulevard, est un beau pavillon qui réunit tous les agrémens de la ville & de la campagne.

Avant d'entrer dans le faubourg Montmartre, je dois dire qu'en longeant le boulevard à droite, on trouve, à quelque distance de ce pavillon, le nouveau *théâtre italien*, bâti dans l'ancien emplacement de l'hôtel de Choiseul, & isolé sur trois faces, dont la principale donne sur une place. Le fond de cette salle est adossé à une maison, qui a la façade sur le boulevard même.

Vis-à-vis ce pavillon du jardin de l'hôtel de Richelieu, par de-là le boulevard, commence ce que l'on appelle *Chaussée d'Antin*. C'était autrefois un grand chemin qui conduisoit au village de Clichy-la-Garenne, & qui ayant été rélargi & accommodé par les soins du même duc d'Antin, sur-intendant des bâtimens du roi, fut ainsi appelé. Insensiblement on y bâtit quelques guinguettes & quelques maisons de plaisir. Aujourd'hui, c'est une des plus grandes & des plus belles rues des faubourgs de Paris. Elle est garnie de grands hôtels & de belles maisons, & coupée par plusieurs rues de traverse, qui se décorent tous les jours avec le même succès. Le défaut d'église a engagé depuis peu à y transférer le couvent des *Capucins*, qui était au faubourg saint-Jacques, près de la barrière, au-delà du Val-de-Grace. On remarque dans la bibliothèque de ces Pères la première bible qui ait été imprimée au Louvre.

La grande rue du faubourg Montmartre n'est qu'une continuation de la rue de Montmartre même, & commence au boulevard : mais en s'avançant du côté de la barrière, elle prend le nom *des Porcherons*. Auprès de la barrière est une petite chapelle, appelée *Notre-Dame-de-Lorrette*, ou *la chapelle des Porcherons*. Elle fut élevée, en 1656, par les habitans du quartier, qui y contribuèrent avec empressement, vû l'éloignement où ils se trouvoient & où ils se trouvent encore de la paroisse du village de Montmartre, dont ils dépendent. Cette partie du faubourg conserve le nom *des Porcherons* jusqu'à son extrémité, où est la barrière de la petite Pologne.

Dans ce même endroit, on trouve encore à main gauche de la Chaussée-d'Antin, près de la première barrière, un château ou maison seigneuriale, avec une petite chapelle. On l'appelle le *Château Lecoq*, chef-lieu du fief des Porcherons. Dès l'an 1300, il appartenoit à la famille des *Lecoq*, ancienne dans Paris, & qui, durant les derniers siècles, étoit considérée dans la magistrature : elle ne s'est éteinte que de nos jours. On voit encore sur une vieille porte, à présent murée, une inscription en caractères gothiques, portant *hôtel Coq*, 1320, & au dessus les armes de la famille, qui sont parlantes. Il ne reste de cette antiquité qu'une partie des murs.

Un autre fief qui subsiste encore dans ce quartier, hors la ville, est *la Grange-Batelière*, ou pour mieux dire, *Bataillière*; car les champs qui l'environnoient, étoient nommés autrefois *Champs des joûtes*. Plus anciennement encore, ce fief s'appeloit *Tudella*, ou *Tutela* : il est ainsi désigné dans une charte de Louis *le Débonnaire*, de l'an 820. Le fief de l'évêché de Paris s'étendoit autrefois depuis saint-Germain-l'Auxerrois jusques là, celui de la Grange-Batelière ayant été par la suite aliéné à diverses communautés, & à différens particuliers : mais il a toujours relevé de l'évêché. La maison de Laval possédoit ce fief à la fin du quatorzième siècle ; & Jean de Bourbon, comte de Vendôme, en étoit le propriétaire à la fin du quinzième.

La rue Poissonnière, qui commence dans la ville même, continue de porter son nom dans le faubourg, que l'on appelle en cet endroit la *Nouvelle France*. En 1645, on avoit élevé à l'entrée de ce faubourg une porte, que l'on appela *Porte Sainte-Anne*, en l'honneur de la reine Anne d'Autriche, & dix ans après, on y bâtit une chapelle sous l'invocation de *sainte-Anne*, pour la commodité des habitans qui sont trop loin de toute église paroissiale. Cette chapelle subsiste encore, & sert de succursale à la paroisse du village de Montmartre, laquelle s'étend jusques dans ce faubourg. On y a construit de nos jours, au coin de la rue Bergère, l'*hôtel des menus plaisirs du roi*, qui renferme de grands magasins, & un joli théâtre.

Le quartier & faubourg *saint-Denis* est borné, à l'occident, par celui de Montmartre; au midi, par celui des halles; à l'orient, par celui de saint-Martin; & au nord, par le grand chemin qui conduit à la ville de saint-Denis. La rue de ce nom, qu'on appeloit le *grande rue de Paris*, lorsqu'elle commença à être enfermée dans la ville, le traverse dans toute sa longueur, & se prolonge même jusqu'au grand Châtelet.

A l'extrémité méridionale de ce quartier, est

est la rue *Mauconseil*, une de celles par lesquelles on entroit dans la salle de l'ancien hôtel de Bourgogne. Elle tire son nom de la résolution qui, dit-on, y fut prise d'assassiner le duc d'Orléans; ce qui fut en effet exécuté l'an 1407, lorsque ce prince venant de chez la reine qui demeuroit à l'hôtel saint Paul, traversoit la rue Barbette pour se retirer dans le sien.

Cet ancien *hôtel de Bourgogne* a long-temps renfermé un théâtre à l'usage des comédiens françois & italiens, & dont voici, Madame, l'histoire en peu de mots. En 1543, le roi François I avoit ordonné la démolition des hôtels d'Artois & de Bourgogne, situés à cette extrémité de la ville, touchant à l'ancienne enceinte formée par Philippe Auguste. On avoit commencé à travailler à cette démolition, lorsqu'en 1548, les confrères de la passion achetèrent une partie du dernier hôtel, & y donnèrent des représentations pieuses des principaux mystères de notre religion. Ils y ajoutèrent ensuite des farces, & enfin des comédies plus régulières, divisées en plusieurs actes mêlés d'intermédes, & en vers: c'est ce qui a donné naissance à nos spectacles les plus estimés.

En 1566, on commença à se faire scrupule de ces pieuses représentations; & le roi Charles IX défendit de jouer les mystères de notre religion. Mais les confrères de la passion n'en restèrent pas moins en possession de l'entreprise des spectacles, qui devinrent purement profanes. A la fin ils louèrent leur salle à des troupes de comédiens, sans en perdre néanmoins la propriété : ils y conservèrent même des places distinguées, que l'on appelloit *les loges des maîtres*. En 1676, la confrérie de la passion ayant été entiérement supprimée, & ses biens attribués à l'hôpital général, les comédiens français continuèrent encore jusqu'en 1680 à jouer alternativement sur ce théâtre avec une troupe de comédiens italiens, qui, depuis assez long-temps, avoit été attirée en France.

A cette dernière époque, tous les comédiens français ayant été s'établir dans la partie méridionale de Paris, rue des Fossés saint-Germain, les comédiens italiens restèrent seuls en possession de l'hôtel de Bourgogne jusqu'en 1697, que leur troupe fut chassée par ordre du roi. Le théâtre resta vacant jusqu'en 1716, que le duc d'Orléans, régent du royaume, appela une nouvelle troupe d'Italie à Paris, où elle a subsisté toujours sous le nom de *comédiens italiens ordinaires du roi*, quoique fort dénaturée. Enfin, ces dernières années, elle a été habiter, près du boulevard, le nouveau théâtre, dont j'ai déjà parlé.

Non loin de cet ancien emplacement de la comédie italienne, font les deux rues du *grand* & du *petit Huleu* (& non pas *Hurleur*, comme on le dit communément), dont l'une donne dans la rue saint-Denis, & l'autre dans la rue saint-Martin. Elles sont l'une & l'autre étroites & mal bâties. Aussi prétend-on qu'elles n'ont jamais été habitées ni fréquentées par les personnes les plus honnêtes ; mais que dans des temps où le gouvernement & la police toléroient les lieux de débauche, c'étoit-là le quartier qu'on leur avoit assigné. Les personnes de l'un & de l'autre sexe qui y entroient ou qui en sortoient, étoient sujettes à recevoir des affronts, des avanies, & sur-tout des huées. On prétend que les polissons crioient *Hue-le*, & que cette expression a été regardée comme le nom de la rue.

En suivant la rue saint-Denis, vers le boulevard, on trouve à gauche la paroisse *saint-Sauveur*, qui, en 1216, étoit une simple chapelle, que l'on appeloit *chapelle de la Tour*, parce qu'elle étoit située hors de la ville, mais assez près d'une des tours qui en formoient l'enceinte. Les habitans de la paroisse saint-Germain-l'Auxerrois, qui demeuroient hors des murs, pouvant difficilement assister aux offices, on établit pour eux deux succursales ; dont l'une fut la chapelle sainte-Agnès, aujourd'hui saint-Eustache, & l'autre, la chapelle de la Tour, à présent saint-Sauveur : l'une & l'autre devinrent tout-à-fait paroisses au commencement du quatorzième siècle. Le chapitre saint-Germain-l'Auxerrois se réserva le patronage de la cure, & quelques modiques redevances qu'il abandonna ensuite au curé.

Le bâtiment de cette église est du seizième siècle, sous le règne de François I, & fut encore agrandi en 1571. Elle a été assez embellie intérieurement dans le commencement de ce siècle. Mais le bâtiment, & la tour qui servoit de clocher, menaçant ruine, on les a abattus de nos jours, à l'exception d'une partie qui sert de paroisse, en attendant qu'on en rebâtisse une nouvelle. La paroisse saint-Sauveur, comme toutes celles qui portent ce nom, a pour fête de patron le jour de la transfiguration de notre seigneur.

Presque vis-à-vis de cette église paroissiale est l'hôpital de *la Trinité*, autrement dit *des enfans bleus*. Nos anciens auteurs en font remonter l'origine jusqu'à l'an 1202. A cette époque, disent-ils, deux chevaliers français de l'illustre famille des *Garlande*, cédèrent leur maison pour qu'on y construisît une chapelle, & choisirent quelques prémontrés pour la desservir: elle fut finie en 1210. Il paroît qu'il y avoit déjà tout auprès un petit hôpital fondé par des chevaliers allemands pour des pélerins. Peu de temps après, ils obtinrent la permission d'avoir des cloches, en payant pour cela quelque somme à l'évêque & au chapitre de saint-Germain-l'Auxerrois. On voit qu'au quinzième siècle, l'abbé de Hermières & ses religieux fournissoient des desservans à cette chapelle & à ce petit hôpital, & avoient un assez vaste cimetière, où l'on enterroit les personnes mortes de maladie épidémique, & même les pestiférés.

Au quinzième siècle, les confrères de la passion se trouvèrent chargés de l'administration de cet hôpital, qui avoit pris le nom de *la Trinité*, parce que la chapelle y étoit dédiée. Ce furent ces mêmes confrères, qui ayant des salles de reste, en firent servir une à la représentation des mystères, & y ayant pris goût, achetèrent, en 1548, les débris de l'hôtel de Bourgogne, & se rendirent entrepreneurs de troupes, comme je l'ai dit il n'y a qu'un moment. L'établissement hospitalier n'avoit point souffert de l'entreprise des spectacles. Les confrères avoient placé de pauvres enfans dans les salles de l'hôpital de la Trinité, tandis qu'ils faisoient jouer leurs pièces dans celle de l'hôtel de Bourgogne. Cependant cette hospitalité fut assez mal dirigée jusqu'en 1676. Elle fut mise en règle par la suppression de la confrérie, & parce qu'il fut ordonné qu'elle feroit partie de la grande administration de l'hôpital général. L'église avoit déjà été rebâtie en 1598, & le portail élevé, comme il l'est aujourd'hui, en 1671.

Les bâtimens ont été rétablis, & sont actuellement de deux espèces. Les uns contiennent des salles où l'on élève en commun de petits enfans pauvres de l'un ou de l'autre sexe, nés à Paris. Les petits garçons sont au nombre de cent. Ils sont vêtus de bleu, vont aux enterremens quand on les demande, & reçoivent d'ailleurs une éducation convenable à leur état, jusqu'à ce qu'ils entrent en apprentissage. Les petites filles sont au nombre de trente-six, & sont vêtues de même. Quand les uns & les autres ont atteint l'âge de travailler, ils sortent des classes communes; & on les place chez des ouvriers qui habitent un certain nombre de maisons situées dans l'enceinte de la Trinité. Ces ouvriers nourrissent & instruisent ces enfans au moins pendant trois ans; & l'apprentissage des petites filles ou petits garçons, vaut la maîtrise au maître ou à la maîtresse. Le jeune homme lui-même continuant de devenir de plus en plus habile, peut parvenir à la maîtrise *gratis*, en recevant à son tour chez lui des enfans de la Trinité. Il y a quelques prêtres chargés de diriger cet établissement quant au spirituel, & des sœurs pour prendre soin des petites filles & des infirmeries. M. le procureur général veille particulièrement sur cet établissement de charité, dont la manutention est assez délicate à exercer.

Au-dessus de cet hôpital, & particulièrement de la paroisse saint-Sauveur, en se rapprochant de la porte saint-Denis, on trouve le couvent des *Filles-Dieu*, à présent occupé par des dames de l'ordre de Fontevrault. Cette maison fut originairement fondée, en 1226, par un prieur de saint-Martin-des-Champs, pour des femmes pénitentes & converties. Ce fut la première année que saint-Louis monta sur le trône. Ce monarque fit, pendant le cours de son règne, de grands biens à cette maison, en augmenta les bâtimens, & accorda à ces religieuses des privilèges & des revenus. Le nombre en fut alors porté à deux cents. Un siècle après, on fut forcé d'en diminuer le nombre jusqu'à soixante : mais ensuite on les rétablit jusqu'à cent.

Les fortifications que l'on fut obligé de faire à la ville, au quatorzième siècle, ayant traversé la maison de ces religieuses, elles furent forcées de se retirer ailleurs. On les plaça, près la porte saint-

Denis, dans un lieu où il y avoit déjà un hôpital fondé pour les paſſans, par un nommé *Imbert de Lyons*. Elles furent obligées d'exercer l'hoſpitalité ; & l'on y bâtit des logemens ſuffiſans pour les différentes eſpèces de bonnes œuvres que l'on devoit y pratiquer. Mais inſenſiblement le relâchement ſe mit dans cette maiſon; & en 1483, le déſordre y étoit extrême. Le roi Charles VII voulut la donner aux religieuſes de Fontevrault. Ce changement ne laiſſa pas de ſouffrir quelques difficultés : ce ne fut qu'en 1495, qu'elles furent tout-à-fait levées ; & l'on y plaça huit religieuſes & ſept religieux de cet ordre. On continua d'appeller cette maiſon les *Filles-Dieu*; & ces dames conſentirent à faire exercer l'hoſpitalité dans une maiſon extérieure, qui avoit une chapelle dédiée à la Magdeleine. Au commencement du dix-ſeptième ſiècle, l'hoſpitalité & la chapelle furent ſupprimées. L'égliſe actuelle fut commencée en 1495, & finie en 1508. L'architecture du grand autel eſt fort eſtimée.

Auprès de cette égliſe, on voit un grand crucifix, fameux par la ſingulière fondation, qui y avoit été faite dans des temps reculés, & dont on ne peut bien fixer l'époque. Lorſqu'un patient avoit été jugé & condamné à être exécuté au gibet de

Montfaucon, on le faifoit arrêter devant cette croix, & là, on lui donnoit trois morceaux de pain & du vin, en lui faifant le trifte compliment que c'étoit fon dernier repas. On fait que le malheureux *Semblançai* fe foumit avec courage & réfignation à cette ignominieufe cérémonie.

Derrière ce couvent des Filles-Dieu, eft une grande cour ou emplacement, que l'on appelle communément *cour des miracles*. Ce nom lui vient de ce que l'on trouvoit & que l'on trouve peut-être encore dans cet endroit écarté, des mendians, gens fans aveu, qui courent les rues en contrefaifant les boiteux, fuppofant des infirmités pour exciter la charité des bonnes gens, & de ceux dont la bienfaifance eft plus fincère qu'éclairée. Comme ces mendians paroiffent bien portans, quand ils font rentrés chez eux, on a appelé, à caufe de cela, cet endroit *cour des miracles*.

On trouve dans ce quartier faint-Denis, & au-dedans de la ville, deux autres communautés de filles, qui portent le titre d'*Union chrétienne*. On s'eft accoutumé à donner à l'une & à l'autre le nom de *faint Chaumont*, quoique ce nom ne convienne qu'à celle qui eft fituée dans la rue faint-Denis, & qui a été bâtie fur les ruines de l'hôtel du marquis de faint-Chaumont.

L'établissement de ces deux communautés ne remonte pas plus haut que le dix-septième siècle. Les pieuses filles qui les gouvernent & les composent, ne font point de vœux solemnels. Il est même porté dans leurs constitutions qu'elles n'en feront point.

Ces constitutions s'appellent *règles d'union*, parce qu'elles s'étendent sur plusieurs communautés, dont la première fut établie à Fontenai, près Vincennes, en 1630, par les soins de madame *Palaillon* : c'est cette communauté qui est à présent rue sainte-Anne, sous le nom de *nouvelles catholiques*. La seconde, qui a la même institutrice, subsiste au fauxbourg saint-Marceau, sous le titre de *filles de la Providence*. La troisième s'établit à Charonne; & c'est d'elle qu'est venue la *petite union*, ou le *petit saint-Chaumont*, dont je vais parler tout-à-l'heure. Enfin, la quatrième est le monastère de l'*union chrétienne*, ou des *dames du grand St. Chaumont*, rue saint-Denis. Elles achetèrent l'hôtel de saint-Chaumont en 1683, & s'y transportèrent en 1687. Les bâtimens & les jardins de cette maison sont assez grands. La chapelle est jolie : mais d'ailleurs il n'y a rien de remarquable.

La *petite union*, ou le *petit saint Chaumont*, étoit, il y a cent ans, une maison appartenante à un sieur & une dame Berthelot, qui pensèrent à en faire un hôpital, & hésitèrent quelque temps sur le genre d'hospitalité qu'ils y feroient exercer. Enfin en 1682, ils se déterminèrent à y placer des filles de l'union chrétienne. Cet établissement fut confirmé par lettres-patentes, en 1685. La chapelle est très-petite & dédiée à sainte-Anne. La maison, serrée entre trois rues & les remparts, n'a point de jardin. La principale entrée est dans la rue de la Lune, qui fait partie de la *Villeneuve*, dont voici l'histoire.

Lorsqu'en 1553 on enferma Paris d'une nouvelle enceinte, il resta dans le quartier saint-Denis un assez grand espace vide, où il s'établit quelques maisons & des rues. De nouvelles fortifications, faites en 1593, obligèrent de les détruire. La paix ayant été rendue à la France, sous le règne de Henri IV, on entreprit de rebâtir sur ce terrain. Mais comme il étoit bas derrière les remparts, il fallut avant tout le relever: c'est à quoi l'on travailla, en y faisant porter pendant long-temps tous les gravois de la ville. Ce terrain étant ainsi élevé & uni, on y traça des rues, & l'on y éleva des maisons, en permettant à des ouvriers sans qualité de s'y établir & d'y travailler de leur métier; c'est de-là qu'on appela ce terrain bâti, la *Villeneuve-sur-gravois*. Les rues qui composent ce petit quartier particulier, sont les rues de *Bourbon*, ainsi nommée de Jeanne de Bourbon, fille naturelle de Henri IV, abbesse de Fontevrault, qui permit qu'on ouvrît cette rue sur son terrain, ou du moins sur sa censive; de *Cléry*, de *Beauregard*, de *la Lune*, & grand nombre de petites rues de traverse. La paroisse de toutes ces rues s'appelle *Notre-dame-de-bonne-nouvelle*.

Cette paroisse étoit, au seizième siècle, une petite chapelle dédiée à l'annonciation. Au dix-septième, on permit aux habitans de la faire reconstruire; & elle devint succursale de la paroisse saint-Laurent, qui s'étendoit depuis long-temps jusques dans cette partie de la ville. Enfin en 1673, elle fut érigée en cure. L'église ne contient d'ailleurs rien de remarquable. Le prieur de saint-Martin-des-Champs en conserve toujours le patronage; & les religieux de ce prieuré y viennent célébrer la grand messe le jour du patron, c'est-à-dire de l'annonciation.

A une petite distance de cette église est la *porte saint-Denis*. C'est un arc de triomphe élevé à la gloire de Louis XIV, en 1672 & 1673. Le dessin est de François *Blondel*, & Colbert en fut l'ordonnateur. Les sculptures sont d'*Anguier* & de *Girardon*, deux des plus fameux artistes du siècle de Louis *le Grand*.

On entre par cette porte dans le faubourg saint-Denis, dont la principale rue, portant le même nom, n'est qu'une continuation de celle de saint-Denis même. Ce qu'il offre de plus remarquable, se trouve à son extrémité septentrionale, qu'on appelle quelquefois *faubourg saint-Lazare*. C'est-là qu'est située la maison de ce nom, dont l'origine remonte très-haut, puisque l'on croit qu'elle fut bâtie sur les ruines de l'ancienne abbaye de saint-Laurent, qui étoit connue dès le sixième siècle, & qui fut détruite par les Normands.

Il y a toute apparence qu'on bâtit, vers le treizième siècle, sur les ruines de cette abbaye une léproserie ou hôpital pour les malades de la lèpre, qui étoient soignés par des frères & des sœurs, à la tête desquels étoit, pour le temporel, un proviseur nommé par l'évêque de Paris, & pour le spirituel, un prieur de l'ordre de saint-Augustin. Cet établissement charitable en faveur des lépreux, subsistoit déjà avant que le roi Louis *le Jeune*, revenant de la terre sainte, ramenât avec lui des frères hospitaliers de saint-Jean de Jérusalem, qui étoient destinés aux mêmes œuvres de charité. Ceux-ci furent établis à Boigny,

& successivement en d'autres lieux. Mais le prieur & les religieux de saint-Lazare de Paris subsistèrent indépendamment d'eux. La reine Adélaïde de Savoie, femme de Louis *le Gros*, paroît avoir été leur première bienfaitrice, en leur faisant obtenir du roi son époux une foire, dont ils jouirent pendant le reste du douzième siècle. Au commencement du suivant, Philippe-Auguste la racheta d'eux, & la transporta aux halles, comme je l'ai dit ailleurs.

Ce prieuré s'appeloit alors *la maison de saint-Ladre* ou *Lazare*, & les prieurs étoient toujours choisis par l'évêque de Paris. De-là s'établit l'autorité du chapitre de Notre-Dame sur le prieur & le couvent de saint-Ladre ou Lazare. Le prieur étoit toujours prêtre, & curé des frères donnés, & ceux-ci soignoient les malades. Au commencement du seizième siècle, l'évêque de Paris y faisant des visites, trouva que cette maison avoit besoin de réforme, & y introduisit quelques chanoines de saint-Victor, qui commencèrent à y remettre l'ordre. Mais ce ne fut pas pour long-temps, les guerres de religion étant survenues, & ayant achevé de tout perdre dans cette maison. Au commencement du dix-septième siècle, on n'y exerçoit plus d'hospitalité. Elle étoit devenue un prieuré simple ou commendataire, lorsque le dernier prieur, nommé *Adrien le Bon*, consentit à céder ce bénéfice à *Vincent de Paule*, pour que celui-ci y établît les prêtres de la congrégation de la mission, ses disciples.

Dès les premières années du dix-septième siècle, ce pieux ecclésiastique s'étoit consacré, avec le plus grand succès, aux missions de l'intérieur du royaume. Elles y étoient d'autant plus nécessaires, que l'ignorance, la superstition, & même le fanatisme avoient fait disparoître, pendant tout le temps des troubles & des guerres civiles, le véritable esprit de la religion chrétienne & catholique. En 1617, il conçut le projet de rassembler de jeunes ecclésiastiques, & de les rendre capables de le seconder dans ses missions. Le premier archevêque de Paris, *Gondy*, & son frère que l'on appeloit *le comte de Joigny*, père du cardinal de Rétz, entrèrent dans ses pieuses vues; & l'archevêque lui confia, en 1624, le soin du collége des Bons Enfans, près de Saint-Victor, qui fut changé en un séminaire. C'est, comme je l'ai dit ailleurs, la première maison qu'aient eu les prêtres de la mission, qui formèrent, en 1632, une congrégation approuvée par le pape.

Cette même année, on donna à Vincent de Paule le prieuré de faint-Lazare, qui devint bientôt la principale maifon de fon ordre. Il fe chargea, 1°. d'y entretenir au moins douze prêtres, pour célébrer les offices & acquitter les fondations : 2°. de fatisfaire à l'ancienne inftitution, c'eft-à-dire, de recevoir les lépreux de la ville & des faubourgs, s'il en exiftoit encore : mais il ne s'en eft jamais trouvé, depuis cent cinquante ans, qui aient eu la vraie lèpre, fi connue du temps de faint-Louis : 3°. de faire chaque année des miffions dans quelques bourgs ou villages du diocèfe de Paris, & même de quelques autres, avec la permiffion des évêques & des curés : 4°. de préparer les jeunes eccléfiaftiques aux ordinations, & même de les rendre capables des miffions : 5°. de faire des retraites fpirituelles plus ou moins longues, tant pour les eccléfiaftiques que pour les féculiers.

La maifon de faint-Lazare eft, pour ainfi dire, partagée à préfent en deux, dont la première eft en face de la foire faint-Laurent. L'églife, encore telle qu'elle fut cédée à Vincent de Paule, eft d'une architecture gothique affez groffière, & trop petite pour contenir la communauté entière & les habitans de la maifon. On y a fuppléé par des chapelles particulières dans la maifon même, & par des tribunes qui répondent dans des salles. D'ailleurs, on a peint, blanchi & orné le dedans le mieux qu'il a été possible ; & les offices s'y font avec toute la décence convenable. On lit dans le chœur l'épitaphe de Vincent de Paule, mort en 1660, & canonisé en 1737. A ses côtés sont inhumés ses deux successeurs dans la place de supérieurs de la congrégation de la mission, *René d'Almeras*, & *Edme Joli*. Le réfectoire est grand, bien éclairé, & orné d'un très-bon tableau, qui en occupe tout le fond. Les prêtres de saint-Lazare se sont maintenus dans un ancien usage, qui est la preuve de l'hospitalité qu'ils étoient obligés d'exercer : c'est d'admettre tous les jours à leur table deux pauvres qui y sont servis aussi bien que le reste de la communauté.

La seconde partie de cette maison est assez éloignée de la première, quoique dans la même rue & du même côté, mais plus près de la barrière. Elle s'appelle *séminaire saint-Charles*, & sert principalement pour les retraites. Indépendamment de ceux qui les dirigent, les missionnaires infirmes, malades ou convalescens, s'y retirent pour être plus tranquilles. Il y a dans ce séminaire une chapelle particulière.

Presque toutes les maisons bâties sur le côté de la grande rue du faubourg saint-

Denis, attenant celle de saint-Lazare, appartiennent à ces prêtres; & comme elles sont belles & en bon air, elles sont bien louées & d'un produit considérable. Ils ont aussi un très-grand jardin, & derrière, un clos immense, qui s'étend jusqu'à la barrière sainte-Anne, à l'extrémité de la rue Poissonnière & du quartier Montmartre. Ils y recueillent beaucoup de fruits, du blé même, & il s'y trouve un moulin d'une très-grande utilité pour la maison.

Au reste, dès le temps où saint-Vincent de Paule prit possession de la maison de saint-Lazare, il y trouva des personnes qui y étoient renfermées ou par leurs parens, ou par des ordres supérieurs; les unes pour cause de démence ou d'imbécillité, les autres par correction, pour faute de conduite. Lui & ses successeurs se chargèrent d'en prendre du même genre, en les tenant dans un bâtiment à part, & qui n'a avec la maison, que la communication nécessaire pour le service. C'est ce qui se fait encore aujourd'hui.

Les sœurs ou *filles de la charité* ont leur principal établissement dans la même grande rue du faubourg saint-Denis, vis-à-vis les missionnaires, sous la direction de qui elles sont. Saint-Vincent de Paule peut même être regardé comme leur instituteur, conjointement avec madame *le*

Gras, veuve d'un secrétaire des commandemens de la reine Marie de Médicis. Cette dame retira d'abord, en 1633, dans sa maison, rue du Chardonneret, quelques bonnes filles de campagne, qu'elle instruisit & destina au service des pauvres malades. En 1636, elle se transporta avec elles au village de la Villette, & enfin, en 1646, au lieu où elles sont aujourd'hui. Les réglemens qui leur avoient été donnés par saint Vincent de Paule, furent approuvés par l'archevêque diocésain, en 1655; & ils furent confirmés par lettres-patentes du roi, en 1658. Ils l'ont même été par le pape : mais il faut observer que ce n'est ni comme ordre, ni comme congrégation; c'est à titre de simple confrérie.

On fait faire d'abord aux personnes qui veulent y entrer, cinq ans d'épreuves & de noviciat. Ensuite on les admet à des vœux simples qu'elles renouvellent tous les ans le jour de la fête de l'annonciation de la Vierge. Elles sont occupées, dans les hôpitaux, à soigner les pauvres malades. Dans les paroisses, elles ont également soin des infirmes, apprennent aux petites filles à lire, à écrire, les conduisent au catéchisme, &c. Cette maison est le lieu de la résidence de la supérieure générale, & le dépôt de toutes les sœurs. C'est de-là qu'elles partent pour toutes les provinces du royaume, où leur utilité bien reconnue, fait qu'on s'empresse de s'en procurer.

Ces bonnes filles sont appelées *sœurs grises*, de la couleur de leurs robes. Leur coiffure est la même que portoient, du temps de leur institution, les servantes de campagne. Aussi les premières de ces sœurs furent-elles de simples paysannes. Mais par la suite, l'humilité & la charité ont engagé plusieurs filles de bonne famille à embrasser cet état. Elles se sont fort multipliées, sur-tout depuis le commencement de ce siècle. Il y a actuellement, dit-on, quatre cents de ces établissemens en France.

Lorsque le prieuré de saint-Ladre ou Lazare fut cédé à Vincent de Paule, il avoit encore quelques revenus, ou du moins des droits utiles & bons à faire valoir. C'étoient ceux d'une foire qui s'étoit de nouveau établie sur la censive de saint-Lazare, indépendamment de celle que le roi Philippe-Auguste avoit achetée pour la transporter aux halles. Au quatorzième siècle, cette nouvelle foire se tenoit le jour de *saint-Laurent* seulement. Elle fut ensuite prolongée jusqu'à huit jours, &, au seizième siècle, portée jusqu'à quatorze ou quinze. Dès qu'elle fut entre les mains de Vincent de Paule, le crédit de ce saint ecclésiastique, & l'intérêt que méritoient les établissemens pieux dont il s'étoit chargé, engagèrent à rendre cet objet de revenu de plus en plus confidérable.

Cette foire fé tenoit alors dans un terrain vague, qu'on appeloit *champ de saint-Laurent*. Mais en 1661, le roi permit aux lazariftes d'y deftiner un terrain de cinq ou fix arpens, placé vis-à-vis de leur maifon, entre les rues faint-Denis & faint-Martin. Ils le firent entourer de murs, y conftruifirent des boutiques; & cette foire parut fi agréable, qu'elle devint très-fréquentée. En 1705, on y fit de nouveaux embelliffemens; & les fpectacles de toute efpèce s'y introduifirent. On avança & l'on prolongea le temps où elle fe tenoit, puifqu'elle ne commençoit qu'au mois d'août, & qu'actuellement elle s'ouvre au mois de juillet, & ne finit qu'à la fin de feptembre.

Le quartier & faubourg *saint-Martin* eft borné, à l'occident, par ceux de faint-Jacques de la Boucherie & de faint-Denis; au midi, par celui de la Grève; à l'orient, par ceux de fainte-Avoie & du Temple, & au nord par les nouvelles barrières. La rue faint-Martin, une des plus confidérables de Paris, s'étend à l'occident de ce quartier, depuis l'églife paroiffiale de faint-Merry, jufqu'à l'extrémité du faubourg, dont elle prend le nom à la porte faint-Martin.

Cette églife étoit, au fixième fiécle,

une chapelle sous l'invocation de saint Pierre. *St. Merry* ou *Méderic*, religieux d'Autun, en Bourgogne, étant venu à Paris, avec un autre moine, son compagnon, nommé *Frédulfe* ou *saint Frou*, ils s'établirent près de cette chapelle, y menèrent une vie austère, & y firent plusieurs miracles. Ils y moururent au huitième siècle. Sur la fin du neuvième, leurs corps furent tirés avec pompe & cérémonie de leurs tombeaux de pierres, & placés dans des châsses exposées à la vénération des fidèles. Alors la chapelle prit le nom de *saint-Merry*. Peu de temps après, elle fut érigée en paroisse, & donnée au chapitre de notre-dame de Paris, qui commit sept prêtres pour la desservir, & y faire en même temps les fonctions canoniales & curiales. C'est de-là qu'est venu le chapitre de saint-Merry, qui est un de ceux que l'on appelle *filles de notre-dame*.

Les sept chanoines firent, pendant quelque temps, alternativement les fonctions de curé. Mais ensuite ayant eu des contestations, ils choisirent l'un d'entr'eux pour les faire habituellement, & on l'appela *presbyter*, ou *canonicus plebanus*, c'est-à-dire *chanoine-curé*. Par la suite on joignit à ce premier curé un second, auquel on donna le nom de *capicerius*, à ce que l'on croit, parce qu'il étoit chargé du luminaire, & de la cire de l'église, & à ce que d'autres prétendent, parce qu'il avoit soin du chevet ou fond de l'église paroissiale. Le chefecier & le curé, ou si l'on veut les deux chefeciers (car c'est ainsi qu'on les appeloit), exerçoient conjointement les fonctions curiales. On trouva par la suite de l'inconvénient à cette concurrence ; & depuis 1685, il n'y a plus qu'un chefecier-curé, & après lui six chanoines.

L'église actuelle de saint-Merry n'est pas plus ancienne que le seizième siècle ; & celle qu'on abbattit sous le règne de François I, pour faire place à celle-ci, avoit été bâtie au treizième. Plus anciennement encore, il y en avoit une qui avoit été élevée par les ordres d'un certain *Odon le Fauconnier*, dont on a conservé l'épitaphe, & que l'on croit avoir vécu sous le roi Eudes, prince de la troisième race qui porta la couronne avant Hugues Capet. Vers l'an 1520 ou 1530, le bâtiment actuel fut commencé ; mais il ne fut entièrement achevé qu'en 1612. Les vitrages sont chargés de peintures, assez médiocres, qui rendent l'église obscure : elle est d'ailleurs assez grande & assez bien distribuée.

Plusieurs hommes illustres, indépendamment du fondateur, sont enterrés dans cette église ; tels que *Raoul de Presle*, maître des requêtes du roi Charles V, avocat général au parlement de Paris, fameux par ses ouvrages & ses traductions en vieux françois. On y voit aussi la sépulture d'une bonne petite fille, nommée vulgairement *Guillemette de la Rochelle*, qui étoit recluse dans l'église de saint-Merry, sous le règne de Charles VI. Plusieurs auteurs contemporains disent l'avoir vue opérer des miracles. Dans la force de ses oraisons & de ses méditations, elle s'élevoit de plusieurs pieds en l'air, sans être soutenue de personne. Des tombeaux plus récens sont ceux de *Jean de Gonay*, chancelier de France, mort en 1512, & d'*Arnaud de Pomponne*, ministre d'état, sous Louis XIV, & beau père de Torcy. Il ne mourut qu'en 1699; & comme il fut disgracié avant sa mort, on mit sur son tombeau ce passage latin, beau & très-convenable à un ancien ministre des affaires étrangères : *res secundas aequo animo, adversas fortiter tulit* ; c'est-à-dire, qu'il jouit de la prospérité sans orgueil, & supporta l'adversité avec courage.

Derrière l'église de saint-Merry, est la *jurisdiction des consuls*. Elle fut établie, au seizième siècle, par le roi Charles IX, qui s'étant apperçu, que les causes des marchands traînant en longueur au châtelet & au parlement, leur causoient des dommages

SUITE DE L'ISLE-DE-FRANCE. 313
mages infinis, ordonna qu'ils seroient jugés par leurs pairs, pour plus prompte & meilleure expédition. Les consuls s'établirent d'abord dans la maison abbatiale de saint-Magloire, rue saint-Denis. Ils achetèrent ensuite & firent rebâtir à neuf la maison où ils sont aujourd'hui. Tout auprès est le triste bureau des *jurés-crieurs* d'enterremens. On prétend que c'étoit autrefois un palais appartenant à la reine Blanche, mère de saint-Louis.

On trouve dans le voisinage la rue *Beaubourg*, ainsi nommée d'un de ces bourgs ou faubourgs qui étoient encore hors de Paris, même après que la partie septentrionale de cette ville eut été enceinte murailles, par les ordres de Philippe Auguste. Le beau bourg s'étendoit jusqu'à la porte saint-Martin d'alors, qui étoit un peu au-dessus de l'église saint-Merry. Mais cette église étoit comprise dans Paris, dès la fin du douzième siècle.

En suivant la rue saint-Martin, on trouve l'église & la maison de *saint-Julien des ménétriers*, dont l'établissement remonte à l'année 1330. Ce furent effectivement d'honnêtes *menestrels* ou *ménétriers*, qui voyant de pauvres femmes leur demander l'aumône au bout de leur rue, toutes les fois qu'ils y entroient ou qu'ils en sortoient, jugèrent à propos d'y établir un

Tome XLII. O

petit hôpital, & une chapelle dédiée à saint Julien-l'hospitalier, & enfin une confrérie pour les gens de leur métier. Ils avoient déjà un patron que l'on appeloit *saint Genest*. Ce saint étoit comédien-pantomime, & fut converti en voulant parodier les cérémonies du baptême pour amuser les païens.

Cet confrérie a toujours subsisté dans cet endroit depuis le quatorzième siècle jusqu'à présent. Les joueurs d'instrumens firent seuls desservir la chapelle, jusqu'en 1644, qu'on y plaça des pères de la doctrine chrétienne, qui y sont restés jusqu'à ces derniers temps. L'hospitalité n'y a pas été long-temps exercée; & les biens destinés à cet objet ont été unis à ceux de l'hôtel-dieu. Cependant les confréries des maîtres à danser, de violons & de joueurs d'instrumens, ont toujours à leur nomination un chapelain qui dessert leur chapelle. Le chef de cette confrérie prenoit encore, de nos jours, le titre de *roi des violons*. C'est le dernier chef d'une société quelconque, à qui l'on ait permis ce titre, sentant bien qu'il étoit, pour lui sur-tout, sans aucune conséquence.

Là tout auprès est la rue des *Ménétriers*, qui, dans les titres du treizième siècle, s'appelle *vicus viellatorum ou joculatorum, rue des Vielleurs* ou *Jon-*

fleurs. Dans le siècle suivant, on l'appeloit *rue des Menestrels*, & enfin des *Ménétriers*. C'est-là qu'on les trouvoit rassemblés, & qu'on les alloit chercher dans le besoin. On y voyoit même des *trouvères*, chanteurs & poètes, dont quelques-uns étoient ou sembloient être improvisateurs.

Non loin de l'église de saint-Julien-des-Ménétriers, entre les rues Chapon, Montmorenci & Transnonain, est le second couvent des *carmélites* de Paris. Ce n'est que vers 1620, qu'il y fut établi dans un hôtel appartenant aux évêques de Chalons-sur-Saone. La duchesse de Longueville, qui avoit fait tant de biens aux carmélites du faubourg saint-Jacques, voyant que le nombre de ces saintes filles se multiplioit infiniment, & que leur premier couvent ne pouvoit plus les contenir, se déclara encore la bienfaitrice & même la fondatrice de celui-ci. L'église est petite, mais bien bâtie: elle n'offre rien d'ailleurs de remarquable.

Je vais rentrer dans la rue saint-Martin, pour vous faire connoître, madame, le fameux & riche prieuré de *saint-Martin-des-Champs*. Le premier titre de fondation de ce monastère est du règne de Henri I, petit-fils de Hugues Capet. Mais on croit généralement que le roi Robert avoit une habitation dans ce lieu qui étoit hors la ville; & dans cette supposition, ce monarque y avoit sûrement aussi une chapelle. Quoi qu'il en soit, nous n'avons aucun titre concernant ce prieuré, plus ancien que Henri I. Il y est déclaré qu'il y avoit eu autrefois dans ce lieu, une abbaye qui avoit été entièrement détruite par les Normands. Le roi Henri en fonda une nouvelle l'an 1060. On ne sait trop quelle espèce de moines il y plaça : on soupçonne que ce furent des chanoines réguliers, parce qu'ils vivoient en confraternité avec ceux de sainte-Geneviève d'alors. Mais, dès 1079, le roi Philippe I, fils de Henri, changea les habitans de ce monastère, & le donna à l'abbé de Cluni, qui y plaça des religieux de son ordre, & mit à leur tête un prieur qui dépendit de lui.

Depuis cette époque, saint-Martin n'a plus été qu'un simple prieuré, mais bien riche, & il l'est encore. Le roi Louis *le Gros* en augmenta considérablement les possessions, & lui donna des terres de différens côtés, particulièrement autour de Paris, & aux environs de l'église & du monastère; de sorte que la seigneurie & la censive en sont devenues si grandes, que lorsqu'en 1674 le roi voulut réunir toutes les justices de la ville à celle du Châtelet de Paris, il se trouva que celle de saint-Martin-des-Champs étoit la plus considérable, après celles de l'archevêché & de saint Germain-des-Prés. On lui a rendu la justice seigneuriale, seulement dans l'enceinte de ses murailles.

Le revenu de ce prieuré monte, suivant les derniers erremens, à plus de quarante mille livres de rente. Il est regardé comme le troisième bénéfice de l'ordre de Cluni. Les nominations en sont immenses. Il y a dans la ville seule cinq paroisses & un prieuré à la nomination du prieur ; savoir : saint-Jacques de la Boucherie, saint-Nicolas-des-champs, saint-Laurent, Notre Dame de Bonne-Nouvelle, la petite paroisse de saint-Josse, & le prieuré de saint-Denis de la Charte. La réforme de la congrégation de saint-Maur n'a pas été introduite dans ce monastère, qui est resté constamment sous la discipline de l'abbé général de Cluni.

Le bâtiment de l'église actuelle paroît avoir été construit du temps de Philippe *le Bel*. C'est un grand vaisseau fort large, sans piliers & sans bas-côtés, mais aussi sans voûte : le haut n'est que lambrissé. Le chœur est du même temps pour le fond de la construction : on l'a décoré en le revêtissant d'une belle menuiserie, en ornant le grand autel de plusieurs colonnes de marbre, & y plaçant de grands tableaux, dont quelques-uns sont estimés. Il ne reste de l'ancienne construction du onzième siècle, que le fond de l'église, que les vieux titres appellent *la carolle*, ou pour mieux dire, *la chorolle*, c'està-dire le derrière du chœur. La tour des cloches est aussi du temps des rois Henri I & Philippe I. Le portail paroît être à-peu-près du même temps.

On révère dans cette église plusieurs reliques, auxquelles on sait que le roi Louis XI avoit une particulière dévotion. La plus précieuse à présent est un os de Saint Martin, dont le corps fut brûlé, & les cendres dispersées, au seizième siècle, par les hérétiques. Les principales sépultures sont celles de Philippe de *Morvilliers*, premier président du parlement, mort en 1438, & de Martin *le Picard*, secrétaire du roi, & bienfaiteur de cette maison, mort en 1480 : on voit rangées autour de son tombeau les représentations de ses vingt enfans, huit garçons & douze filles. Il y a aussi le tombeau du fameux Guillaume *Postel*, dont j'ai eu occasion de parler ailleurs, mort en 1581 : c'étoit un prodige d'esprit & de science, & un phénomène rare en matière d'extravagance.

La maison ou monastère a été rebâtie de nos jours : elle est très-belle, ou du moins elle le sera, si l'on porte à leur dernier degré de perfection les plans déjà commencés. Le réfectoire est ce qui subsiste de plus ancien. Il est du temps de Saint Louis, & fut construit par un architecte fameux alors, nommé *Pierre de Montereau* : aussi est-il vaste, élevé, & du meilleur goût gothique. On l'a revêtu, en-dedans, de lambris d'une belle menuiserie, au-dessus de laquelle on a placé d'assez bons tableaux, représentant la vie de Saint Benoît.

L'enceinte du prieuré de Saint Martin est entourée de hautes murailles, chargées de créneaux, avec des tours d'espace en espace, qui se communiquent par des galeries intérieures : c'est une vraie fortification à l'antique. Depuis le commencement de ce siècle, ces religieux ont élevé, dans l'intérieur de cette enceinte, plusieurs grands bâtimens occupés par des ouvriers & des marchands de différentes espèces, & qui ne laissent pas de rapporter aux moines un revenu considérable. C'est sur ces habitans que la justice de Saint Martin étend sa jurisdiction. Mais comme heureusement ils ne lui fournissent pas souvent l'occasion de remplir les prisons destinées à un ressort beaucoup plus étendu, M. le lieutenant général de police du châtelet de Paris est dans l'usage d'y faire enfermer les femmes & filles mal vivantes, qui sont arrêtées dans la capitale; & c'est là qu'elles attendent leur jugement définitif.

L'église paroissiale de *saint Nicolas-des-Champs* tient presque à celle du prieuré Saint Martin, dont elle a autrefois dépendu, & dont elle dépend encore à un certain point, les religieux de *Saint Martin* en étant curés primitifs, & le prieur nommant à la cure. Il y a de vieux auteurs qui prétendent en faire remonter l'histoire jusqu'au temps du roi Robert. Mais on ne doit pas la supposer si ancienne, ou ce n'étoit alors qu'une très-petite chapelle. Au treizième siècle, ce quartier s'étant peuplé, on aggrandit cette chapelle aux dépens du cimetière des religieux, que l'on transporta ailleurs; & depuis ce temps elle a servi de paroisse. Au commencement du quinzième siècle, on la rebâtit: pendant tout le cours de ce siècle & au seizième, on y fit diverses augmentations & embellissemens. En 1540, *Guillaume Budé*, un des plus savans magistrats de son temps, & qui procura aux gens de lettres la protection du roi François I, fut enterré dans cette église avec beaucoup de simplicité, comme il l'avoit desiré. Les inscriptions qu'on lit sur le portail, parlent du roi Robert. Mais quoiqu'il y ait des parties de l'église très-gothiques & très-maussades, il n'y en a aucune de cette antiquité-là.

C'est à Saint Nicolas-des-Champs, que les enfans de chœur de Notre-Dame venoient faire autrefois les facéties qu'on leur permettoit le jour de Saint Nicolas. Ils habilloient l'un d'eux en évêque : il étoit suivi d'un clergé nombreux, traversoit la ville en donnant des bénédictions, & faisoit à l'église toutes les cérémonies épiscopales qu'il avoit vu pratiquer. Quelques chanoines même de Notre-Dame conduisoient ces enfans. A la fin, on trouva que ces scènes étoient scandaleuses, & on les réduisit à un petit salut chanté par les enfans de chœur, mais célébré par un prêtre.

Derrière Saint Martin-des-Champs, dans la rue des Fontaines, est le couvent de *sainte Magdeleine*, vulgairement dit *des Magdelonettes*, habité par des filles repenties pénitentes, ou qu'on veut forcer à la pénitence. L'histoire de cet établissement remonte à l'an 1605. A cette époque un honnête marchand de vin, nommé *Moutri*, qui avoit été plus à portée qu'un autre de connoître les effets du libertinage, & qui l'avoit souvent vu chez lui, brillant au milieu des ris & des jeux, & peu de temps après mendiant à la porte, victime de la misère & des infirmités, prit le parti de consacrer les profits de son métier à soulager cette classe d'infortunées, qui le sont d'autant plus, qu'en général on ne les plaint pas beaucoup.

La fortune de Moutri ne pouvant suffire à cette bonne œuvre, il chercha de grandes protections & en trouva. La marquise de *Maignelaie*, sœur du cardinal de Gondy, évêque de Paris, plusieurs autres dames & hommes riches, contribuèrent à retirer de pauvres pécheresses, d'autant plus sincèrement repentantes, qu'elles étoient sans pain & sans ressources. Après quelques variations, elles s'établirent, en 1620, dans l'endroit où elles sont encore; & cet établissement fut confirmé, en 1625 & 1626, uniquement pour des filles. En 1629, les dames de la visitation de Sainte Marie se chargèrent de sa direction, & exercèrent pendant quarante ans cette œuvre de charité méritoire, mais désagréable & pénible. Au milieu du dix-septième siècle, elles furent remplacées par des ursulines. Enfin depuis 1720, les sœurs de Saint Michel, de la rue des Postes, sont en possession de diriger cette maison.

On y distingue des sœurs de trois classes. Les premières sont non-seulement de bonne volonté, mais devenues pieuses & sages, au point qu'après des épreuves suffisantes, on les admet à faire des vœux : cependant elles ne sont jamais les premières supérieures de la maison. Les secondes sont libres & devenues sages, mais non encore éprouvées. Les troisièmes sont retenues d'autorité, & souvent liées par des engagemens antérieurs, qui ne leur permettent pas de faire des vœux. Leur petite église, très-propre, fut élevée en 1680. On y fit bâtir, en 1685, une chapelle sur le modèle de celle de Notre-Dame de Lorette, qui peut donner aux Parisiens une idée très-exacte de ce fameux lieu de dévotion.

La *porte saint-Martin* est un arc de triomphe dont l'architecture est de bon goût. Il fut élevé, en 1674, en l'honneur de Louis XIV, après la conquête de la Franche-Comté. La partie du boulevard qui s'étend depuis cette porte jusqu'à la rue des Fossés du Temple, offre de très-belles maisons, la nouvelle salle de l'opéra & le vauxhal d'été.

A cette même porte commence la rue du faubourg Saint-Martin, vers le milieu de laquelle on trouve l'église paroissiale de *saint Laurent*. Elle passe pour très-ancienne, parce que Saint Grégoire de

Tours parle d'un monastère ou abbaye de Saint Laurent, qui étoit située à-peu-près à la même distance de la ville. Saint Domnole, depuis évêque du Mans, en fut abbé, & vivoit en même-temps que Saint Germain, évêque de Paris. Mais cette abbaye fut entièrement ruinée par les Normands; & l'on croit que la paroisse fut bâtie, non pas au même endroit où étoit la chapelle, mais à l'endroit où étoit le cimetière des moines. Ce ne fut que vers le onzième siècle qu'elle devint paroisse; & dès ce temps là elle fut très étendue, contenant beaucoup de campagnes nues, parmi lesquelles il y avoit quelques maisons éparses.

Cependant l'extrêmité de ce territoire se trouva, par la suite, enveloppée dans l'enceinte ordonnée par Philippe Auguste. Quelque temps après, cette partie se trouvant coupée d'avec l'autre par des murailles, & les habitans n'étant pas toujours libres d'aller entendre la messe paroissiale dans la véritable église, en obtinrent une autre: c'est la petite paroisse de Saint Josse, dont j'ai parlé ailleurs. Dans ce siècle, la même chose est arrivée pour une partie de la paroisse Saint Laurent, située dans la ville, & dont on a formé la paroisse de Notre-Dame de Bonne Nouvelle. D'ailleurs la paroisse de

Saint Laurent s'étend bien loin, dans les faubourgs & dans la campagne, & même jusqu'au milieu du village de la Villette.

Il ne subsiste plus rien dans cette église des bâtimens du douzième siècle. Elle fut rebâtie au commencement du quinzième, & bénite en 1429. Successivement on y bâtit différentes chapelles, & en 1548, on en augmenta le nombre jusqu'à six. Il y en a une dédiée à *saint Hildevert*, évêque de Meaux, dont les reliques sont en réputation pour la guérison des frénétiques. Cette église fut encore entièrement rebâtie en 1595. Le portail, qui est assez beau, n'est que de l'an 1622. On ne sait pas précisément depuis quand datent les droits du prieuré de Saint Martin sur cette paroisse: mais il est sûr que c'est ce prieur qui nomme à cette cure.

Plus haut que l'église de Saint-Laurent, dans la même rue, est un hôpital que l'on appelle *du saint nom de Jésus*. Il fut fondé par une personne pieuse, assez riche pour pouvoir suffire à tous les besoins de cet établissement, & qui fut assez modeste pour ne vouloir pas être connue: elle ne se confia qu'à Saint Vincent de Paule, qui lui a gardé le secret. On y entretient vingt hommes veufs & vingt femmes veuves hors d'état de travailler. Ils y sont logés & nourris jusqu'à la fin de leurs jours, & ont une chapelle où chaque sexe entend la messe séparément. Ils sont sous la direction des prêtres de Saint Lazare.

De l'autre côté de la rue est le couvent des *Récollets*, qui s'étant établis à Paris en 1603, occupèrent une maison, dont un honnête épicier leur fit présent. Henri IV autorisa la construction de leur couvent par des lettres patentes, & leur accorda même quelque terrain de plus. Marie de Médicis se déclara leur fondatrice; & leur église fut dédiée en 1614. Le chancelier Séguier, le sur-intendant Bullion & le cardinal de Retz leur firent beaucoup de biens. La communauté est à présent très-nombreuse. C'est de ce couvent que sont sortis les récollets de Versailles, & plusieurs autres qui font aujourd'hui une espèce de congrégation nombreuse de l'ordre de Saint François. A la barbe près, ils ont toute l'austérité des capucins.

A l'extrémité du faubourg-Saint-Martin, mais un peu à l'écart, est l'*hôpital de saint Louis*. C'est, pour ainsi dire, le *lazaret* de Paris; du moins ce fut là l'intention de ceux qui le fondèrent, pour qu'on y reçût, dans le temps des maladies épidémiques, les personnes de l'un & de l'autre sexe, soupçonnées de maux contagieux & pestilentiels. En 1607, la multitude des mendians qui abondoient dans

Paris, & la mal-propreté des rues, firent naître une épidémie aussi forte que celle qui avoit éclaté onze ans auparavant en 1596. Ce fut alors qu'on établit deux grands secours pour l'hôtel-Dieu, l'hôpital Saint-Louis au faubourg Saint-Martin, & celui de Sainte-Anne au faubourg Saint-Marceau.

Le premier fut fondé au moyen d'une petite addition à l'impôt sur le sel, & bâti sur un très-vaste plan. Cependant il fut achevé en quatre ou cinq ans. Cent ans après, en 1709, on y fit des augmentations dans un temps de calamité publique. Lorsque le nombre des malades de l'hôtel Dieu n'y est pas sur-abondant, on y envoie des convalescens. Il seroit à souhaiter qu'on en fît plus souvent cet usage. Mais ordinairement ce n'est qu'aux sœurs qui ont été malades, à qui l'on accorde cette grace. Au reste, c'est absolument une dépendance de l'hôtel-Dieu.

Le quartier *du Temple* ou *du Marais*, est borné à l'occident, par celui de Saint-Martin ; au midi & à l'orient, par le quartier de Sainte-Avoie & celui de Saint-Antoine, & au nord, par l'extrémité du faubourg du Temple & de la Courtille, qui en font partie. Le nom de *Temple* vient de celui de la principale commanderie que l'ordre de Malte y possède. Le nom de *marais* vient, tant de ce que le terrain fur lequel eft bâti ce quartier, étoit autrefois marécageux, que de ce qu'on a appellé & qu'on appelle encore *marais*, tous les champs plantés en légumes, qui font aux environs de Paris.

A l'extrémité méridionale de ce quartier eft la rue *des quatre Fils*, qui s'appelloit, au quinzième fiècle, rue *de l'Echelle du temple*. Elle a pris le nom qu'elle porte aujourd'hui, d'une certaine enfeigne qui excitoit l'admiration des badauts. On y voyoit quatre cavaliers montés l'un derrière l'autre fur un même cheval, qui par conféquent étoit d'une longueur énorme ; & au bas de ce tableau étoient écrits ces mots : *aux quatre fils Aimon*.

On trouve tout auprès, dans la rue d'Orléans, le troifième couvent des *capucins* de Paris. Il doivent leur fondation au révérend père *Athanafe Molé*, frère de Mathieu Molé, d'abord procureur - général, enfuite premier préfident, enfin garde des fceaux. L'églife, commencée en 1621, eft, ainfi que la maifon, dans la fimplicité convenable à l'ordre. Ni l'une ni l'autre n'offrent rien de remarquable. Cette églife a été rebâtie dans ce fiècle-ci, mais pas plus magnifique. Ce couvent fe foutient heureufement, malgré fa pauvreté, parce que l'églife eft très-utile au voifinage.

A l'orient de ce quartier, eft la rue *faint-Louis*, une des plus belles, des plus droites & des mieux bâties de Paris. On y voit le couvent des *filles du saint sacrement*, qui y sont établies depuis l'an 1684. C'étoit l'hôtel du maréchal de Turenne, qui le laissa à son neveu le cardinal de Bouillon, de qui la duchesse d'Aiguillon, nièce du cardinal de Richelieu, l'acheta, pour y établir ces bonnes filles, qui y sont assez bien logées. Leur église est petite, mais jolie.

La rue du *Pont-aux-Choux*, qui touche par un bout à la rue Saint-Louis, est ainsi nommée d'un pont sur les fossés de la ville, par lequel on passoit du boulevard dans le faubourg. A l'entrée de ce pont, étoit une porte autrefois toute simple, & qui, en 1674, fut un peu ornée, & décorée d'une inscription que l'on y voyoit encore en 1760. Ce n'est que depuis cette époque qu'elle a été abattue.

Très-près de la rue du Pont-aux-Choux, est la rue des *filles-du-Calvaire*, qui prend son nom des religieuses dont la congrégation est ainsi appellée. C'est une reforme des bénédictines qui commmença vers 1621, & dont la première maison fut établie dans la rue de Vaugirard, près le Luxembourg. Celle-ci, qui est la seconde, mais plus grande & en meilleur air que l'autre, fut bâtie en 1634, & finie en grande partie par les libéralités du cardinal de Richelieu, à la sollicitation du fameux père *Joseph du Tremblay*, capucin, favori de ce premier ministre, son conseil, son agent, son espion même. Ce terrible capucin voulut d'ailleurs être réformateur d'ordres, & eut la plus grande part à l'établissement des religieuses du Calvaire. Il mourut en 1638 à Ruel, fut enterré aux capucins de la rue Saint-Honoré, & son cœur fut porté au Calvaire. Cependant l'église ne fut achevée & dédiée qu'en 1650. Elle est propre & assez décorée : il y a deux jolies chapelles en marbre. La supérieure générale de la congrégation réside ordinairement dans ce couvent. Vingt autres dans le royaume dépendent d'elle.

La rue de *Boucherat*, qui commence au coin de celle des filles du Calvaire, n'est qu'une continuation de la rue Saint-Louis. Elle fut construite en 1696, & occupée pendant long-temps seulement par des baraques. On lui donna le nom du chancelier Boucherat, alors en place, & qui avoit son hôtel dans la rue Saint-Louis.

La rue *Charlot*, à laquelle se termine la rue Boucherat, s'est appellée d'abord rue d'*Angoumois*. A la fin du siècle dernier, elle fut prolongée jusqu'au boulevard ; & un particulier, nommé *Charlot*, y bâtit de belles maisons, qui firent qu'on s'accoutuma à donner son nom à cette continuation, & même à l'ancienne rue.

Quoique le Temple, dont je parlerai

bientôt, eût été enveloppé, dès 1553, dans l'enceinte de Paris, par les remparts que fit élever l'évêque Jean du Bellay, gouverneur de cette ville, cependant il restoit, entre ces remparts & le Temple, de grands espaces vides qui n'étoient véritablement remplis que par des marais, où l'on faisoit croître des légumes. Henri IV & son ministre Sully conçurent le projet de faire bâtir des rues sur ce terrain, & d'y faire même construire une place, dont l'exécution eût été seule capable d'illustrer le règne & le ministère. Nous en avons les plans, les projets & les dessins.

Cette place devoit s'appeller *place de France*, & être située sur le terrain occupé aujourd'hui par la rue de Boucherat & par la continuation de la rue Saintonge, entre celles des filles du Calvaire & de Charlot. A cette place devoient aboutir des rues qui auroient porté les noms des principales provinces du royaume. On construisit ces rues avant de bâtir la place ; & de là vient que presque toutes celles du voisinage portent des noms de provinces. Sous le règne de Louis XIII, on préféra le projet de la place royale, où l'on plaça la statue équestre de ce monarque ; & dès-lors il ne fut plus question de la place de France. Cependant ce qui en rappelle la mémoire, c'est la rue *d'Anjou*, qui aboutit à la rue de *Poitou*, & qui n'offre aucun édifice remarquable; celles de *Beauce*, de *Berri*, de *Bourgogne*, de *Bretagne*, de *Forez*, de *Limoges*, de *la Marche*, de *Normandie*, du *Perche*, de *Périgueux*, de *Saintonge* & de *Touraine*.

En se transportant dans la rue du Temple, qui commence où se termine la rue Sainte-Avoie, on trouve à droite la rue Porte-Foin, où étoit, il n'y a pas long-temps, un hôpital fondé, en 1538, par François I & la reine de Navarre, Marguerite de Valois, sa sœur. La destination de cet hôpital fut pour des orphelins natifs de Paris & des environs. François I ordonna qu'on les appellât *les enfans-dieu*: mais l'usage avoit prévalu alors de les appeller *les enfans-rouges*, parce qu'ils étoient vêtus de cette couleur. Le nombre en fut d'abord indéfini, mais ensuite réduit à soixante. Ils y étoient assez bien nourris, entretenus & instruits depuis l'âge de six ou sept ans, jusqu'à quinze ou seize; après lequel temps on les mettoit en apprentissage. Mais les bâtimens de cette maison s'étant trouvés en mauvais état, & l'administration n'ayant pas des fonds suffisans pour les rétablir, cet hôpital fut supprimé en 1772, & ses biens réunis à l'établissement des enfans-trouvés.

Après la rue de la Corderie, située derrière cet ancien hôpital, on trouve le *Temple*. L'ordre de Malte, ou de Saint-Jean-de-Jérusalem, ne possède ce bel établissement que depuis la destruction de celui des templiers. Ces deux ordres prirent naissance à-peu-près dans le même temps à Jérusalem, au douzième siècle, & l'on croit qu'ils s'établirent à Paris peu de temps après. En 1147, les templiers y tinrent un chapitre composé de cent trente chevaliers. Le pape Eugène III & le roi Louis *le Jeune* y assistèrent. Dès-lors on leur donna le Temple, qu'ils conservèrent jusques sous le règne de Philippe *le Bel*. Ce même roi confirma d'abord les privilèges dont ils jouissoient dans leur censive, qui n'étoit point encore dans l'enceinte de Paris, mais qui formoit un bourg particulier, que l'on appeloit *la ville neuve du Temple*. Vous savez, madame, quel fut le sort funeste des templiers sous le même règne, en 1312 : ils furent supprimés par le concile de Vienne. L'année suivante, le parlement rendit un arrêt qui mit en possession du Temple les chevaliers de l'ordre hospitalier de Saint-Jean ; & depuis ce temps ils en sont restés les maîtres.

Le Temple a une enceinte particulière, qui est à présent renfermée dans celle de Paris, mais qui, comme je viens de le dire, a été long-temps au-dehors. Elle est formée de hautes murailles antiques, garnies de créneaux, avec des tours d'espace en espace. On en remarque une plus exhauffée que les autres, accompagnée de quatre tourelles, que l'on distingue à cause de leurs toîts pointus, couverts d'ardoises. Cette tour a servi de magasin d'armes. Mais à présent elle ne renferme que les titres ou archives du grand prieuré & de la langue de France, & des salles où s'assemblent les chapitres, qui se tiennent particulièrement le jour de Saint Barnabé. Elle fut bâtie, en 1306, par un commandeur nommé Jean *le Turc*, templier, qui fut condamné à être brûlé, étant principalement accusé d'héréfie. Tout ce qui est renfermé dans l'enceinte du Temple, est soumis à la jurisdiction du grand prieur, qui la fait exercer par un bailli, dont les appels ressortissent au parlement, comme ceux du châtelet, dont il est tout-à-fait indépendant. Cette justice s'étendoit autrefois sur toute la censive du Temple, qui est très considérable dans le Marais. Ce n'est qu'en 1674, qu'elle fut réduite à l'intérieur de l'enceinte.

L'église jouit de tous les droits de paroisse depuis le douzième siècle, & elle est exempte de la jurisdiction de l'ordinaire. Le curé, qu'on appelle prieur, est toujours choisi parmi les ecclésiastiques profès de l'ordre : cette cure en est véritablement une commanderie. L'église, dédiée à la Sainte Vierge & à Saint Jean Baptiste, est d'une construction très-ancienne : on la croit de l'an 1200, & les vitrages paroissent du même temps. Le cloître qui y est joint, est peut-être un peu plus récent, mais au plus tard du quatorzième siècle. En tout, cette église ne paroît pas belle aujourd'hui. Elle est décorée des mausolées de quelques grands prieurs, chevaliers & autres religieux, soit militaires, soit ecclésiastiques de l'ordre de Malte. Mais il n'y en a aucun qui remonte jusqu'au temps des templiers.

Un de nos vieux auteurs remarque que cette église du Temple de Paris a été bâtie sur le modèle de celle que les templiers avoient à Jérusalem auprès de la porte du Temple, & que depuis que les chevaliers de Saint-Jean l'ont occupée, ils y ont changé quelque chose, pour l'arranger comme étoit la chapelle de leur hôpital à Jérusalem même. Deux beaux monumens qu'on y voyoit déjà au seizième siècle, sont dans une chapelle qui ne fut bâtie qu'en 1530. L'un fut élevé en l'honneur de la maison de Villiers de l'île-Adam, qui a si bien mérité de la France & de l'ordre de Malte. L'autre est le tombeau de deux chevaliers, qui furent successivement grands-prieurs de France à la fin du quinzième siècle & au commencement du seizième. Le premier s'appelloit *Bertrand*, & le second *Pierre de Cluys*, son neveu. Cette famille est éteinte, aussi bien que celle de Villiers de l'île-Adam : celle de Cluys est fondue dans celle de Voyer de Paulmy.

L'hôtel des grands prieurs de France fut commencé par Jacques de Souvré, fils du maréchal de ce nom, qui avoit été gouverneur de Louis XIII. Après la mort de ce grand prieur, il resta long-temps imparfait. Vers 1720 ou 1721, le chevalier d'Orléans, fils naturel du duc d'Orléans régent, ayant obtenu ce grand prieuré sur la démission du chevalier de Vendôme, fit achever, perfectionner & embellir cet hôtel.

Dans la rue du Temple, & devant les murailles qui en forment l'enceinte, sont deux couvens presque contigus, l'un d'hommes, & l'autre de filles, du même ordre, & fondés presque dans le même temps. Le premier est celui des religieux pénitens du tiers ordre de Saint François, qu'on appelle communément *pères de Nazareth*. Il fut établi par la protection & les libéralités du chancelier Séguier, vers 1636, & ne fut achevé que long-temps après. Le portail a quelque apparence : mais l'église est petite, & l'architecture du dôme a été fort critiquée. Le cœur du chancelier Séguier est dans cette église, qui d'ailleurs n'offre

rien

tien de remarquable. La maison est peu de chose, & les religieux servent principalement à desservir le couvent voisin.

C'est celui des *filles de Sainte-Elizabeth*, bâti à-peu-près dans le même temps. Cette maison reconnoît pour sa fondatrice, la reine Anne d'Autriche, qui en posa la première pierre en 1628, & pour son instituteur le père *Vincent Mussard*, qui réforma des hommes & des filles du tiers-ordre de Saint-François, sous le nom de *Pénitens* & de *Pénitentes*. Ce fut en Franche-Comté que commença cette réforme; & le premier couvent est à Salins. Ces bonnes religieuses étant venues à Paris, furent fixées à l'endroit où elles sont aujourd'hui; & leur église bénite, en 1630, fut dédiée à Notre-Dame de Pitié, & à Sainte Elizabeth, reine de Hongrie. La raison de cette dédicace est fondée sur ce que l'on est persuadé que cette reine est la première grande princesse qui ait embrassé la règle austère de Saint François. Elle mourut en 1231, âgée seulement de vingt-quatre ans. L'architecture du portail & de l'église des filles de Sainte Elizabeth est de meilleur goût que celle des pères de Nazareth. D'ailleurs la maison est fort simple, mais assez vaste; ce qui les met en état d'avoir des pensionnaires, qui facilitent beaucoup leur subsistance.

A une petite distance de ces deux couvens, & dans la rue de Vendôme, qui aboutit à la rue du Temple, est une petite communauté très-moderne, que l'on appelle *les filles du Sauveur*. Ce sont des repenties de bonne volonté, qu'un bon prêtre & une pieuse dame rassemblèrent vers 1700, & qu'on plaça, en 1704, où elles sont aujourd'hui. Mais leur établissement ne fut confirmé qu'en 1731. Leur chapelle & leur maison sont fort petites, & n'offrent rien de curieux.

La partie du boulevard, qui s'étend depuis la porte du Temple jusqu'à la rue du Pont-aux-Choux, forme une promenade des plus agréables & des plus fréquentées. On appelle *porte du Temple* (porte qui n'a jamais été que projettée) un passage sur les anciens fossés de la ville. Il conduit au faubourg du Temple, qui n'offre rien de bien remarquable, & celui-ci à la *Courtille*. Ce mot signifie un petit enclos, & étoit d'une dénomination générale pour tous les petits cabarets des environs de Paris, que l'on appelle aussi *guinguettes*, parce que le vin que l'on y boit, est ordinairement *ginguet*, c'est-à-dire, nouveau, léger & sans force. C'est là le chemin du village de Belleville, dont j'ai parlé ailleurs.

Enfin le dernier quartier & faubourg de Paris, qu'il me reste, madame, à vous faire connoître, est celui de *Saint-Antoine*, borné au nord & à l'occident, par le quartier du Temple, & dans cette dernière partie par le quartier sainte Avoie; au midi par le quartier saint Paul & la rivière, & à l'orient par les nouvelles barrières. Il tire son nom de l'abbaye de religieuses, située dans le faubourg, plutôt que de la maison des chanoines réguliers de l'ordre de saint Antoine de Viennois, qui existoit encore de nos jours dans la ville actuelle, assez près de la place, autrefois *Baudoyer*. Il est pourtant vrai que la rue *saint Antoine* s'est autrefois appellée *rue de l'Aigle*, & que ce n'est que postérieurement à l'établissement de la maison du petit saint Antoine dans cette même rue, qu'elle a pris le nom qu'elle porte.

Cet ordre *des Antonins* commença à la fin du onzième siècle ou au commencement du douzième, lorsque le mal des ardens ou le feu saint Antoine fit des ravages. On prétend que ces religieux eurent une maison dans Paris dès le règne de saint Louis. Mais il n'y en a aucune preuve, & l'on ne voit rien de certain à leur égard avant 1360. Le roi Charles V leur donna alors un manoir nommé la *Saussaye*, situé entre la rue saint Antoine & celle du roi de Sicile. On y bâtit, en 1368, une église à laquelle devoit être joint un hôpital. Mais la modicité du revenu fit qu'il n'eut pas lieu : cependant on appella cette maison la *Commandèrie de Flandres*. L'église ne fut bénite que le siècle suivant, en 1244. C'est celle qui subsiste encore, & qui n'offre rien de remarquable. La maison fut rebâtie en 1689. Mais on ne fit à l'église d'autres réparations que celles qui parurent absolument nécessaires. En 1705, le feu ayant pris à la maison d'un artificier, le quartier tout entier fut en danger, & le petit saint Antoine fut endommagé. Depuis peu, toutes les maisons & les religieux de l'ordre des Antonins ont été réunis à l'ordre de Malte; & le petit saint Antoine forme la troisième commanderie de cet ordre dans Paris.

La rue du *Roi de Sicile* que je viens de nommer, a pris son nom du comte d'Anjou, frère de saint Louis, & qui parvint, en 1265, au trône des deux Siciles. Il y avoit un hôtel, qui fut occupé, au seizième siècle, par le chancelier de Birague, qui le fit rebâtir. Après avoir ensuite passé en plusieurs mains, il a fait partie de l'*hôtel de la Force*, acheté par *Paris Duverney*, qui y a tenu des bureaux de toute espèce. C'est aujourd'hui une vaste prison, qui seroit belle, s'il pouvoit y en avoir de telles.

Au-dessus de la rue du Roi de Sicile, & dans la vieille rue du Temple, sont les *hôs-*

pitalières de *sainte Anastase*, autrement dites *filles de saint Gervais*. Leur hôpital, fondé à la fin du douzième siècle, étoit desservi par de simples sœurs. Mais en 1608, elles devinrent de vraies religieuses, sous la direction de l'évêque de Paris. Elles sont gouvernées, suivant la règle de saint Augustin, par une prieure perpétuelle, & exercent l'hospitalité pendant trois jours envers les hommes qui passent & n'ont pas d'asile, comme les religieuses de sainte Catherine de la rue saint Denis l'exercent envers les filles. Depuis quelque temps, ces hospitalières prennent des pensionnaires qui n'ont rien de commun avec l'hôpital.

Tout près de ce couvent, on trouve à droite la rue *des Francs-Bourgeois*, où il y a plusieurs anciens hôtels, & ensuite du même côté, la rue *Barbette*, qui tire son nom d'*Etienne Barbette*, maître des monnoies sous Philippe-*le Bel*. On voyoit dans celle-ci, au quinzième siècle, l'hôtel du maréchal de Rieux, vis-à-vis lequel le duc d'Orléans fut assassiné par les ordres de ce duc de Bourgogne qui fit tant de mal à la France.

De la rue des Francs-Bourgeois, on entre dans la rue neuve sainte Catherine, qui coupe la rue *culture sainte Catherine*. Dans celle-ci, & presque au coin de la première, font les *Annonciades célestes*, ou *filles Bleues*, qu'on fit venir de Nanci en 1622. La marquise de *Verneuil*, l'une des maîtresses de Henri IV, fit cette fondation, & bâtit leur église, qui est petite, mais assez jolie. Son fils, duc de Verneuil, y mit la dernière main. La vie de ces religieuses est fort austère. Elles portent un habit blanc, un manteau & un scapulaire de couleur bleue.

Au coin de cette même rue & de celle de saint Antoine, vis-à-vis l'ancienne maison professe des jésuites, on voyoit, il y a quelques années, l'église de *sainte Catherine* dite *de la couture*, & qui étoit occupée par des chanoines réguliers de la maison du Val des écoliers. Leur congrégation commença, en 1201, dans une vallée déserte du diocèse de Langres. Dès les premières années du règne de saint Louis, ces chanoines pensèrent à s'établir à Paris; & en 1228, on leur accorda trois arpens de terre au-dessus de la place Baudoyer, dans un champ que l'on appelloit la *couture sainte Catherine*.

Dans ce même temps, les sergens d'armes, ou gardes du corps du roi, qui cherchoient à accomplir le vœu qu'ils avoient fait environ quinze ans auparavant, de bâtir une église, lorsqu'ils avoient défendu le roi Philippe Auguste à la bataille de Bouvines, furent engagés à la construire de préférence sur ce terrain, & à en confier la desserte aux chanoines réguliers du Val des écoliers. La première pierre en fut posée en 1229, & l'on croit qu'elle fut finie en 1234. Les Templiers firent aussi du bien à cette maison, qui, en 1253, paroît avoir été un collége. Elle subsista toujours entre les mains de cette congrégation jusqu'au seizième siècle, qu'on en fit un prieuré commendataire, dont le prieur partagea les biens avec les chanoines réguliers. En 1629, on y mit des Génovéfains, & en 1638, toute la congrégation du Val des écoliers fut unie à celle de sainte Géneviève. Ce n'est qu'en 1767, que ces chanoines ont été transférés dans l'église & la maison de saint Louis, ci-devant occupée par les jésuites.

On a pensé, dès ce moment, à démolir l'ancienne église, & à supprimer l'ancienne maison de la couture sainte Catherine. On a commencé à la dépouiller de ses ornemens & des tombeaux qu'elle renfermoit. Le plus ancien etoit celui de Pierre *d'Orgemont*, chancelier de France sous le règne de Charles V. On y voyoit aussi celui du chancelier de *Birague*, Milanois, qui mérita, par son attachement à la reine Catherine de Médicis, d'être élevé à la dignité de chancelier & à celle de cardinal. Il mourut en 1583, âgé de soixante-dix-sept ans Le roi Henri III qui aimoit les cérémonies ecclésiastiques, lui fit des obsèques magnifiques. Le chancelier de *Chiverni*, son successeur, contribua à la dépense de son tombeau qui étoit fort orné : ses cendres ont été transportées à saint Louis. L'entrée de l'église sainte Catherine est décorée d'une architecture d'un goût assez agréable.

Dans la même rue culture sainte Catherine, est l'hôtel de *Carnavalet*, dont le portail fut commencé par Jean *Gougeon* excellent sculpteur : on en admire les bas-reliefs. Le bâtiment fut continué par *Audrouet Ducerceau*, fameux architecte, & terminé par le célèbre *Mansard*. Depuis le dix-septième siècle, cet hôtel a passé en différentes mains. Tout auprès est un autre hôtel, qui a long-temps appartenu à la famille de Lamoignon, & qui originairement avoit été au duc d'Angoulême, fils de Charles IX. Il y a encore dans cette rue deux ou trois beaux hôtels, dont on ne croit pas que l'origine soit plus ancienne, mais qui ont été habités par de grands seigneurs & de grands magistrats avant que la mode de loger au faubourg saint-Germain fut devenue générale.

Tout auprès de la vieille église de la culture sainte Catherine, & vis-à-vis celle de saint Louis, il y a une fontaine qui porte le nom de *Birague*. On bâtit actuellement sur ce terrain un marché. L'hôtel de *Sully* est plus haut dans la rue saint Antoine, & s'appelle aujourd'hui *hôtel Turgot*. Il a des beautés, & a dû coûter beaucoup à bâtir, vu la quantité de terrasses qu'il contient. Il avoit appartenu à *Gallet*, riche financier & gros joueur. Il le pèrdit en un coup de dés ; & il fut vendu au duc de Sully, dont la branche est éteinte.

En suivant la rue saint Antoine, vers l'ancienne porte de ce nom, on trouve une rue large, qui conduit à la *place Royale*, bâtie sur le terrain qu'occupoit autrefois le jardin du palais des Tournelles. Elle fut commencée par Henri IV, en 1604, & ne fut finie qu'en 1612, sous Louis XIII. Cette même année, on y donna le spectacle d'un carrousel, à l'occasion d'un double mariage entre la France & l'Espagne. La décoration qu'on y voit encore aujourd'hui, les façades, les galeries couvertes, & les pavillons existent depuis ce temps-là. Cette architecture ne manque pas de noblesse, sans être élégante. Mais on trouve cette place trop renfermée, & l'on desireroit de voir supprimer les pavillons, dont l'un est en face du portail des Minimes, & l'autre placé au bout de la rue Royale, qui conduit à celle de saint Antoine.

Ce ne fut qu'en 1639, que le cardinal

de Richelieu fit poser dans cette place la statue équestre de Louis XIII. Le cheval passe pour un des meilleurs ouvrages fondus en bronze : il avoit été fait pour le roi Henri II par un des élèves de Michel-Ange. La statue n'est pas, à beaucoup près, aussi estimée : c'est l'ouvrage d'un François. Les inscriptions en françois & en latin, qui sont sur le piédestal de la statue, ont été composées par des flatteurs du cardinal, qui ont si bien associé ce ministre à la gloire de son maître, qu'il semble qu'on lui en accorde bien plus qu'au monarque.

Les neveux du cardinal ont occupé long-temps le plus bel hôtel de cette place. Mais de nos jours le maréchal duc de Richelieu l'a abandonné pour passer dans un autre quartier. Nous en avons vu aussi plusieurs maisons occupées par les plus grands seigneurs du royaume. En 1685, les propriétaires de ces différens hôtels se cottisèrent pour établir la grande grille qui entoure les gazons, au milieu desquels est placée la statue. Une des plus belles maisons de cette place est l'hôtel de Rohan-Guémené : il a été autrefois l'hôtel de Lavardin.

Derrière cet hôtel, & dans la rue Saint Antoine, est un cul de sac que l'on appelloit encore, au dix-septième siècle, rue du *ah ! ah !* parce que, dit-on, lorsqu'on s'étoit un peu avancé, on reconnoiſſoit, avec ſurpriſe, qu'il n'y avoit point d'iſſue. A l'entrée de ce cul-de-ſac eſt la petite communauté des *filles de la Croix*. J'ai parlé ailleurs de l'inſtitution de ces bonnes ſœurs, à l'occaſion d'une autre maiſon qu'elles ont ſur la paroiſſe de ſaint Gervais. Cette inſtitution ne remonte pas plus haut que le dix-ſeptième ſiècle ; & la maiſon du cul-de-ſac Guéméné a été fondée & bâtie par les libéralités de la ducheſſe d'Aiguillon, nièce du cardinal de Richelieu.

J'ai dit que l'égliſe & le couvent des *minimes* ſont en face d'un pavillon de la place Royale. *Saint François de Paule*, leur inſtituteur, & quelques-uns de ſes diſciples vinrent en France ſur la fin du règne de Louis XI, qui les établit au château du Pleſſis-les-Tours. Son fils Charles VIII les plaça à Nigeon, au-deſſus de Chaillot, où ils ſont encore ſous le nom de *Bons-Hommes*. Au ſeizième ſiècle ils obtinrent une autre maiſon au bois de Vincennes ; & ce ne fut qu'en 1604 qu'on leur donna le terrain qu'ils occupent près de la place royale. Ce terrain faiſoit autrefois partie du parc du palais des Tournelles, & forma enſuite le jardin de l'Hôpital-Vitri, jardin qui fut vendu, pour les Minimes, vers 1610. Ces religieux bâtirent d'abord une petite chapelle, &

ensuite, aidés des bienfaits de la reine Marie de Médicis, ils élevèrent une plus grande église. La Vieuville, sur-intendant des finances, fut leur principal bienfaiteur: il est enterré dans leur église, dédiée à la Nativité de la sainte Vierge.

Le portail de cette église est du dessin de *Mansard*: malheureusement il n'a pas été exactement suivi. Le grand autel est orné de colonnes de marbre d'un bon goût. On y voit quelques beaux tableaux & plusieurs sépultures remarquables, qui ne peuvent être que modernes. La chapelle de la Vieuville est ornée de beaux ouvrages de sculpture. On trouve aussi dans cette église le tombeau de Diane, légitimée de France, fille de Henri II, morte en 1619, âgée de quatre-vingt ans, veuve de François de Montmorenci, fils aîné du grand connétable; & celui de Charlotte de Montmorenci, femme de Charles de Valois, duc d'Angoulême, fils naturel de Charles IX.

La rue *des Tournelles*, dans laquelle on entre, en sortant de celle des Minimes, a été bâtie sur les ruines du palais de ce nom, que la reine Catherine de Médicis fit détruire après la mort de Henri II son époux. Ce palais étoit originairement une maison appartenante au chancelier d'Orgemont, dont le frère la vendit au duc de

Berri, frère de Charles V. Ce prince étant mort en 1416, elle revint au roi, & s'appella *palais des Tournelles*, parce qu'on y voyoit de petites tours. A la mort du malheureux Charles VI, le duc de Bedfort, régent du royaume pour l'Angleterre, s'y établit. Sous les règnes de Charles VII & de Louis XI, nos rois s'accoutumèrent à y demeurer, ou du moins à y faire leurs séjours. Louis XII y mourut en 1515, & Henri II en 1559 : c'est à l'occasion de la mort de ce dernier monarque, qu'il fut démoli. On bâtit à la place des rues & des hôtels ; & la principale de ces rues prit le nom de ce palais.

C'est dans cette rue qu'est l'hôpital appellé *la charité des femmes*, établi en 1629, & desservi par des religieuses de l'ordre de saint Augustin. On n'y reçoit que des femmes & des filles malades, suivant le nombre des lits fondés.

Un peu plus loin que le bout de cette même rue des Tournelles, est une place, où l'on voyoit encore, il n'y a pas long-temps, la *porte saint Antoine*. Elle faisoit autrefois partie des fortifications de Paris ; il y avoit au-devant un fossé, & elle fermoit avec un pont levis. Elle commença à être décorée en 1533, sous le règne de Henri II, & en 1573, à l'occasion de l'entrée que Henri III fit dans Paris comme roi de Pologne. Enfin en 1660, on penſa à en faire un véritable arc de triomphe en l'honneur de Louis XIV.: il ne fut achevé qu'en 1670. On éleva à côté, & vis-à-vis de la baſtille, une groſſe pièce de fortifications bien terraſſée, bien revêtue & plantée d'arbres, que l'on appella la *demi-lune* Cette porte ne ſubſiſte plus; & l'on regrette quelques ornemens de ſculpture & d'architecture qui étoient eſtimés. Les inſcriptions portoient différentes dates, telles que 1660, 1671, 1672, & 1674.

Les boulevards ou remparts de la partie ſeptentrionale de Paris commencent à ce point, & forment une enceinte, dont l'origine eſt du règne de François I. Je crois avoir dit ailleurs que le cardinal Jean du Bellai, évêque de Paris, faiſant les fonctions de gouverneur de cette capitale, pendant que François I faiſoit la guerre en Italie, penſa à fortifier cette ville contre les troupes des Pays-Bas, tandis que les François combattoient hors de leur patrie. Le roi François I ordonna à ſon retour que cette enceinte fût continuée. Mais on y travailla lentement juſqu'en 1553, que Henri II en fit reprendre les travaux avec activité; & elle fut achevée en 1559.

En ſortant par cette porte, on entre dans le *fauxbourg ſaint Antoine*, que les exemptions dont jouiſſoient les habitans, qui n'ont jamais été ſoumis aux maîtriſes, ont beaucoup contribué à peupler : actuellement cette raison ne subsiste presque plus. Le voisinage du temple que les calvinistes avoient à Charenton, & qu'ils ne perdirent qu'en 1685, y avoit attiré beaucoup de gens de cette religion. Insensiblement différens villages & hameaux qui étoient près de ce faubourg, y furent englobés au dix-septième siècle. Tels sont principalement *Reuilly*, *la Roquette* ou *la Raquette*, & *Pincourt*. Ce faubourg est partagé en trois grandes rues. Celle que l'on trouve à gauche, est la rue de *Charonne* & conduit au village de ce nom, dont j'ai parlé ailleurs. Celle du milieu s'appelle, *rue du faubourg saint Antoine*, & celle qui est à droite, *rue de Charenton*.

Avant d'entrer dans la rue de Charonne, on trouve l'*hôtel royal de l'arquebuse*, appartenant à la compagnie royale de l'arbalête & de l'arquebuse de Paris. Cette compagnie a une origine très ancienne & assez respectable puisqu'elle étoit connue dès le temps de Louis le Gros, & jouissoit dès lors de grands privilèges, qui lui furent confirmés au treizième siècle par saint Louis, & au quatorzième par le roi Jean & Charles V son fils. Elle ne s'exerçoit alors qu'à l'arc & à l'arbalête, les arquebuses n'étant pas encore inventées. Mais au quinzième siècle, on joignit l'arquebuse à l'arbalête. Cette compagnie chevaleresque, obtint de nouvelles graces des rois Charles VII, Louis XI & Charles VIII. Au dix-septième siècle, Henri IV, Louis XIII & Louis XIV leur accordèrent des lettres patentes qui furent confirmées, dans ce siècle-ci, par Louis XV. Le lieu de leurs exercices a été successivement transporté dans différens endroits, toujours aux portes de Paris.

En avançant dans cette même rue, on voit à droite le couvent des *filles de la Croix*, dont les religieuses sont dominicaines réformées. Elles furent d'abord établies au faubourg saint Marceau; puis, en 1627, rue d'Orléans au Marais; en 1636, rue Plâtrière; l'année suivante, rue de Marignon, près du Louvre, & enfin en 1641, où elles sont aujourd'hui. Ces fréquens changemens de domiciles prouvent qu'elles avoient de la peine à vivre. Mais enfin elles trouvèrent moyen de s'établir solidement, en recevant dans leur couvent mademoiselle d'Effiat, fille du maréchal de ce nom, & sœur du malheureux Cinqmars décapité en 1642. Cette demoiselle héritière des grands biens de son frère, les donna tous à cette maison, & s'y fit ensuite religieuse.

Tout à côté de ce couvent, est celui des religieuses de *la Madeleine de Tresnel*, de l'ordre de saint Benoît. Elles furent fondées, au douzième siècle, en Champagne, dans le lieu dont elles portent le nom, & furent foumifes à l'abbaye du Paraclet. Au commencement du dix-feptième fiècle, elles furent réformées par une prieure de la famille de Vegni-d'Arbouzes, dont j'ai parlé à l'occafion du Val de grace. En 1630, leur couvent ayant été incendié, elles fe réfugièrent à Melun; & en 1652, on les fit venir à Paris. La reine Anne d'Autriche pofa la première pierre de leur couvent en 1654. Par la fuite, au moyen des libéralités de différentes perfonnes confidérables, elles parvinrent à embellir leur maifon & leur églife.

Le principal bienfaiteur de ces religieufes a été le marquis d'*Argenson*, garde des fceaux, mort dans une maifon extérieure de leur enclos en 1721. Son cœur eft dépofé dans une chapelle dédiée à faint René fon patron, & qu'il a fait affez orner. Les abbeffes du Paraclet continuent toujours de jouir du droit d'inftruire les prieures perpétuelles de la Magdeleine de Trefnel.

Le prieuré de *Notre Dame de Bon Secours* eft vis-à-vis. Il fut établi en 1648, & les religieufes furent tirées de l'abbaye de bénédictines mitigées de Notre-Dame de Soiffons. Leur fondation ne fut entièrement confolidée qu'en 1667.

Sur le revers du côteau de Charonne, eft le *Mont Louis* ou *Mont faint Louis*, que le peuple de Paris appelle communément *la maison du Père de la Chaise*, parce que Louis XIV en fit don à ce jésuite, son confesseur. C'étoit la maison de campagne de la maison professe de cette compagnie. Elle s'appelloit, au seizième siècle, *la folie Regnaut*, du nom d'un épicier qui s'étoit ruiné à faire une jolie maison de campagne sur cette hauteur d'où l'on jouit d'une superbe vue, & qui domine sur tout Paris.

Dans la rue de la Muette, qui touche par un bout à celle de Charonne, est une petite communauté qu'on appelle *filles de Sainte Marthe*. Elles furent établies, en 1719, dans cette rue, où elles tiennent des écoles pour les petites filles. Ce sont elles qui fournissent de sœurs, pour cet objet, aux paroisses de saint Paul & de saint Séverin.

Ce que l'on appelle la *Raquette*, & qui doit véritablement être nommé la *Roquette* ou la *Rochette*, est entre la rue de Charonne & Picpourt. Il y a une maison d'*hospitalières* qui y furent établies en 1639. Cinquante-deux ans après, cette maison se partagea en deux, & la seconde partie alla se fixer près de la place Royale. Au reste, il y a des lits fondés dans les deux maisons, & les religieuses y exercent le même genre d'hospitalité. On est assuré qu'au seizième siècle, le roi Henri II avoit une maison de plaisance à la grande Roquette, faubourg faint Antoine. Il y a des lettres patentes qui en font datées.

Le hameau de *Pincourt* est maintenant, comme je l'ai déja dit, renfermé dans ce faubourg. Le vrai nom doit en être *Popincourt* : il lui vient de Jean de Popincourt, premier préſident du parlement de Paris au quatorzième ſiècle, qui avoit là une maiſon de campagne. Dans les guerres de religion du ſeizième, les proteſtans voulurent y établir des prêches ; & le grand connétable de Montmorenci les fit détruire.

En 1636, on établit dans ce hameau un couvent d'annonciades, dont l'ordre avoit été inſtitué à Bourges par la bienheureuſe Jeanne de France, épouſe répudiée de Louis XII. On les appella particulièrement *annonciades du ſaint Eſprit* ou *des dix vertus*, pour les diſtinguer des autres que nous nommons les *filles Bleues*. Elles étoient vêtues de rouge, avec un ruban bleu, auquel pend une médaille. Leurs bâtimens & leur égliſe ne furent achevés qu'en 1659. Ils ſont détruits depuis peu ; & l'on ne ſait pas préciſément quelle eſt la deſtination qu'on veut faire de ce vaſte terrain. Les religieuſes ont été transférées au Val de Grace.

En ſuivant la rue de Popincourt, dont la continuation coupe la rue de Charonne, on arrive à l'égliſe paroiſſiale de *ſainte*

Marguerite. Tout ce fauxbourg a été de la paroisse de saint Paul jusqu'au dix septième siècle, que, près de la grande rue, on bâtit, en 1624, une chapelle qui fut dédiée à sainte Marguerite, & érigée en succursale environ dix ans après. Elle resta dans cet état jusqu'en 1712, qu'elle fut tout à fait érigée en cure. Cependant la chapelle, qui reconnoissoit pour ses fondateurs la famille de *Fayet*, se trouvant trop petite, fut augmentée jusqu'en 1765, qu'elle fut mise dans l'état où on la voit aujourd'hui : on y a encore ajouté une chapelle très-décorée. On a bâti auprès un assez beau presbytère, & une maison pour la communauté des prêtres.

A la fin du dix-septième siècle, on éleva un autre bâtiment pour des sœurs destinées à l'instruction des filles de la paroisse. On les appelle communément *filles de sainte Marguerite* : mais elles se nomment elles-mêmes *filles de notre Dame des vertus*, parce qu'elles ont été tirées du village d'Aubervilliers, près Paris, où il y a une grande dévotion qui porte ce titre.

De la rue sainte Marguerite, on entre dans la grande rue du faubourg saint Antoine ; & presque vis-à-vis la première, on voit l'*hôpital des enfans trouvés*, le second des établissemens de ce genre fondé dans Paris. Il ne date que de 1676, époque à laquelle la reine Marie - Thérèse d'Autriche y mit la première pierre. Le chancelier d'*Aligre*, son épouse & la famille de *Maslon de Berci*, contribuèrent beaucoup, par leurs charités, à ce précieux établissement.

Un peu plus haut & du même côté, est la fameuse *abbaye de saint Antoine*, fondée à la fin du douzième siècle. Alors *Foulques de Neuilly*, fameux prédicateur, rassembla dans cet endroit une quantité de filles pieuses, dont il forma une communauté qui, en 1204, embrassa la règle de Cîteaux, & fut érigée en abbaye, de l'agrément d'Eudes de Sully, évêque de Paris. On fit bientôt des donations considérables à la nouvelle Abbaye. Le curé de saint Paul, dans la paroisse de qui elle étoit, ayant prétendu la gouverner, Pierre de Nemours, alors évêque de Paris, la déclara indépendante du curé & de l'archidiacre. Il accorda même les droits curiaux au desservant de la chapelle, qui est dans la cour de l'abbaye : mais il ne les exerce que sur les habitans qui logent dans l'enceinte.

En 1233, on bâtit la grande église de l'abbaye, qui est dédiée à la sainte Vierge. La maison le fut aussi dans le courant du treizième siècle, & le fut entièrement de nouveau au commencement du dix-septième. On donna successivement beaucoup de terrain à l'abbesse & à sa communauté.

Ce n'étoient que des champs, des jardins, & des terres labourées: auſſi l'Abbaye prit-elle le nom de *Saint Antoine des champs.* Mais ces champs s'étant peuplés, la juridiction de l'abbeſſe ſe trouva étendue ſur un grand & beau quartier; & les droits de cens & de rentes la rendirent fort riche. Il n'y a rien de curieux dans cette égliſe, que les tombeaux de deux princeſſes, Jeanne & Bonne de France, filles de Charles V, qui moururent fort jeunes. Les jardins du couvent ſont beaux, grands, bien plantés & bien deſſinés.

Du côté de cette grande rue, l'extrémité du faubourg eſt marquée par une barrière qu'on appelle encore le *trone*, parce qu'on y en avoit élevé un en 1660, lors de l'entrée de la reine Marie-Thérèſe, femme de Louis XIV. Dix ans après, on forma le projet d'y bâtir un arc de triomphe, qui devoit être en marbre, mais qui ne fut exécuté qu'en pierres, ou même en plâtre. Comme il tomboit en ruine, il fut abſolument démoli en 1716. J'ai parlé ailleurs des villages de Montreuil & de Picpus qui ne ſont pas loin de là, en dehors du faubourg.

Avant d'arriver à cette barrière, on trouve dans la grande rue, à droite, la rue de *Reuilli*, nom d'un ancien village, qui, comme je l'ai déja dit, a été englobé dans le faubourg saint Antoine : le nom latin en étoit *Romiliacum*. Nos rois de la première race y avoient un château ou palais ; & le roi Dagobert y épousa Gomatrude, qu'il répudia ensuite pour épouser Nantilde. Depuis ce temps, ce lieu ne cessa point de dépendre du domaine de la couronne, jusqu'à ce qu'en 1352 le roi Jean le céda à Humbert, ancien dauphin de Viennois, mais alors dominicain & patriarche d'Alexandrie, pour qu'il en fît sa maison de campagne.

On voit à présent dans cette partie du faubourg un petit couvent de religieuses trinitaires, vulgairement appellées *Mathurines*. Ce n'est qu'en 1713 qu'elles y furent établies par les libéralités de madame la chancelière *Voisin*, & de quelques autres dames pieuses. Ces religieuses avoient auparavant été dans plusieurs quartiers de Paris. Elles instruisent gratuitement les pauvres filles du faubourg, qui sont en grand nombre.

Dans ce même endroit est la superbe *Manufacture des glaces*. C'est là que se polissent les glaces qui se coulent à Cherbourg & à saint Gobin. Cet établissement n'est réellement en valeur que depuis 1666, quoique les lettres patentes en soient plus anciennes.

Je reviens, madame, à la porte saint Antoine, pour vous dire que de ce côté-là, à l'entrée de la rue de Charenton, étoit, il n'y a pas long-temps, l'*hôtel des Mousquetaires*, vulgairement appellés *Mousquetaires noirs*. Cet hôtel avoit été bâti aux frais de la ville en 1701. Depuis quelques années, les deux compagnies ayant été supprimées, cette maison a bien changé de destination. On y a établi l'hôpital des *Quinze-vingts*, qui y a été transporté du quartier du Palais-Royal.

Tout à côté est un couvent de *religieuses anglaises*, dédié à *la Conception*. Elles sont du tiers ordre de saint François, & ce fut en 1670 qu'elles commencèrent à se fixer dans une maison de cette rue. Elles n'eurent d'abord qu'une petite chapelle. Mais en 1676, la duchesse de Cleveland, qui avoit été maîtresse de Charles II, roi d'Angleterre, leur fit bâtir l'église qui subsiste aujourd'hui. Elles ont une abbesse triennale, comme la plûpart des cordelières.

Dans la rue de Berci, qui est presque parallèle à celle de Charenton, & qui conduit au château de Berci même, situé hors de la barrière, on voit une maison des *prêtres de la Doctrine chrétienne*, dont l'établissement en ce lieu date de 1677. Il y avoit auparavant dans cet endroit une chapelle, où le seigneur de Berci faisoit dire la messe les fêtes & dimanches.

Enfin, l'extrémité du faubourg saint Antoine,

toine, qui touche à la rivière, s'appelle *La Rapée*, non pas du nom d'une enseigne de cabaret, mais de celui d'un homme riche, commissaire général des guerres, qui y avoit une belle maison de campagne & en belle vue. On ne peut pas en fixer précisément l'époque.

Dans cet historique & cette description de Paris, que je viens de vous tracer, madame, je crois n'avoir rien omis d'essentiel & de bien important. De plus longs détails vous auroient sans doute paru superflus; & j'aurois craint moi-même de trop multiplier le nombre de mes lettres. Voici la dernière que vous recevrez de moi. Je pars demain pour Marseille. Il est bien naturel qu'après avoir passé la plus grande partie de ma vie à voyager, j'aille finir mes jours dans le sein de ma patrie & de l'amitié.

Je suis, &c.

A Paris, ce 1787.

F I N.

TABLE
DES MATIÈRES
Contenues dans ce volume.

LETTRE DCXCIX.

SUITE DE L'ISLE-DE-FRANCE.

Faubourg St-Michel de Paris, ou quartier du Luxembourg. Page 1
Rue d'Enfer. Son étymologie ; établissemens qui s'y trouvent. 2
Rues qui aboutissent à la rue d'Enfer. 7
Le Palais du Luxembourg. Le petit Luxembourg. 8
Le faubourg St.-Germain. 10
Le Théâtre françois. L'Hôtel des monnoies. Le Collége Mazarin. 12 & suiv.
Les Petits Augustins. Les Théatins. Le Pont-Royal. 19 & suiv.
Le Quai d'Orsai. Le Pont de Louis XVI. 22
Hôtel Royal des Invalides. 23
Le Gros-Caillou. La Métairie de Grenelle. L'Ecole Militaire. L'Hospice de St.-Sulpice. Rue de Vaugirard. Carmes déchaussés. 27 & suiv.
Eglise paroissiale de St.-Sulpice. 35
Abbaye St.-Germain. Notice historique de cette abbaye. 40 & suiv.
Description de ses bâtimens. 62
Foire St.-Germain. 73

Q 2

Rues du Cherche-Midi, de Sèves, de Grenelle.
pag. 77
Les Frères de la Charité. 86
Rue St.-Dominique. 88
Rues de l'Université, du Bacq, & autres limitrophes. 90 & suiv.

LETTRE DCC.

SUITE DE L'ISLE-DE-FRANCE.

Partie septentrionale de la ville de Paris, ou la ville proprement dite. pag. 99
Ses sept anciennes portes & ses sept fauxbourgs. 101
Le quartier St.-Paul. La Bastille. L'Arsenal. 105
Eglise & couvent des Célestins. 109
Eglise paroissiale de St.-Paul. 122
Eglise de St.-Louis. 126
Le quartier de la Grève. Eglises paroissiales de St.-Gervais, & de St.-Jean-en-Grève. 132
La place de Grève, & l'Hôtel-de-Ville. 144
Le Corps Municipal. 146
Hôpital du St.-Esprit. 150
Quartier St.-Avoye. 157
Rues des Billettes, de Ste.-Croix la Bretonnerie. Eglises & couvens de ces noms. 158 & suiv.
Hôtel de Soubise. 164
Quartier St.-Jacques de la Boucherie.
Rue St.-Denis. Eglises & couvens environnans. 170 & suiv.
Grande boucherie. 178
Le grand Châtelet. 180
Quai de Gêvres, & de la Mégisserie. 188
Le Fort-l'Evêque. 190
Le Grenier à sel. 191

DES MATIÈRES.

	pag.
L'Arché-Marion.	193
Quartier des Halles.	197
Eglise paroissiale des SS. Innocens.	198
Son Cimetière.	202
Les Halles.	206
Quartier de St.-Eustache. Eglise paroissiale de ce nom.	213
La Halle au bled.	216
Hôtel Bullion, Hôtel des Postes.	218
Place des Victoires.	221
Hôtel des Fermes générales.	223
Quartier du Louvre. Ses limites.	224
Eglise collégiale St.-Honoré.	ibid.
Eglise & maison des Prêtres de l'Oratoire.	226
Eglise paroissiale de St.-Germain-l'Auxerrois.	231
Le quai de l'Ecole.	237
Le Louvre.	ibid.

LETTRE DCCI.

SUITE DE L'ISLE-DE-FRANCE.

Quartier du Palais-Royal. Son étendue.	242
Anciens Chapitres de St.-Louis & St.-Nicolas du Louvre.	243
Ancien Hôtel de Longueville.	246
Place de Louis XV.	250
Palais Royal.	ibid. & suiv.
Ancien emplacement des Quinze-Vingts.	253
Eglise paroissiale de Saint-Roch.	256
Jacobins réformés.	258
La place Vendôme. Statue équestre de Louis XIV.	260
Couvent des Feuillans.	262
Couvent des Capucins.	264
Couvent de l'Assomption.	266

Convent de la Conception. pag. 268
La Ville-l'Evêque & son église paroissiale. 270
Le Roule & son église paroissiale. 272
Le quartier & faubourg Montmartre. 273 & s.
Agrandissement de Paris par *Barbier*, en 1631. 274
Le Couvent des Capucines. 275
Les Nouvelles Catholiques. 277
La Bibliothèque du Roi. 278
Hôtel de la Compagnie des Indes, où se tient la Bourse. 280
Les Augustins déchaussés, ou Petits-Pères. 281
Hôtel de Richelieu. 284
Théâtre Italien. 285
Chaussée d'Antin. ibid.
Le faubourg Montmartre. 286
La Nouvelle France. 288
Le quartier St.-Denis. L'Hôtel de Bourgogne. 289
Notice historique sur les Comédiens François & Italiens. ibid.
Les rues du grand & du petit Hurleur. 292
Hôpital de la Trinité. ibid.
Communautés des Filles-Dieu & de Saint-Chaumont. 295 & suiv.
La Villeneuve. 299
Porte Saint-Denis. 300
Faubourg Saint-Denis. Maison Saint-Lazare. 301
Maison des Sœurs ou Filles de la Charité. 306
Foire Saint-Laurent. 309
Le quartier Saint-Martin. 310
L'Eglise paroissiale Saint-Merry. ibid.
La Jurisdiction des Consuls. 312
Saint Julien-des-Menestriers & autres églises. 313 & suiv.
Le Prieuré de Saint-Martin. 316 & suiv.
Paroisse de Saint Nicolas-des-Champs. 320
La porte Saint-Martin. 323

DES MATIÈRES.

Faubourg Saint-Martin.	pag. 323
Le quartier du Temple ou du Marais.	327
Le Temple.	332
Le quartier Saint-Antoine, rues & couvens en dépendans.	338
La Place-Royale.	345
Porte Saint-Antoine.	349
Faubourg Saint-Antoine.	350
Hôtel royal de l'Arquebuse.	351
La barrière du Trône.	358
Manufacture des Glaces.	359
Hôtel des Mousquetaires noirs.	ibid.

Fin de la Table du quarante-deuxième Volume.

www.ingramcontent.com/pod-product-compliance
Lightning Source LLC
Chambersburg PA
CBHW050258170426
43202CB00011B/1740